Esther Kleinhage

Mit der Sonne Richtung Westen

Begegnungen auf dem Jakobsweg

Hützen & Partner Verlag

1. Auflage Juni 2014
Copyright 2014 Hützen & Partner Verlag
St. Gallen, Schweiz

Bibliografische Informationen der Schweizerischen Nationalbibliothek:
Die Schweizerische Nationalbibliothek verzeichnet diese Publikation.

Die Schreibweise entspricht den Regeln der neuen Rechtschreibung.

ISBN: 978-3-906189-10-9

Konzept / Koordination :	*Hützen & Partner Verlag*
Layout :	*Olga Kardanova*
Druck und Bindung :	*HP Media Group GmbH*
Lektorat / Korrekturat :	*Susanne von Somm*

*Danke an meinen Mann, dass er mich gehen und
wiederkommen ließ*

*Danke an meine Familie und Freunde für ihre ständige
Unterstützungin in Gedanken, mit SMS, Emails und
Anrufen*

*Danke den Personen, die während meiner Pilgerschaft
und über sie hinaus bleibende Eindrücke und Einflüsse
hinterlassen haben:*

*Jeannette Kolly
"Florian" und Eric*

*Allen Pilgerfreunden von unterwegs ...
... und den vielen privaten, kommunalen und kirchlichen
Herbergsleitern und Hospitaleros ...*

"Für Christian"

Inhaltsverzeichnis

VORWORT

I n vielerlei Hinsicht habe ich diesem Buch meine persönlichen Erfahrungen auf dem Jakobsweg von Lausanne in der Schweiz bis nach Santiago de Compostela und weiter zum Kap Finisterre zugrunde gelegt. Ich habe diese 2'100 Kilometer vom 7. bis 12. Mai 2012 sowie vom 29. Mai bis 18. August 2012 auf meinen eigenen zwei Füßen und mit selbst getragenen 10 bis 15 kg Gepäck zurückgelegt.

Gleichzeitig ist es mir wichtig zu betonen, dass es sich nicht um eine Autobiografie handelt, sondern dass ich meine Eindrücke und Erlebnisse mit den (teilweise fiktiven) Erfahrungen anderer (teilweise fiktiver) Pilger und Bekanntschaften vermischt und aufgepeppt habe.

Mir ging es mehr darum, den Geist des Weges, so wie ich ihn wahrgenommen habe, wiederzugeben, als um eine detailgetreue Erzählung meiner persönlichen Erfahrungen. Auch habe ich auf landschaftsgetreue Beschreibungen des Weges nur dann zurückgegriffen, wenn diese für den Tagesablauf relevant waren.

Insofern ist dieses Buch weniger eine Beschreibung des Jakobsweges als vielmehr eine Beschreibung des Gehens auf demselben.

Was aus den Pilgern geworden ist, die ich tatsächlich kennenlernen durfte, habe ich am Ende kurz zusammengetragen, insofern ich davon etwas in Erfahrung bringen konnte.

Tag 1 bis 3

DER SCHWEIZER

JAKOBSWEG

Lausanne – Genf

Tag X:

LAUSANNE

Wenn alles ganz anders kommt...

I ch wollte raus aus allem, wollte meinen Tag wieder selbst gestalten, etwas Aktives tun, das Gefühl genießen, eine Aufgabe zu haben, für die es sich lohnt aufzustehen. Mit dieser Idee war ich vor einer Woche aufgebrochen, auf den Jakobsweg. Relativ zufällig und spontan, sofern das glaubhaft ist, wenn man für mehrere Wochen auf eine Reise aufbricht.

Selbstverständlich hatte ich schon vom Jakobsweg gehört, war mit meinem Mann auf Tagesausflügen auch schon auf Teilstrecken gewandert. Das ist ganz natürlich, wenn der Jakobsweg ganz in der Nähe verläuft und man ab und an am Sonntagnachmittag wandern geht. Dass ich aber eines Tages meine Wohnungstür hinter mir schließen würde, um mit einem schweren Rucksack auf dem Rücken für unbestimmte Zeit Richtung Südwesten aufzubrechen, noch dazu auf einem Pilgerweg, das schien mir bis zu diesem Zeitpunkt zu religiös und auch ein wenig zu extrem.

Aber dann hatte es nur eine in meinen Augen unfaire und unverdiente Kündigung gebraucht, einen in meinen Augen unfähigen und nicht sehr loyalen Arzt und den unvermeidlichen Ärger mit Behörden und Ämtern, um mich nach drei Monaten des Daheim-Sitzens und Auf-Besserung-Wartens, des Kämpfens und Resignierens zu der Einsicht zu bringen, dass sich in meinem Leben etwas gewaltig ändern müsste. Ich fühlte mich definitiv nicht bereit, mich auf die nächste Arbeitsstelle zu stürzen. Ich wollte eine Auszeit und hatte das Gefühl, diese nach den langen Jahren in Festanstellung auch verdient zu haben. Diese Erkenntnis bereitete mir einige schlaflose Nächte mit Fragen und Selbstzweifeln, was ich mit dieser freien Zeit anfangen sollte, wie ich sie gestalten müsste, wie ich in meinem Leben dauerhaft etwas ändern könnte und ob ich überhaupt herausfinden würde, was sich ändern müsste.

Bis zu dieser einen Nacht Ende April, in der ich mich unterwegs sah. Durch grüne Wälder und entlang eines Baches, mit einem Rucksack, einem ziemlich großen sogar, und dem Gefühl endloser Freiheit. Diese Vision dauerte an und fühlte sich im Vergleich zu anderen Ideen, wie zum Beispiel einem Meditations-Seminar mit Schweigegelübde, richtig und mir wie auf den Leib geschnitten an. Nach einer kurzen Recherche im Internet nach Wanderwegen, die tatsächlich irgendwohin führen (denn um Tagesausflüge ging es ja nicht mehr) und auf denen man als Frau mehr oder weniger bedenkenlos allein unterwegs sein kann, schloss sich der Kreis: Der Schweizer Jakobsweg führt nicht nur durch unsere Gegend, sondern wie zufällig an meiner Haustür vorbei. Die Entscheidung war getroffen.

Ich ließ diese Vorstellung einige Tage sacken, bis ich zum ersten Mal mit meiner Familie und meinem Mann sprach. Die Reaktionen waren durchweg positiv, die Unterstützung groß und einige wenige Tage später war der große Moment gekommen.

Tag X -6:

LAUSANNE – ROLLE (33 KM)

Nicht dass ich an Engel glaubte –
aber dieser kam genau richtig

Mein Rucksack für den Jakobsweg war gepackt. Natürlich hatte ich gelesen, dass das Gewicht maximal 10% des Eigengewichts sein sollte, idealerweise sogar nur 8%, aber ich musste davon ausgehen, dass es sich hier um Kalkulationen für normal gebaute Männer mit einem Körpergewicht von mindestens 80 Kilo handelte. Wie ich mit fünf Kilogramm Gepäck für 70 Tage Wanderung auskommen sollte, war mir schleierhaft. Ich hatte mich, soweit es irgendwie möglich war, auf das Allernötigste beschränkt. Nachdem alles optimal zusammengepresst war, stand ein enormer Rucksack mit rund 15 Kilo Gewicht vor mir.

Der Abschied am Morgen war tränenreich. Mein Mann brach zur Arbeit auf und würde am Abend wieder nach Hause zu den Katzen kommen, während ich für mehrere Wochen unterwegs sein würde. Natürlich kam die Frage an mich selbst, warum ich aufbrach. Ich konnte sie nicht genauer beantworten, nur dass ich raus musste, war mir klar.

Die ersten Schritte durch den Park, den Berg hinunter, bis zum See. Der so bekannte Weg, unzählige Male beim Joggen, auf dem Fahrrad, auf dem Weg zur Bushaltestelle, zurück gelegt, war nun der Anfang eines aufregenden und gleichzeitig beängstigenden Abenteuers. In den ersten Stunden kamen mir immer wieder die Tränen, auch wenn viele Textnachrichten und sogar Anrufe meiner Familie und Freunde mich aufbauten, mich anspornten und mir vor allem das Gefühl vermittelten, dass man heutzutage ja nie wirklich aus der Welt ist, selbst als Pilger unterwegs.

Den Weg des ersten Tages kannte ich auf den meisten Abschnitten, war ihn mit meinem Mann schon einmal gewandert. Er war wunderschön, meistens entlang des Sees, durch die privilegierten Ortschaften zwischen den Weinbergen und dem See, ruhig aber doch nicht verlassen. Nur das Gewicht des Rucksacks hatte ich unterschätzt. Nicht nur dass meine Schultern schmerzten und meine Füße wehtaten, sogar die Hüfte zeigte Ermüdungserscheinungen. So richtig Spaß empfand ich bei dieser Pilgerschaft bisher nicht.

Da ich die Gegend einigermaßen kannte, plante ich meine Mittagspause nach dem Industriegebiet von Etoy, wo ich mich mit Orangensaft, einer großen Flasche Wasser, Baguettebrot und Käse versorgte. Was ich dabei nicht richtig eingeschätzt hatte, war das Extra-Gewicht dieser Verpflegung. Der Weg vom Supermarkt bis zum nächstgelegenen Rastplatz mit Bank und Tisch war unerträglich lang, nicht nur weil ich mich ausgerechnet hier zum ersten Mal verlief, sondern weil meine Energie gegen Null ging und mir alles wehtat. Die Pause im Schatten des Waldes, mit einer roten Schmusekatze, die irgendwo aus dem Nichts auftauchte und den Käse mit mir teilen wollte, war mehr als überfällig geworden und reichte dann doch nicht, um meine Energiespeicher wieder aufzufüllen.

Ich war ohne große Planung aufgebrochen, im Vertrauen darauf, dass der Jakobsweg gut genug ausgeschildert sei, dass ich in der Schweiz ja noch mein Smartphone hatte, um eventuelle Unklarheiten zu googeln und dass ich, bis ich in Frankreich sein würde, sicher alles mitbekommen hätte, was man auf dem Jakobsweg für das tägliche Überleben braucht. Frankreich sollte ich innerhalb von zwei bis drei Tagen erreichen, denn die Grenze war nur 60 Kilometer entfernt. Einen Schnitt von 30 Kilometern am Tag traute ich mir bei meiner sportlichen Kondition durchaus zu. Aber das dünne Heftchen, das mir die Touristeninformation in Lausanne als einzige Information über den Jakobsweg mitgegeben hatte, ging eher von drei Tagesetappen aus. Ich hatte bewusst auf Reservationen in Pensionen verzichtet, wollte jeden Tag meiner Laune und Energie anpassen und dadurch viel flexibler sein als in meinem regulären, sehr durchgeplanten Alltag. Aber ein Schnitt von 30 Kilometern am Tag sollte schon möglich sein.

Doch als ich an einem Wegweiser ankam, der nach Allaman 20 Minuten Laufzeit angab, zum nächstgelegenen Etappenziel Rolle aber über eine Stunde, musste ich mir eingestehen, dass ich mein Etappenziel von 33 Kilometern am ersten Tag wohl nicht erreichen würde. Also ging ich Richtung Allaman, um mir dort ein Zimmer in einer Pension zu suchen. Plötzlich, wie aus dem Nichts, standen Jeannette und ihr Begleiter Gilbert neben mir, begannen ein Gespräch mit mir, über den Jakobsweg und dass sie ihn auch schon gegangen sind, in vielen kleinen Etappen aber schlussendlich im Ganzen, von Rolle bis Santiago de Compostela. So traf ich meine ersten Engel, noch bevor ich von diesen Engeln auf dem Jakobsweg gehört hatte: Hilfsbereite Menschen, die einem genau dann unter die Arme greifen, wenn man gerade den Mut verliert. Rolle, da wohnte Jeannette und sie bot mir spontan ihr Gästezimmer an. Das sei zwar noch nicht offiziell auf der Liste der Unterkünfte für Jakobspilger eingetragen, aber sie würde sich freuen, wenn ich ihr erster Gast sein würde. Ich hätte gerne zugesagt, vor allem weil ich überhaupt keine Ahnung hatte, wo und was ich in Allaman an Unterkunft finden würde, aber der Weg nach Rolle schien mir für diesen Tag unüberwindbar. Als Jeannette und Gilbert meine Müdigkeit und Unsicherheit bemerkten, boten sie mir an, mich in ihrem Auto mitzunehmen, das nur wenige Gehminuten entfernt stand. Sie unterbrachen tatsächlich ihren gerade begonnen Nachmittagsspaziergang, um mich müde, unerfahrene, ziemlich überforderte und vor allem total überladene Pilgerin mit nach Hause zu nehmen.

Und diese erste Unterkunft in Rolle war grandioser Luxus. Ein eigenes Zimmer, ein eigenes Bad mit Badewanne (schade, dass ich mich nicht traute, ein heißes Bad zu nehmen), eine besorgte, aber ebenfalls noch unerfahrene Gastgeberin! Nach einer heißen Dusche, bei der mir die Beine zitterten, verbrachte ich den restlichen Nachmittag in strahlendem Sonnenschein auf der Terrasse. Das Abendessen besorgte ich mir im nahegelegenen Supermarkt und aß es unterwegs, um den Tagesablauf meiner Gastgeberin nicht noch weiter zu stören. Dafür war der gemeinsame Abend bei Pfefferminztee aus Jeannettes Garten lehrreich, denn Jeannette bestand darauf, dass ich ihre Unterlagen für die Via Gebennensis mitnahm, das Teilstück des Jakobswegs von Genf bis Le Puy. Sie stammten zwar aus dem Jahr 2008 und schienen somit ziemlich überholt, waren aber letztlich doch von Nutzen.

Obwohl ich meiner freundlichen Gastgeberin wirklich dankbar war, verabschiedete ich mich, so früh es die Höflichkeit zuließ, ins Bett, wo ich in eine Art Fiebertraum fiel. Mehrmals in der Nacht wachte ich auf, nicht nur, weil am Haus Züge vorbeirasten, sondern vor allem weil mich Hitzeattacken, Schweißausbrüche und Schmerzen peinigten. Gilbert hatte mir erklärt, dass der Körper drei bis vier Tage brauche, um sich an die ungewohnten Anforderungen zu gewöhnen! Ich ging in dieser Nacht davon aus, dass ich nicht einmal diese ersten Tage schaffen würde.

Tag X -5:

ROLLE – BOGIS BOSSEY (26 KM)

*Was machen all diese Menschen in einem ökumenischen
Zentrum im Nirgendwo?*

Der Tag begann mit einer von Jeannette überreichten
Schmerztablette. Sie versicherte mir, dass es normal
und gut sei, den Körper, wenn nötig, mit etwas Chemie zu
unterstützen. Mir tat alles weh: Muskelkater in den Beinen,
Schmerzen in den Schultern vom Rucksack, der ganze Körper
gerädert. Ich fühlte mich leer, hatte Magenschmerzen und
Übelkeit, konnte kaum Nahrung zu mir nehmen.

Jeannette[1] hatte mir die Adresse einer Bekannten in
Commugny mit auf dem Weg gegeben, für die kommende
Nacht. Es schien mit rund 30 Kilometern wieder eine
ideale Etappe.

Den Tag wanderte ich entlang der Weinberge, mit Blick auf
den See, durch grüne Wälder und rot blühende Wiesen. In mir
wuchs die Erkenntnis, dass ich mit meinem Rucksack Freund
werden musste. Er war eindeutig zu schwer, das machte die
Umsetzung dieser überaus sinnvollen Idee nicht leichter. Aber
es half auch nicht, sich den ganzen Tag mit den Schmerzen zu
beschäftigen. Allerdings war ja auch niemand sonst da, der mich
davon hätte ablenken können. So kreisten meine Gedanken um
meine körperlichen Leiden oder um meinen unfairen Chef, um
meine Ersparnisse und wie lange sie wohl reichen würden, und
um die unendlich oft durchgeführte Rechnung, dass ich ja in
70 Tagen am Ziel sein würde, wenn ich die 2'000 Kilometer
bis Santiago in 30 Kilometer-Etappen einteilen könnte. Das
wäre dann gerade rechtzeitig vor dem berüchtigten Tag des
Heiligen Jakobus, an dem Santiago überfüllt sein würde, weil
dann alle Pilger dort sein wollten. Aber ich empfand mich nicht

als typische Pilgerin und wollte das unbedingt vermeiden. Also hatte ich sogar eine Woche Puffer eingeplant, um vor dem 25. Juli wieder aus Santiago abgereist zu sein.

Der Kontakt mit Jeannettes Bekannter kam trotz mehrfacher Anrufe nicht zustande. Als ich an dem ökumenischen Zentrum von Bogis-Bossey vorbeiging und Jeannettes Bekannte noch immer nicht reagiert hatte, entschied ich spontan, dort nach einem Zimmer zu fragen. Der Preis war zwar mein oberstes Tageslimit, aber meine Füße und Schultern waren an diesem Tag um das vorzeitige Ende dankbar, obwohl ich weniger Kilometer als vorgesehen geschafft hatte.

Nach der Dusche und einer ausgedehnten Pause in meiner Zelle mit Einzelbett, Fernsehen und Wifi fühlte ich mich wieder recht gut und musste mir eingestehen, dass es wohl sinnvoller sein würde, langsamer und mit mehr Pausen zu gehen, dafür länger und vielleicht sogar weiter. Mein bisheriger Stil, die Kilometer so schnell wie möglich abzurackern, hatte dazu geführt, dass ich in dem ökumenischen Zentrum, wo sich vor allem Gruppen aufhielten, allein zweieinhalb Stunden auf das Abendessen warten musste. Was all diese Menschen in der Abgeschiedenheit von Bogis-Bossey zu tun hatten, konnte ich nicht herausfinden – wohl aber, dass man sich vor allem unter Menschen sehr einsam fühlen kann. Ich war froh, mein Smartphone dabei zu haben. Noch besser wäre es gewesen, wenn ich auf die paar Hundert Gramm Mehrgewicht eines Buches nicht verzichtet hätte.

Tag X -4:

BOGIS-BOSSEY – GENF (27 KM)

Große Lernmomente

Nicht einfach, motiviert und gut gelaunt loszugehen, wenn es morgens um acht Uhr nicht nur grau und trübe ist, sondern auch nieselt. Aber damit musste Anfang Mai in der Schweiz gerechnet werden und glücklicherweise klarte das Wetter auch recht schnell auf.

Der Weg nach Genf war mir nur möglich, weil ich die Gegend und die Richtung kannte und man eigentlich kaum falsch gehen kann, solange der See links liegt. Wegweiser suchte ich oft vergeblich und mehr als einmal musste ich umdrehen und mich neu orientieren. Dabei stellte ich allerdings fest, dass es mich immer weniger stresste, wenn ich falsch gelaufen war, dass ich es einfach hinnehmen konnte. Offenbar würde auf diesem Weg wohl nicht alles nach meinem Plan ablaufen.

In mir dämmerte die Einsicht, dass das Gehen an sich das wichtigste Element auf dieser Wanderung sein würde. Nicht das Ankommen und schon gar nicht die Zeit (bis zur nächsten Pause). Eine wichtige Erkenntnis, obwohl es in der Umsetzung noch etwas haperte. Ich ertappte mich immer wieder dabei, wie ich unkonzentriert und mit hängendem Kopf vor mich hintrottete. Als ich die Stadtgrenze von Genf endlich erreicht hatte, wollte ich mit meinem Tagespensum nur noch fertig werden.

Durch eine Stadt wie Genf zu pilgern, war aufregend. Ich erreichte die Stadtgrenze oberhalb des Zentrums und wanderte lange entlang einer Hauptverkehrsstraße Richtung See, an der amerikanischen und anderen Botschaften vorbei, an einem riesigen UNO-Gebäude, am Designmuseum und anderen imposanten Architekturen, an einer Statue von

Gandhi in Buddha-Haltung und an einem Gedenkmonument gegen Landminen. Mein schwerer Rucksack und die Wanderstiefel schienen deplatziert in dieser Stadt des Geldes, aber die Reaktionen der Menschen waren von Interesse und Neugier geprägt.

Im Internet hatte ich verschiedene Übernachtungsvorschläge gefunden, unter anderem die Jugendherberge und ein „Haus für Mädchen", das ich für meinen Status als Pilgerin irgendwie angemessen fand. Trotzdem schien mir ein kurzer Abstecher in die Touristeninfo sinnvoll. Dort wurde ich leider ziemlich kurz abgefertigt. Informationen über den Jakobsweg gäbe es dort nicht, dafür solle ich doch in eine Buchhandlung gehen. Die Liste der Übernachtungsmöglichkeiten fing bei etwa 80 CHF pro Nacht an, was mein komplettes Tagesbudget war. Man gab mir immerhin einen Stadtplan mit, der mir bestätigte, dass das „Haus für Mädchen" neben der Kathedrale wesentlich günstiger für mich gelegen war als die Jugendherberge, zu der ich hätte zurückgehen müssen.

So pilgerte ich zur Kathedrale und betrat zum ersten Mal seit langer Zeit wieder eine Kirche. Ich konnte mit Religion und Gott und Glauben wenig anfangen, wollte aber auch in der Kathedrale nach Informationen über den Jakobsweg fragen. Natürlich wollte ich auch den Stempel für meinen Pilgerpass. Der Besuch der Kirche schien mir außerdem wie ein natürlicher Teil des Pilgerwegs, auf dem ich mich nun einmal befand. Entsprechend widersprüchlich waren dann meine Gefühle an diesem kühlen, widerhallenden, dunklen Ort. Die erhabene Atmosphäre des Kirchenraumes bewegte mich und ich musste die aufsteigenden Tränen unterdrücken, als ich schließlich den Kirchenmitarbeiter fand, der meinen Pilgerpass abstempelte, mir darüber hinaus aber auch nicht weiterhelfen konnte.

Das „Haus für Mädchen" war direkt gegenüber, öffnete aber erst eine Stunde später. Glücklicherweise war mittlerweile die Sonne herausgekommen, so dass ich vor der Kathedrale auf einer Bank meinen Rucksack absetzen und die warmen auf einer Bank meinen Rucksack absetzen und die warmen Nachmittagsstrahlen genießen konnte, während ich die Touristen beobachtete, die in Scharen zur Kathedrale kamen. Pünktlich zur Öffnungszeit stand ich am Empfang des „Hauses für Mädchen" und ergatterte mir einen Platz im Schlafsaal. Meine erste Schlafsaal-Erfahrung! Man hatte mir das Bett Nr. 6 zugeteilt und ich war angenehm überrascht, dort ein Handtuch vorzufinden. Als erstes sehnte ich mich nach der Dusche, suchte nur das Nötigste zusammen und machte mich auf den Weg in den Keller, zu den Duschkabinen. Erst nach der heißen Dusche sandte mein Gehirn eine Warnmeldung: Gab es noch auf irgendeinem anderen Bett ein Handtuch? Ich hatte ja nicht reserviert, warum sollte man also auf meinem Bett ein Handtuch bereitlegen und auf keinem anderen? Nach genauerer Inspektion des Handtuchs war schnell klar, dass es sich nicht um ein frisches Exemplar handelte. Somit war offensichtlich, dass eine andere Person mein Bett Nr. 6 belegt und dort Sachen deponiert hatte. Folglich stand ich nackt und triefend mit dem Handtuch einer anderen in der Dusche. Es war zu spät etwas zu ändern, die Verwirrung war da und wohl oder übel musste ich mit diesem Handtuch eine Trockenheit erreichen, die mir erlauben würde, die Dusche zu verlassen. Zurück im Schlafsaal musste ich zugeben, dass ich ziemlich blind gewesen war. Das Bett Nr. 6 war belegt. Aber bedingt durch die Müdigkeit und meine Unerfahrenheit, was Schlafsäle betrifft, hatte ich das einfach nicht wahrgenommen. Da hatte ich wohl später einiges an Erklärung zu leisten, aber für den Moment war noch niemand anwesend. Ich fühlte mich nach der Dusche erfrischt und wollte nun doch noch in einer Buchhandlung nach neueren und genaueren Informationen über den bevorstehenden Weg suchen, als Jeannettes Heftchen hergab.

Der Energieschub hielt allerdings nicht wirklich lange an. Die Füße taten mir weh, als ob ich Blasen hätte, obwohl ich keine sehen konnte, die Schultern ebenso. Es reichte gerade für einen Abstecher in die Buchhandlung, in der ich eher zufällig und hauptsächlich wegen der deutschen Sprache nach einem Buch griff, das sich später als die Bibel der deutschen Pilger herausstellte. Ein paar Meter weiter fand ich ein Pasta-Fast-Food-Restaurant, was mir sehr entgegenkam. Erstens soll sich Pasta ja in Energie für Sportler verwandeln und zweitens traute ich mich dort, alleine an einem Tisch zu sitzen und zu essen, was ich in meinem Leben bisher selten bis nie getan hatte.

Als ich zurück in den Schlafsaal kam, waren fast alle zehn Betten mit persönlichen Gegenständen belegt, anwesend waren aber nur zwei Frauen, mit denen ich schüchtern ein Gespräch versuchte. Die jüngere schien sympathisch, sie war Französin, war auf Urlaub in Genf und konnte sich nicht mehr als diesen Schlafsaal leisten. Die andere antwortete kaum, steckte sich Kopfhörer ins Ohr und wollte sich offensichtlich nicht in ein Gespräch verwickeln lassen. Umso unangenehmer, dass ausgerechnet sie in Bett Nr. 6 schlief. Einen Moment überlegte ich, ob ich nicht einfach so tun sollte, als sei nichts geschehen. Dann aber gab ich ihr ein Zeichen. Sie zog etwas widerwillig die Stöpsel aus den Ohren und hörte sich erst gelangweilt, dann mit wachsender Wut und offensichtlichem Ekel die Geschichte an, die mir passiert war. Ich bot ihr Geld für die Reinigung oder ein neues Handtuch an, entschuldigte mich unzählige Male, aber eine genervte Französin bleibt eine genervte Französin und so schien es mir eine gute Idee, früh ins Bett zu gehen, um diesen Blicken auszuweichen.

Trotz dieser Erfahrung und meinen wehen Füßen und steifen Muskeln in den Beinen ging es mir aber gut. Ich freute mich auf den nächsten Tag, fühlte mich bereit und vorbereitet für den Beginn der Via Gebennensis, den Jakobsweg von Genf nach Le Puy.

Tag 4 bis 6

Tag 1 bis 14

DIE VIA GEBENNENSIS

Genf – Le Puy-en-Velay

Tag X -3:

GENF – CHARLY (32 KM)

Erste Begegnungen

Beim Frühstück im „Haus für Mädchen" traf ich die ersten Pilgerinnen seit meinem Aufbruch vor drei Tagen. Drei ältere Damen aus der Bretagne, die sogar im Schlafsaal mit mir übernachtet hatten. Da sie aber nach 20.30 Uhr vom Abendessen zurückgekommen waren, hatte ich schon geschlafen. Sie blieben allerdings noch einen Tag länger in Genf und somit war die erste Begegnung mit Pilgern schnell vorüber.

Schon auf dem Weg aus der Stadt kam mir zum ersten Mal das Pilgerbuch zur Hilfe, denn ich hatte prompt einen Wegweiser übersehen und wäre ohne die detaillierte Streckenbeschreibung schnell verloren gewesen. Überhaupt war dieser Tag vom Verlaufen geprägt. Interessanterweise ergab sich mit jeder Richtungskorrektur eine neue Begegnung. Nachdem ich durch eine falsche Textbeschreibung in die Irre gegangen war, musste ich zurück, um den letzten Wegweiser wiederzufinden und mich neu zu orientieren. Dabei traf ich ein deutsches Ehepaar, die etwas irritiert im gleichen Pilgerbuch blätterten und ebenfalls die Wegbeschreibung nicht auf den tatsächlichen Weg übertragen konnten. Zu dritt wurden wir uns dann einig, der gelben Muschel auf blauem Untergrund zu folgen und uns nicht von dem sonst so hilfreichen Buch verwirren zu lassen. Ich versuchte, mit den beiden ins Gespräch zu kommen, hatte aber das Gefühl, dass die Unterhaltung eher nicht willkommen war. Außerdem waren mir die beiden eindeutig zu langsam, so dass ich mich recht schnell nach vorne absetzte.

Das Überschreiten der Grenze von der Schweiz nach Frankreich war mein erster Meilenstein. Viel mehr als eine Hinweistafel gab es nicht als Grenzsymbol. Auf dieser Tafel verabschiedete die Schweiz die Pilger mit der Angabe, dass es noch 1'865 Kilometer bis Santiago de Compostela seien. Es war weit und breit niemand zu sehen, mit dem ich meine Euphorie hätte teilen können und so überquerte ich die kleine Brücke über den Grenzfluss in eine neue Phase meines Abenteuers ganz allein.

Der Weg gefiel mir gut, denn er war abwechslungsreich. Durch Weinberge, an Feldern und Bauernhöfen vorbei, durch Ortschaften, aber auch über die Autobahn, die mir vor Augen führte, mit welcher Geschwindigkeit sich die Welt jenseits des Weges bewegte. Immer wieder begegneten mir Menschen: Wanderer, Hundebesitzer, Sportler, vor allem Frauen sprachen mich regelmäßig an. Zwar waren die Fragen immer etwa gleich - woher ich komme, wohin ich gehe, wie lange ich schon unterwegs sei, wie lange ich glaubte bis zum Ende zu brauchen usw. - aber ich war dankbar für diese kurzen persönlichen Gespräche. Außerdem war der Tag sonnig und warm, meine Stimmung und Motivation waren merklich besser.

Vor dem Kloster Chartreuse de Pomier hatte ich mich wieder verlaufen und war ganz unnötig einen Abhang hochgeklettert. Als ich hinter dem Kloster einen Brunnen mit kühlem, frischem Trinkwasser fand, gönnte ich mir eine Pause, bevor ich weiterging. Erst nach etwa zwei Kilometern bemerkte ich, dass ich meinen Fotoapparat am Brunnen vergessen hatte. Nach einem kurzen irrationalen Moment, in dem ich zwei Kilometer Fußmarsch gegen den materiellen Wert des Fotoapparates und den persönlichen Wert der Bilder abwog, trat ich den Rückweg an. Wieder brachte diese Wegkorrektur eine Begegnung, zum ersten Mal mit einem Pilger, der jünger als ich schien, mir aber nicht sagen konnte, ob meine Kamera noch am Brunnen lag. Ich fand sie aber tatsächlich noch dort und legte die zwei Kilometer erneut in die richtige Richtung zurück.

Als ich in Mont Sion ankam, war ich ziemlich am Ende und bereit, mein Tagesbudget für ein Hotelzimmer explodieren zu lassen. Aber 67 € für eine Nacht ohne Frühstück in einem

Mittelklassehotel an einer Hauptstraße war ich dann doch nicht bereit zu akzeptieren und machte mich auf, um weitere 2.5 Kilometer bis zur ersten Gîte Communal meines Weges in Charly zurückzulegen.

Glücklicherweise war die Nachbarin der Gîte sehr hilfsbereit und erklärte mir, fast zu ausführlich und obwohl sie mehrfach betonte, dass sie nicht verantwortlich sei, wie die Abläufe in einer Gîte Communal funktionieren. Als ich endlich meine Matratze auf dem Boden belegt hatte und in der Dusche stand, schlotterten meine Beine nach 32 Kilometern Wegstrecke, sechs davon unnötig für Wegkorrekturen. Meine Füße taten so weh, dass jeder Schritt eine Qual war; mein rechter Fuß war im Knöchel geschwollen. Ich befürchtete, dass ich meine Schuhe zu eng geschnürt hatte und die Durchblutung beeinträchtig war. Das war mir schon einmal auf einer Tageswanderung passiert und hatte mir tagelang Probleme bereitet, aber offenbar lernte ich nur langsam aus Fehlern. Außerdem hatte ich Blasen unter den Füßen und auch ein Knie begann mir Sorgen zu machen. Trotzdem ging es mir merkwürdig gut und der Stolz über die bisher erbrachte Leistung überwog das Leiden.

Von den zehn Plätzen in der Gîte war auch um 18.30 Uhr noch kein weiterer belegt und so wechselte ich von einer schmalen Matratze auf eine Doppelmatratze und gab die Hoffnung auf, dass noch jemand zum gemeinsamen Kochen und Plaudern eintreffen würde. Immerhin hatte ich meine Pilgerlektüre gelesen und rechtzeitig vor Charly eine Tütensuppe gekauft, die ich mir jetzt zubereitete und alleine vor der Gîte auf der Bank in der Sonne löffelte.

Die Nacht alleine in einem knarrenden Haus mit zehn Plätzen, in dem man die Tür nicht abschließen konnte und der Wasserboiler stetig in einen Plastikeimer tropfte, war nur zu überstehen, weil ich so müde war, dass mich nichts mehr vom Schlafen abhalten konnte. Die Tür verbarrikadierte ich sicherheitshalber mit Stühlen.

Tag X -2:

CHARLY – FRANGY (19.5 KM)

Der Camper

Entgegen jeder Erwartung fühlte ich mich am Morgen recht ausgeruht nach einer relativ guten Nacht. Ich konnte mich an einen Traum erinnern, in dem ich zu jemanden gesagt hatte:" So wie ich jetzt als Pilgerin aussehe…". Interessant, wie schnell sich eine solche „Statusveränderung" ins träumende Bewusstsein umsetzte.

Die Gîte hatte in der kleinen Küche ein paar Lebensmittel auf Vorrat, so konnte ich mir einen Pulverkaffee zubereiten und fand ein paar Scheiben Zwieback. Richtig lecker und aufbauend war dieses Frühstück allerdings nicht. Außerdem waren die Schmerzen im rechten Fuß über Nacht nicht wirklich abgeklungen und so trottete ich mit hängendem Kopf los.

Der junge Pilger vom Vortag überholte mich flotten Schrittes und schien mich fast mitleidig zu grüßen. Damit reichte es mir dann und ich zwang mich, den Kopf zu heben und den wieder einmal wunderschönen, naturromantischen Weg über Wald- und Feldwege und die Ausblicke zu genießen.

Nach der ersten Proviantpause mit Banane und Müsliriegel schienen auch die Energiereserven wieder aufgefüllt. Mein Fuß war mittlerweile so schmerzhaft angeschwollen, dass ich den Schuh nur noch bis zur halben Höhe schnürte, immerhin brachte das Erleichterung. Auch hatte ich mich mit meinem Rucksack beschäftigt und die Einstellungen der Schulterriemen verändert, plötzlich schien auch das leichter zu ertragen. Als ich den jungen Pilger in seiner Mittagspause am wild rauschenden Wasserfall „Cascade de Borbannaz" wiedertraf, plauderte ich gut gelaunt mit ihm. Er war ein Deutschschweizer, der mir den Anschein machte, sich alleine unterwegs in Frankreich nicht wirklich verständigen zu können und sich nicht wohl zu fühlen, aber physisch schien er mir bei weitem überlegen. Deshalb war ich etwas verwundert, als er mir erzählte, dass er im nahegelegenen Frangy bereits sein Tagesziel erreicht haben würde. Ich hatte geplant, noch rund sieben Kilometer bis Designy weiterzugehen.

Frangy stellte sich als angenehmer Ort mit überraschend guter Infrastruktur heraus. Nach einer längeren Organisationspause, in der ich nicht nur meine Vorräte aufstockte, sondern mir auf der Post auch eine französische SIM-Karte besorgt hatte, war die Motivation für zwei weitere Stunden Fußmarsch gegen Null gesunken. In meinem Pilgerbuch war eine günstige Übernachtungsmöglichkeit im Wohnwagen auf dem Campingplatz angegeben, das wollte ich ausprobieren. Auf der Suche nach Wegweisern zum Campingplatz fand ich die kleine Touristeninformation und schaute hinein. Eine Welle an Freundlichkeit überrollte mich geradezu: Nicht nur dass die Mitarbeiterin mehrfach versuchte, die Leiterin des Campingplatzes anzurufen, um die Verfügbarkeit des Wohnwagens abzuklären. Sie bot mir außerdem Wasser an und ließ mich meinen Rucksack absetzen, um einen Moment zu entspannen. Die Gastfreundschaft in diesem Ort ging so weit, dass sich ein zufällig vorbeikommender Prospektlieferant anbot, mich zum 900 Meter entfernten Campingplatz mitzunehmen, vor Ort die Verfügbarkeit des Wohnwagens zu erfragen und mich, falls dieser bereits reserviert sei, zum Dorf zurückzubringen. An so viel Hilfsbereitschaft war ich nicht gewöhnt und nahm das Angebot nur zögerlich an.

Der Campingplatz schien trostlos und verlassen. Das Rezeptionshäuschen war unbesetzt. Allerdings erschien ein Mann in Arbeitskleidung, mit Eimern und Tüten beladen, und versicherte uns, dass der Wohnwagen frei sei. Die Nacht würde so um die zehn Euro kosten, das müsse ich dann mit der Dame von der Rezeption abklären, die sei aber regelmäßig abwesend und anderweitig beschäftigt. Er habe sie den ganzen

Tag noch nicht gesehen. Ich richtete mich also guter Hoffnung so gut es eben ging in dem ziemlich heruntergekommenen, schmuddeligen, kalten und uralten Zirkuswagen ein, den man wieder einmal nicht abschließen konnte. Die Duschgelegenheit war eine Katastrophe, nämlich ein Häuschen, in dem Dusche, Toilette und Waschbecken in einem Raum waren, sodass nach der Dusche alles nass war. Als ich herausbekam, dass auf dem Campingplatz außer mir und dem hilfsbereiten Mann 50 Saisonarbeiter untergebracht waren und alle 51 Männer und ich das Häuschen für jegliche Hygiene- und sonstigen Bedürfnisse teilen mussten, schüttelte es mich ein wenig. Die Kochgelegenheit war eine nicht minder widerliche Erfahrung, denn alles was zur Verfügung stand, war ein Gaskocher mit einem Topf und einem Holzlöffel, auf dem ich mir ohne Messbecher eine Tütensuppe zubereitete. Es kam eher rotes Wasser als eine Tomatensuppe dabei heraus, das ich aus dem Topf trank, denn es gab weder Suppenteller noch −löffel. Der größte Ekel kam im Anschluss, als ich feststellte, dass es weder Spülmittel noch −lappen gab, um den Topf zu reinigen. Ich fragte mich, wie und ob die Camper und Pilger vor mir den Topf überhaupt gereinigt hatten, aus dem ich gerade getrunken hatte.

Doch wie üblich hatte der Weg auch bei dieser Erfahrung einen lehrreichen Hintergrund für mich bereit, der sich im Gespräch mit dem hilfsbereiten Mann zeigte. Dieser Camper, so typisch, als sei er einer deutschen Vorabendserie entsprungen, war einst ein gutsituierter, gesellschaftlich angepasster Karrieremensch gewesen, der zur richtigen Zeit in der Region ein Häuschen für sich und seine Familie gekauft hatte. Nachdem seine Frau ihn verlassen hatte und der Wert des Häuschens dank der Nähe zur Schweizer Grenze und zum Arbeitsort Genf enorm gestiegen war, hatte er sich ausgerechnet, dass er bis zum Rentenalter in einem 45 qm großen Mobile Home auf dem Campingplatz gut leben könnte ohne zu arbeiten, wenn er sein Häuschen meistbietend verkaufen könnte. Er habe das nie bereut und die Tatsache, dass er am nächsten Tag zu einem

Urlaub in Bali aufbrechen wollte, schien seine Kalkulation mehr als zu bestätigen. Als er mir anbot, sein Mobile Home von innen zu besichtigen, lehnte ich einem warnenden Bauchgefühl folgend allerdings dankend ab.

Am Abend verschwand ich relativ früh im Wohnwagen. Einerseits war ich sehr müde und wollte meine geschwollenen Füße hochlegen, andererseits schien es mir ratsam, mich nicht von zu vielen der Saisonarbeiter alleine vor einem nicht abschließbaren Wohnwagen sehen zu lassen.

Tag X -1:

FRANGY – PONT DU FIER (17.5 KM)

Genug ist genug

Die Nacht war kurz und kalt und nicht sehr erholsam. Es hatte ordentlich geregnet und gewittert und da es am Vorabend ziemlich heiß und stickig im Wohnwagen gewesen war, hatte ich alle Fenster geöffnet. Nachts wachte ich zitternd in meinem klammen Daunenschlafsack auf. Außerdem war ich mehrfach aus Albträumen hochgeschreckt und fühlte mich hinter dieser Plastiktür des Wohnwagens sehr verwundbar.

Also war ich früh aufgestanden und in der Morgendämmerung, wieder einmal ohne Frühstück, zurück Richtung Frangy losgegangen. Glücklicherweise fand sich im Ort eine Bäckerei: Mit einem Schokocroissant im Magen lief es sich doch gleich besser!

Der Weg nach Designy machte mir bewusst, wie unrealistisch meine Tagesplanung war, denn diese Strecke hätte ich unmöglich am Vortag schaffen können. In Designy fand ich kurz Unterschlupf im Gemeindehaus, wo ich im Waschraum versuchte, mich am Handtrockner zu wärmen und mein Langarmshirt und Regenkleidung aus dem Rucksack suchte. Kurz nach Designy holte mich der Deutschschweizer noch einmal ein. Während des kurzen gemeinsamen Wegstücks erzählte er, dass er auch vor sechs Tagen in Lausanne losgelaufen sei, dass es aber sein letzter Tag sei und er von Seyssel aus mit dem Zug zurückfahren würde. Im nächsten Urlaub würde er wieder eine Woche gehen. Im Nieselregel verabschiedete er sich mit einem Grinsen und den Worten: „Man fragt sich allerdings schon manchmal, warum man sich das alles antut, oder?", nahm seinen sportlichen Schritt wieder auf und war nach der nächsten Wegbiegung verschwunden.

Ich lief mittlerweile mit permanenten Schmerzen, die im Gegensatz zu den letzten Tagen auch nach etwas Einlaufen nicht besser wurden, sondern einfach immer schlimmer. Mein rechter Fuß schien zwischenzeitlich nicht mehr beweglich. Wahrscheinlich durch die Überlastung des Ausgleichens fing im linken Fuß die Achillessehne an zu ziehen. Während ich mit größter Vorsicht und unter enormen Schmerzen einen rutschigen und steilen Steinweg im Wald hinunterkraxelte, ständig die Angst im Nacken, die Balance zu verlieren, umzuknicken oder auszurutschen und mit diesen geschwollenen und unflexiblen Füßen keine Möglichkeit zu haben, mich aufzufangen, traf ich die Entscheidung, noch bis zur nächsten Herberge zu gehen, aber keinen Schritt weiter. Die Müdigkeit der letzten Nacht und das regnerische Wetter trugen gewiss dazu bei.

Die Besitzerin der Auberge, die Übernachtung und Essen im Paket anbot, war etwas überrascht, um 13 Uhr bereits das erste Zimmer zu vergeben. Das Zimmer war klein und kühl, aber mit eigenem Bad und Fernsehen. Ich hätte mir gerne eine lange heiße Dusche gegönnt, aber ich konnte nicht mehr auf meinen Füßen stehen und verkroch mich folglich einfach unter der Bettdecke. Von dort aus rief ich meinen Mann an, um ihm missmutig meine Entscheidung mitzuteilen, am nächsten Morgen mit dem Zug zurück nach Hause zu kommen. Natürlich hatte ich nicht damit gerechnet, dass er sich sofort ins Auto setzten würde. Er holte mich noch am gleichen Nachmittag ab und die Besitzerin der Auberge war nun noch überraschter, ihren ersten Gast gleich wieder abreisen zu sehen. Gerade als ich ausgecheckt hatte, kam eine stämmig gebaute Frau mittleren Alters, gut geschützt unter einem Regenumhang, die Treppen zur Auberge hoch. Auch diese Pilgerin schien nicht glücklich mit dem Wetter und der Last, die sie trug, sie wirkte auf mich aber stetig und beständig, im Gegensatz zu mir.

Die sechs Tage Wanderung, in denen ich mich oft so allein auf der Welt und fern von allem Lieben gefühlt hatte, schnurrten nun auf anderthalb Stunden Autofahrt zusammen!

Ich wechselte die Perspektive und glaubte einiges gelernt zu haben. Zum Beispiel, dass ich nie wieder für eine „unbestimmte Zeit" aufbrechen würde! Wenn überhaupt würde ich es wie der Deutschschweizer machen, schon wegen des Gepäcks. Ich Unerfahrene hatte für alle Fälle von Lausanne bis Santiago vorgeplant und sogar schon den Bikini im Gepäck, für das Bad im Atlantik. Außerdem hatte ich mich mit der Einsamkeit nicht anfreunden können, obwohl ich mir meine Unabhängigkeit unbedingt hatte beweisen wollen. Ich würde so etwas nicht mehr alleine anfangen. Vor allem aber musste ich zugeben, dass meine Kalkulation von durchschnittlich und mindestens 30 Kilometern am Tag, die ich ja selten überhaupt geschafft hatte, unmöglich durchzuhalten war und dass 20 bis maximal 25 Kilometer am Tag wahrscheinlich realistischer waren.

Tag X:

LAUSANNE II

...und nun?

Natürlich war ich meinem Mann unendlich dankbar, dass er mich abgeholt und wieder heim gebracht hatte und dass er mir das Gefühl gab, die 160 Kilometer in sechs Tagen seien doch ein Riesenerfolg gewesen, auch wenn ich nicht so weit gekommen war, wie ich vorgehabt hatte. Vor allem war mit dieser Aktion die Frage vom Tisch, ob ich mich vielleicht wegen versteckter Probleme in meiner Ehe auf diesen Weg gemacht hatte: Die Rückkehr zu meinem Mann war trotz der widrigen Umstände ein schönes Gefühl.

Die Reaktionen in meinem Umfeld waren durchwachsen. Die meisten Bekannten gaben zu, dass sie es soweit schon nicht geschafft hätten und bewunderten mich für meinen Mut und diese Leistung. Ich hatte aber das Gefühl, dass einige Leute mir das sowieso nicht zugetraut hatten und nun eine gewisse Genugtuung empfanden.

Bezeichnend für mich war die als Aufmunterung gedachte Äußerung meines Vaters, ich solle das bloß nicht als Versagen betrachten. Zum ersten Mal wurde mein Vorhaben mit Erfolg oder eben Misserfolg in Verbindung gebracht. Wahrscheinlich war das der Moment, in dem ich beschloss, dass es so nicht enden dürfte.

Zwei Wochen lang saß ich daheim, sogar unfähig mich wenigstens mit meinem normalen Sportprogramm abzureagieren. Ich massierte mir die Fußgelenke, legte die Füße hoch, dehnte Muskeln und Sehnen und schluckte Magnesium. Das Gefühl, wieder Herrin meiner Zeit werden zu müssen, das ja schon beim ersten Mal Teil meiner Entscheidung zum Aufbruch gewesen war, überwältigte mich schier. Mir war relativ schnell klar, dass ich – entgegen meiner Einsichten aus dem ersten Teil meines Abenteuers – wieder losgehen würde, wieder alleine, aber dass ich es entspannter angehen würde.

Tag 1:

SEYSSEL – CHANAZ (21 KM)

Auf ein Neues!

I ch saß im Zug, der mich von Lausanne nach Seyssel brachte, um dort wieder anzuknüpfen, wo ich aufgehört hatte. Natürlich fragte ich mich, warum ich mir das alles nochmals antat, gleichzeitig fühlte es sich richtig an. Mein Gepäck hatte ich von etwa 15 Kilo auf 12 reduzieren können, also nicht wesentlich, den Ipod hatte ich daheim gelassen, ebenso den Bikini, denn ich weigerte mich innerlich, wieder auf Wochen im Voraus zu planen. Wenn ich es bis zum Atlantik schaffen würde, könnte ich mir dort einen Bikini kaufen. Vorerst wollte ich einfach gerne Le Puy-en-Velay in einer Entfernung von rund 290 Kilometern erreichen, möglichst innerhalb von mehr oder weniger zwei Wochen, aber ich schloss auch nicht aus, wieder nach einer Woche abzubrechen, wenn es mir keinen Spaß machen würde. Die größte Erleichterung war, dass ich keine Angst mehr hatte, was diese Erfahrung für mein Leben bedeuten würde. Die zwei zurückliegenden Wochen mit meinem Mann waren abgesehen von dem Frust über die schmerzenden Füße harmonisch und wunderschön gewesen und ich freute mich jetzt schon, wieder heimzukommen, wann auch immer.

Ich hatte das Gefühl, aus meinem Misserfolg gelernt zu haben. Ich wusste, was ich anders machen wollte. Ich würde vor allem mehr Pausen machen, würde mir Zeit nehmen, um zu genießen, würde Bilder machen und es einfach lockerer angehen.

Schon nach den ersten Kilometern wurde ich leider daran erinnert, dass ich nicht nur mit Schmerzen in den Füßen gekämpft hatte. Die Schmerzen in den Schultern hatte ich fast vergessen! Trotzdem fühlte ich mich gut. Ich hatte ein etwas mulmiges Gefühl, als ich an der Herberge vorbeiging, in der ich vor zwei Wochen aufgegeben hatte, aber abgesehen davon war der Weg am Ufer der Rhône das reinste Vergnügen. Das Wetter war durch die zwei Wochen Zeitverschiebung wesentlich besser, sonnig und warm, am Nachmittag sogar Hitze – und es waren Pilger unterwegs! Ich begegnete einer Gruppe von drei Deutschen und einem deutschen Ehepaar so oft, dass ich mich irgendwann am liebsten versteckt hätte, um nicht noch einmal: „Ja hallo…" sagen zu müssen.

Nach nur 21 Kilometern meldete ich mich am Campingplatz von Chanaz für die Nacht an und erhielt eine ganze Hütte mit sechs Plätzen und Küche zugewiesen. Ich fragte nach, weil ich nicht glauben konnte, dass ich diese für mich alleine haben würde. Ganz alleine war ich auch nicht, denn wieder erkannte eine Schmusekatze mein Bedürfnis nach Kontakt. Auch der Bewohner der Hütte nebenan schien auf Kontaktsuche. Aber ich konnte nicht zuordnen, ob er ebenfalls ein Pilger war, dann hätte ich mich gerne mit ihm ausgetauscht, oder ob er ein Dauercamper oder auf Urlaub hier war. Zumindest sorgte seine Art, mich ständig möglichst diskret zu beobachten, dafür, dass ich keine Lust hatte, mein Abendessen alleine in der Hütte zuzubereiten. So machte ich mich auf den Weg ins Örtchen.

Chanaz als Dorf war so süß und gepflegt wie der Campingplatz. Nur die Organisation des Abendessens gestaltete sich schwierig. Das einzige Restaurant, das abends geöffnet hatte, lag deutlich über meiner Preisklasse, die Pizzeria und ein anderes Restaurant schlossen an Wochentagen pünktlich zur Abendessenzeit. Allerdings war die Bäckerei am Abend noch geöffnet und so verpflegte ich mich nach einem Tag mit Müsliriegeln und Bananen mit einer Apfeltasche und einem Cookie. Wohl nicht das Optimale, aber ich wollte mich ja nicht mehr stressen. Morgen war ein neuer Tag.

Tag 2:

CHANAZ – YENNE (18 KM)

Als der Spaß begann

Ich nahm mir Zeit an diesem Tag, wie ich es mir für diesen zweiten Versuch meines Abenteuers vorgenommen hatte. Ich stand spät auf, lief ruhig los, machte viele Pausen an schönen Stellen und hielt sogar an der Kapelle Saint Romain an, um die Aussicht zu genießen. Nachdem ich am Vortag dauernd die beiden anderen Pilgergruppen getroffen hatte, begegnete mir an diesem Tag nicht ein einziger Pilger.

Nach nur 18 Kilometern erreichte ich meine Tagesetappe und checkte im Hotel Le Fer à Cheval ein, das mir in Jeannettes Unterlagen schon aufgefallen war. Das Angebot „Soirée Etappe" (Abendessen und Übernachtung in einem Paket) kam mir sehr gelegen.

Trotz des kurzen Tages tat mir wieder einmal alles weh und meine Beine waren schwer. Nun machte mir auch noch der Fußnagel vom rechten kleinen Zeh Sorgen, er war schwarz und es schien offensichtlich, dass er sich lösen würde. Trotzdem machte ich mich nach der Dusche – etwas schwankend – auf Erkundungstour durch Yenne, was trotz seiner Größe von rund 3'000 Einwohner nichts zu bieten hatte.

Zurück im Hotel traf ich dann doch noch das deutsche Paar vom Vortag wieder. Wir verabredeten uns locker zum Abendessen im Hotel. Ich war gerne den Tag über alleine unterwegs, zog ein Einzelzimmer jedem Schlafsaal vor, aber die Zeit zwischen dem Ende der Wanderung und dem Abendessen fühlte sich alleine doch ziemlich lang und einsam an.

Als ich zum Abendessen kam, wurde ich Zeuge einer großen Diskussion zwischen einem Gast und dem Wirt. Der Gastwirt bestand darauf, dass für die Pilger drinnen gedeckt sei und jede reservierte Pilgergruppe getrennt platziert sei, der Gast hingegen war Pilger und wollte den lauen Abend auf der Terrasse genießen. Als er mich alleine eintreffen sah, regte er an, dass die Pilger doch zusammensitzen sollten, damit man sich austauschen könne. Schnell lief es darauf hinaus, dass ich mit besagtem Pilger namens Gustav und seinem Begleiter Sepp auf der Terrasse Tische zusammenschob. Es wurde mein erster Abend unter Pilgern, mit Gustav und Sepp aus dem deutschsprachigen Teil von Fribourg in der Schweiz und dem deutschen Paar Brigitte und Franz. Ich glaubte, am Nachbartisch den Campinghütten-Nachbarn vom Vortag zu erkennen, hatte aber nicht wirklich das Bedürfnis ihn einzuladen, sich zu uns zu setzen. Ich genoss den Abend mit Wein und reichhaltigem Essen, mit angeregter Unterhaltung und viel Spaß. Eine ganz neue Erfahrung! Pilgern begann, mir Spaß zu machen!

Tag 3:

YENNE – ST.-GENIX-SUR-GUIERS (25.5 KM)

Anpassungen und Enttäuschungen

Vor diesem Tag hatte ich ein wenig Angst. Mein Pilgerbuch zeigte, dass ein Höhenunterschied von über 700 Metern zu bewältigen war, und ich hatte Bedenken, wie mein müder Körper das schaffen sollte. So hatte ich eigentlich geplant, nach einer ganz kurzen Etappe von 16.5 Kilometern aufzuhören. Im Gespräch des Vorabends hatte ich mich aber überreden lassen, wenigstens zu versuchen, wie die anderen Pilger knapp neun Kilometer weiter zu laufen.

Ich brach mit Brigitte und Franz auf, ließ diese aber in guter Freundschaft schnell hinter mir zurück. Der Weg war trotz meiner anfänglichen Sorge – oder vielleicht gerade deshalb – eines der schönsten Teilstücke überhaupt. Das Aufwärtssteigen wurde belohnt mit weiten Ausblicken auf die Rhône und die umliegenden Berge und auf den abwechslungsreichen und wunderschönen Waldwegen war es gar nicht so anstrengend. Ich machte viele Pausen, nahm für schöne Aussichtspunkte auch mal ein paar hundert Meter Umweg in Kauf und begegnete sogar meiner ersten Schlange. Ich wurde zweimal von Brigitte und Franz eingeholt und überholte die beiden wieder.

In St-Maurice-de-Rotherens hatte ich mein geplantes Tagesziel erreicht und entschied mich an einer Kreuzung, den Jakobsweg vorübergehend zu verlassen, um bei einem kühlen Getränk in einer Bar über das Weitergehen nachzudenken. Die Aussicht, einen weiteren lustigen Abend mit den anderen Pilgern zu verbringen, ließ mich weitergehen. Gleich hinter der nächsten Straßenkreuzung hörte ich ein Pfeifen und wurde prompt von Gustav und Sepp eingeholt. Ich verbrachte die ersten Kilometer meines Weges in Begleitung und musste zugeben, dass man weniger über seine Leiden und Sorgen nachdenkt, wenn man erzählend und singend durch die Landschaft streift.

Gustav war ein Original, der sich auch nicht scheute, den erstbesten Dorfbewohner mit Bierbauch anzusprechen und ihn zu fragen, ob er ihm nicht drei Bier aus seinem Keller verkaufen könne. Dieses Mal funktionierte das leider nicht, aber Gustav berichtete, dass oft interessante Gespräche entstünden und in der Regel sogar die Bezahlung abgelehnt wurde.

Im nächsten Ort hielten Gustav und Sepp an der Kirche zur Rast an und Gustav stürzte sich förmlich in die Kirche. Mir war das nicht so geheuer und schon gar nicht interessant oder wichtig und so verabschiedete ich mich für den Moment und ging alleine voraus. Ich hatte auch das Gefühl, die Gesprächsthemen mit den beiden gesetzten Herren für den Moment erschöpft zu haben, der Umgang wurde mir fast zu kokett.

In St-Genix-sur-Guiers hatte ich mich wieder einmal auf einem Campingplatz angemeldet. Man hatte mich vorgewarnt, dass ich die Hütte mit einem männlichen Pilger teilen müsse. Meine einzige Sorge war, dass es der starrende Pilger vom Camping in Chanaz sein könnte, auf jede andere neue Begegnung freute ich mich. Die Atmosphäre auf den Campingplätzen gefiel mir. Ich saß vor meiner Hütte in der Sonne, hatte die Füße hochgelegt, mein Buch ausgepackt (dieses Mal hatte ich auf die paar Hundert Gramm für den Genuss des Lesens nicht verzichtet), beobachtete die Familien und Urlauber. An der Rezeption hatte ich ein Bier gekauft und trank es aus der Flasche. Mein Wäscheständer, nur behängt mit der handgewaschenen Unterwäsche des Tages und dem noch tropfenden T-Shirt, erregte die neugierige Aufmerksamkeit der beiden jungen Männer der Nachbarhütte.

Zum Abendessen machte ich mich früh ins Ortszentrum auf. Es schien nur einen Platz mit zwei ortstypischen Restaurants und dem mittlerweile bekannten Pilgerangebot und eine zwei Straßen weiter gelegene Pizzeria zu geben. Ich machte mehrfach die Runde um den Platz und die Restaurants, aber meine Pilgerfreunde waren nicht aufzufinden. Relativ schnell hatte ich das Warten satt, gleichzeitig meldete sich der Hunger und ich hatte große Lust auf eine fettige Pizza beim Italiener, der mir allerdings wenig italienisch erschien. Als einziger früher Gast saß ich auf der Terrasse der Pizzeria, versuchte mein Bier und meine Vegetariana zu genießen und wurde mir doch nach dem Vorabend in der lustigen Gesellschaft meiner Einsamkeit umso bewusster.

Zurück in meiner Campinghütte war mein Mitbewohner noch immer nicht eingetroffen. Ich schlief mit halbem Ohr wartend ein und war nicht sicher, ob ich über das Alleine-Schlafen glücklich war oder nicht.

Tag 4:

ST-GENIX-SUR-GUIERS – VALENCOGNE (22 KM)

Das erste unmoralische Angebot
(wenn auch sicher nur gut gemeint)

D er Weg schien mir an diesem Tag im Vergleich zum Vortag fast langweilig und ohne Herausforderung, obwohl er Abwechslung nicht wirklich vermissen ließ. Er führte am Fluss und an Seen, an landwirtschaftlich genutzten Feldern und immer wieder an Steinkreuzen vorbei, es ging über Waldwege und durch kleine Örtchen.

Meine Gedanken beruhigten sich und kreisten weder um Kilometer noch um sonstiges. Ich merkte, dass mir das Gehen mit anderen zumindest vorübergehend immer wieder gut tat. Brigitte und Franz holten mich nach meiner zweiten Pause ein, nach meiner dritten Pause kreuzte ich zum wiederholten Male zwei Französinnen, die aber laut Gustav und Sepp keinen Kontakt zu anderen Pilgern suchten. Als ich mich im Gras niederließ, um einer Musikprobe in einem hinter einem Grashügel versteckten Château zuzuhören, holten auch Gustav und Sepp mich wieder ein. Zusammen legten wir eine ganze Strecke zurück, bis ich mein Chambre d'hôtes kurz vor Valencogne erreichte. Mit 22 Kilometern war es wieder einmal ein recht kurzer Tag gewesen und ich nahm mir vor, zukünftig mehr und vor allem längere Pausen zu machen, statt den Tag um 14.30 Uhr zu beenden.

Mein Chambre d'hôtes war großartig. Ein Zimmer für vier bis sechs Personen, ganz für mich alleine, mit einem eigenen hellen und sauberen Bad! Allerdings war auch der Preis entsprechend. Christine, meine sympathische Gastgeberin, musste zum Markt, wollte mich aber unbedingt am Abend zum Tee und Gespräch einladen. Der Nachmittag war gerade erst angebrochen und so ließ ich es mir mit den selbst gebackenen Keksen meiner Gastgeberin, ihrer schwarz-weißen Katze und meinem Buch auf der Terrasse gut gehen. Die Aussicht über das Tal im strahlenden Sonnenschein war wunderbar. Brigitte und Franz kamen später vorbei und wir verabredeten uns locker in Valencogne zum Abendessen. Relativ früh brach ich nach Valencogne auf, es lag ca. 20 Minuten Laufzeit von meinem Chambre d'hôtes entfernt. Ohne Rucksack, in Sandalen und nach dem entspannten Nachmittag war das ein lockerer Spaziergang. Nachdem es im Örtchen bis auf die Kirche nicht viel zu sehen oder zu tun gab und ich mit Kirchen nichts anfangen konnte, suchte und fand ich die kommunale Pilgerherberge, in der Brigitte und Franz reserviert hatten. Welch eine angenehme Überraschung, auch Gustav und Sepp dort zu finden, die eigentlich weit außerhalb in einer Privatunterkunft reserviert hatten. Wir begannen früh mit einem Apero und waren zum Abendessen zu einer Gruppe von sieben Pilgern angewachsen, da sich ein weiteres deutsches Ehepaar, Inge und Hans-Peter, zu uns gesellt hatte. Wir erzählten und lachten viel und ich genoss die Gesellschaft all dieser Pilger.

Es war nur schade, dass ich den Abend relativ früh abbrechen musste, da ich die 20 Minuten zurück nicht im Stockdunkeln gehen wollte. Das Angebot von Gustav, dass ich mit ihm und Sepp in ihrem Dreier-Zimmer schlafen könnte, lehnte ich ab. Einerseits konnte ich den Umgang mit den beiden immer noch nicht richtig einschätzen, andererseits wartete meine Gastgeberin auf mich. Sie würde es sicher bemerken und sich Sorgen machen, wenn ich die ganze Nacht nicht auftauchte.

Der restliche Abend bei Kräutertee aus eigenem Anbau bot mir genau die Lebenserfahrungen, nach denen ich suchte. Ich war froh, dass ich mir das Gespräch nicht hatte entgehen lassen. Christine hatte vor einigen Jahren, nach gescheiterter Ehe, ihren Bürojob und ihr Stadtleben an den Nagel gehängt, war zurück zu ihrer Mutter aufs Land gezogen, hatte dort ihr eigenes Häuschen mit Gästezimmer gebaut und lebte nun vom Ertrag ihres Gartens und ihrer Felder und vom Jakobsweg. Sie verkaufte ihr Gemüse auf Märkten und lebte nicht im Luxus, aber sie schien zufrieden und ausgeglichen.

Tag 5:

VALENCOGNE – LA FRETTE (26 KM)

Der erste Abschiedsschmerz

Obwohl ich nicht wirklich Begleitung zum Wandern suchte, konnte ich unmöglich am Morgen an der Herberge vorbeigehen, ohne kurz zu fragen, ob von den anderen gerade jemand fertig zum Abmarsch sei. Doch bereits um acht Uhr morgens war niemand mehr zu sehen.

Dafür traf ich schon unmittelbar nach Ortsausgang einen anderen Pilger. Gino aus Neuchâtel in der Schweiz und von dort gestartet, der erste Pilger, mit dem ich in Frankreich Französisch sprechen konnte. Ich hatte am Vorabend von ihm gehört, diesem älteren Mann, der 50 Kilometer am Tag zurücklegen wollte und sehr durchtrainiert sei. So ging ich davon aus, dass der Kontakt eher knapp und kurz sein würde, da Gino sicherlich schnell an mir vorüberziehen würde. Gino schien allerdings gar keine Eile zu haben, obwohl er mir bestätigte, dass sein Ziel 50 Kilometer am Tag seien, immerhin wollte er bis Santiago gehen und vor allem so schnell wie möglich in Spanien ankommen. Aber er hatte wenig Kartenmaterial und auch kein GPS dabei und schien nicht wirklich zu wissen, wo er sich gerade befand, wie viele Kilometer hinter ihm lagen oder bis wohin er am Tag kommen sollte, um sein Ziel zu erreichen. Er wanderte den ganzen Tag mit mir und ich war mir nicht sicher, wie viel Spaß mir das machte. Die Gesprächsthemen waren schnell erschöpft und um die Landschaft zu genießen brauchte ich nicht wirklich jemanden, der alle fünf Schritte bewundernd ausrief: „Aber wie ist das auch schön hier!". Es war wirklich sehr schön, ein naturromantischer Tag mit wild verwachsenen Wegen durch Ginster, an Mohnfeldern vorbei und mit einigen schönen Ausblicken.

Wir kreuzten einige Male ein junges Paar, das mit Hund unterwegs war. Die beiden sahen eher aus wie auf einem Spaziergang, hatten leichte Schuhe an und wenig Gepäck dabei. Sie versicherten mir aber mit schweizerdeutschem Akzent, dass sie den Jakobsweg gehen würden.

Richtig erfreut war ich, als ich Brigitte und Franz einholte. Es war ihr letzter Tag, sie würden am nächsten Morgen zurück nach Hause fahren und den Weg in einem anderen Urlaub weitergehen. Wir blieben eine ganze Weile zusammen, ich passte mich dem ruhigeren Tempo und den vorsichtigeren Abstiegen der beiden an. Da die Verständigung zwischen den Deutschen und dem französisch sprechenden Schweizer schwierig war, lief Gino konstant voraus, blieb aber immer in Sichtweite.

In Le Grand-Lemps stand mein erster großer Abschied bevor. Brigitte und Franz und auch Gino hatten dort ihre Unterkunft reserviert, während ich noch rund fünf Kilometer weiter nach La Frette gehen wollte. Der Abschied von Gino war kurz und fast erleichtert, bei Brigitte und Franz hingegen musste ich ziemlich schlucken. Wir hatten nicht wirklich viel Zeit miteinander verbracht, aber die Abende waren lustig und unterhaltsam gewesen und die zufälligen Treffen über den Tag hinweg hatten immer wieder eine angenehme Abwechslung gebracht. Es waren die ersten Pilger gewesen, die mich in ihrer Zweier-Gruppe willkommen geheißen und mir das Gefühl gegeben hatten, dass ich nicht alleine sein muss, wenn ich nicht möchte. Sie hatten mir auch erzählt, dass Gustav und Sepp sehr früh am Morgen aufgebrochen seien und sich eine Riesenstrecke vorgenommen hatten, so dass ich davon ausging, auch diese beiden nicht mehr wiederzusehen. Die ersten Schritte nach dem Abschied kam ich mir wirklich verlassen und einsam vor.

Auf meine Unterkunft in La Frette war ich gespannt. In Jeannettes Buch von 2008 war das Hôtel des Voyageurs als normale Übernachtungsmöglichkeit angegeben, in Inges Buch (dasselbe, nur in der Ausgabe von 2012) war das Hotel zwar vermerkt, aber als nicht empfehlenswert gekennzeichnet. In meinem Pilgerbuch fand sich gar kein Hinweis auf dieses Etablissement. Vor dem Hotel angekommen, bereute ich meine Reservierung zum ersten Mal. Ich klingelte an verschlossener Eingangstür, hinter der ein Schäferhund wild bellte, im dritten Stock erschien an einem Fenster der Kopf einer Oma, die mir zurief, sie würde sich beeilen, ich solle warten. Ich ließ meine Chance, mich einfach zu verdrücken, verstreichen und wurde von der kleinen, rundlichen Oma in Kittelschürze eingelassen. Aus dem einen bellenden Schäferhund wurden zwei, die ununterbrochen an mir hochsprangen, mich beleckten und sich ansonsten gegenseitig durch die Räume jagten. Mein Zimmer im ersten Stock war, wie alles in diesem Hotel, einfach und äußerst rustikal, mit einem Minimum an Sauberkeit, der ich allerdings nicht weiter auf den Grund gehen wollte. Dieses Minimum an Sauberkeit schien mir hingegen im einzigen Bad des Stockwerks nicht mehr wirklich ausreichend, und obwohl ich der einzige Gast war, verbrachte ich keinen Moment länger als nötig in der Dusche.

In La Frette schien es außer diesem Hotel nicht viel zu geben und so nahm ich, wenn auch nicht sehr begeistert, das Angebot des Soirée Etappe der Hausdame an und würde zum Abendessen im Hotel bleiben. Die Hausdame kochte, nachdem sie ihre Hühner versorgt und ihnen die Eier für mein Omelett weggenommen hatte, nur für mich. Auch wenn das Essen nichts Besonderes war, spürte ich, dass sie sich redlich bemühte und ihr Bestes gab und irgendwie bedeutete mir das mehr als ein tolles Essen ohne Herz. Die allgegenwärtigen Hunde schauten kurz zum Essen vorbei, wurden dann aber zumindest vorübergehend ausgesperrt. Nach dem Essen saß ich noch eine Weile mit der Gastgeberin und den Hunden zusammen und konnte selbst aus diesem Gespräch noch etwas lernen, nämlich dass auch eine Oma in Kittelschürze eine Geschichte zu erzählen und Erfahrungen zu teilen hat.

Für den nächsten Tag versprach sie mir zwei hartgekochte Eier zum Frühstück, die ich für das Mittagessen mitnehmen solle. Kein Bio-Ei aus dem Supermarkt kann mit dem intensiv leckeren Geschmack dieser beiden Eier mithalten!

Tag 6:

LA FRETTE – REVEL-TOURDAN (33 KM)

Muttertag in Frankreich

I ch begann, mich entgegen meines Vorhabens doch wieder zu stressen. Mein Sicherheitsdenken brachte mich dazu, wenigstens am Vorabend für den nächsten Tag meine Übernachtung zu reservieren. Obwohl mir klar war, dass ich mir damit einiges an Spontanität und interessanten Erfahrungen nahm, sah ich vor allem den Vorteil. So musste ich mich tagsüber nicht ständig fragen, wie weit ich gehen würde und auch für mein Budget war es sinnvoller, die kostengünstigste Herberge rechtzeitig zu sichern. Doch an diesem Tag brach ich mit der Unsicherheit auf, dass die Unterkunft in Pommier-de-Beaurepaire, wo ich gerne untergekommen wäre, nicht verfügbar war, dass ich weit vorher in Faramans zwar auf dem Campingplatz reserviert hatte, mir das aber doch sehr kurz erschien, die nächste Möglichkeit in Revel-Tourdan mir mit über 30 Kilometern hingegen zu weit war.

Recht früh am Morgen traf ich Christine, eine junge Frau aus Deutschland, mit der das Gehen locker und sehr angenehm war. Doch Christine hatte sich auf 15 bis maximal 20 Kilometer am Tag eingeschworen und schon im nächsten Ort, La Côte-St-André, trennten sich unsere Wege. Christine hatte Lust, sich das Schokoladenmuseum anzusehen, während ich noch immer mit dem Gedanken spielte, bis Revel-Tourdan zu gehen und mir die Zeit für eine Besichtigung nicht nehmen wollte.

Das Wetter an diesem Tag war kühl und regnerisch. In der Nacht hatte es heftig gewittert, aber die Hausdame vom Hotel hatte mir versichert, dass es sich tagsüber immer aufklären würde. Im Moment schien es allerdings eher schlechter zu werden. Als ich das Dorf Ornacieux durchquerte, wurden aus dem Nieselregen wieder einmal dicke Tropfen und diese brachten mich zum ersten Mal auf meinem Weg dazu, einfach so die Kirche zu betreten. In der Kirche lag ein Pilgerbuch aus. Ich hatte so etwas noch nie gesehen und warf neugierig einen Blick hinein. Völlig überrascht fand ich einen Eintrag vom selben Tag von Inge und Hans-Peter, die Gustav und Sepp und mir Bon Camino wünschten. Mir kamen die Tränen vor Rührung und ich hatte den Hinweis verstanden: Auf diesem Weg sollten Kirchen und meine Besuche darin ein Teil meiner Erfahrung werden.

In Faramans kam ich bereits zur Mittagszeit an. Da es gerade aufgehört hatte zu regnen, fühlte ich mich motiviert genug, telefonisch nach einer Unterkunft in Revel-Tourdan zu suchen und einen langen Tag zu wagen. Mein Pilgerbuch gab wenig her für diesen Ort. Das Auberge-Restaurant schien mir zu teuer und war außerdem an diesem Sonntagnachmittag geschlossen. So blieb mir nur eine Adresse aus Jeannettes Buch, die allerdings als „Accueil jacquaire" gekennzeichnet war. Accueil jacquaire sind Unterkünfte bei Privatmenschen, oftmals ehemalige Pilger oder Mitglieder der Kirchengemeinde, die gegen eine Spende ihr Gästezimmer Pilgern zur Verfügung stellen, oftmals auch mit Abendessen. Für viele Pilger sind diese Unterkünfte als günstigste Übernachtung die einzige Möglichkeit, Wochen unterwegs zu sein. Jedoch hatte Jeannette mir erzählt, dass als Gegenleistung zur günstigen Unterbringung von den Pilgern oft erwartet werde, dass sie beim Abendessen und danach von ihren Pilgererfahrungen berichten. Da ich mich nicht als typische Pilgerin sah, wollte ich den erzwungenen Austausch mit religiösen Ex-Pilgern möglichst vermeiden. In Revel-Tourdan gab es aber keine andere Möglichkeit und so rief ich bei Marie-Claude und Yves an. Ich erfuhr, dass an diesem Tag Muttertag war und die dreifache Mutter Marie-Claude diesen Tag gern ohne Pilger-Gäste verbringen wollte. Sie stimmte nur zögerlich und fast widerwillig zu, mich aufzunehmen – und sicher nicht vor 17 Uhr.

Der Rest des Tages ging im Dauerregen unter. Mit Regenkappe bis über die Augen gezogen und starrem Blick nach unten sah ich nicht viel von der Umgebung. Auch waren Pausen unter diesen Umständen kaum möglich und so traf ich auch niemanden mehr an diesem Tag. In der Kirche von Pommier-de-Beaurepaire fand ich kurz Unterschlupf, aber es war auch dort zu kühl, um zu trocknen oder sich wohlzufühlen. So lief ich stur weiter.

Revel-Tourdan entpuppte sich als romantisches Dorf mit vielen alten Gemäuern und historischen Gebäuden. Ich kam um Punkt 17 Uhr an und pünktlich hörte der Regen auf. Ich fand meine Unterkunft und wurde herzlicher als erwartet aufgenommen. Marie-Claude und Yves wohnten in einem uralten Haus, das Treppenhaus wand sich in einem Türmchen nach oben. Mir wurden meine diversen Regenschutzschichten und meine klatschnassen Schuhe abgenommen und ich durfte das Türmchen bis ganz nach oben besteigen. Es gab für die Pilger ein Doppelzimmer und ein Dreierzimmer, aber ich war wieder einmal der einzige Gast und hatte sogar die Badewanne für mich alleine. Wieder einmal traute ich mich aber nicht, die Gastfreundschaft zu strapazieren und entschied mich nur für eine lange heiße Dusche. Danach stand mir also das Gespräch mit den Gastgebern bevor. Als ich ins Wohnzimmer kam, hatte ich allerdings nicht das Gefühl, dass man sich großartig auf das Gespräch mit mir eingerichtet hatte. Marie-Claude erwartete noch immer die Anrufe von zwei ihrer Kinder und Yves war inzwischen zu einem Klassikkonzert verschwunden. Marie-Claude drückte mir die Gästebücher der letzten Jahre in die Hand, damit ich mich beschäftigen konnte, während sie ihren Aktivitäten nachging. Es war schon interessant zu lesen, was die Pilger der letzten Jahre an Nachrichten hinterlassen hatten, aber ich hätte unter diesen Umständen durchaus meine eigene Lektüre vorgezogen. Den Abend verbrachte ich mit Marie-Claude, die mir ein wunderbares Abendessen zauberte und viel aus ihrem Leben als Pilger-Gastgeberin erzählte. Es stellte sich heraus, dass sie sich gar nicht mehr als Accueil jacquaire einstuften, sondern als chambre pèlerin, was bedeutete, dass sie ihre Gästezimmer weiterhin nur Pilgern anboten, aber einen Festpreis für die Unterkunft und das Essen verlangten. Entsprechend entspannte ich mich, denn wer einen Festpreis für eine feste Leistung bezahlt, muss sich nicht unangenehmen Fragen oder Gesprächen verpflichtet fühlen. Yves kam am späten Abend in enormer Hochstimmung vom Konzert zurück, was einen ziemlichen Gegensatz zur eher bedeckten und etwas schwermütigen Art seiner Frau darstellte. Ich nutzte den Moment, um mich in mein Turmzimmer zu verabschieden.

Tag 7:

REVEL-TOURDAN – CARMEL NOTRE-DAME DE SURIEU (19 KM)

Ganz neue Erfahrungen

Zum Frühstück erschien nur Yves, Marie-Claude wollte ausschlafen. Ich fand es etwas merkwürdig, mich nicht von ihr verabschieden zu können.

Der Tag versprach interessant zu werden. Ich hatte es am Vorabend geschafft, als nächstes Etappenziel eine Übernachtung im Konvent zu reservieren. Marie-Claude hatte sich sehr überrascht darüber gezeigt, sie hatte geglaubt, die Schwestern würden schon seit langem keine Pilger mehr aufnehmen. Zwar hatte die Schwester am Telefon gefragt, ob ich anrufe, weil alle anderen Übernachtungsmöglichkeiten ausgebucht seien, aber als ich ihr erklärte, dass ich noch nirgendwo sonst angerufen hatte, weil ich sehr gerne auf meinem Weg eine Nacht im Kloster verbringen würde, hatte sie mir spontan die Reservierung bestätigt. Mit nur knapp 20 Kilometern versprach der Tag also, ruhig und einigermaßen entspannt zu werden, was mir nach dem Exzess vom Vortrag sehr gelegen kam.

Der Weg führte mich ein Stück an der TGV-Strecke Paris – Valence entlang. Wie viele Züge an mir vorbeirauschten! Mit welcher Geschwindigkeit die Welt außerhalb des Weges sich fortbewegte! Ich beneidete die Menschen um ihren Stress und ihr Ankommen-Wollen oder –Müssen in keinster Weise.

Kurz vor meinem Ziel begegnete mir ein Pilzsammler, der mich sofort in ein Gespräch verwickelte. Er schien richtig stolz auf mich, die Pilgerin, stellte viele Fragen und erzählte dann von sich. Unter anderem berichtete er, dass er Bänke und Hinweisschilder für die Pilger gezimmert habe, da die Gemeinden am Weg ja überhaupt keinen Einsatz für die

Pilger zeigten. Er lud mich zum Abendessen ein und wollte die soeben gesammelten Pilze mit Spaghetti zubereiten, aber ich lehnte die Einladung ab. Immerhin warteten die Schwestern im Kloster auf mich. Als ich ein paar Hundert Meter weiter ein Holzschild im Baum hängen sah, in das eingraviert war, dass es noch 136 Kilometer bis Le Puy-en-Velay seien, musste ich innerlich lächelnd an die Begegnung zurück denken.

Der Empfang im Kloster war herzlich, aber kurz. Eine Schwester in brauner Kutte zeigte mir mein Zimmer, erklärte mir, dass ich die einzige Pilgerin sei und sonst nur zwei Schwestern auf „retraite" im Haus seien, die aber Schweigegelübde einzuhalten hätten. Sie gab bekannt, wann die Abendmesse, das Abendessen und die Morgenmesse stattfinden würden und ich war mir selbst überlassen. Nach der Dusche und dem täglichen Wäschewaschen überlegte ich lange, ob ich zur Abendmesse erscheinen sollte oder müsste, und entschied schlussendlich, dass das irgendwie das Mindeste war, das ich der Tatsache schuldete, dass man mich ausnahmsweise aufgenommen hatte. Es erschienen etwa zehn braun gekleidete Schwestern, von denen ich bisher nur die eine kannte, die mich empfangen hatte, neun der Schwestern trugen ein schwarzes Kopftuch, eine ein weißes. Es kam mir wie Theater vor, wie sie in der kleinen Kirche ihre Gesänge vortrugen. Das Publikum bestand aus den beiden schweigenden Schwestern in weißer Kutte, einem Ehepaar, das wohl zur Messe vorbeigekommen war, und mir. Viel tun musste ich nicht, es reichte, den Einsatz nicht zu verpassen, wenn die anderen aufstanden und sich wieder setzten.

Das Abendessen hingegen hielt mehr Stolpersteine für mich bereit. Ich versuchte, den beiden Schwestern in Weiß beim Tischdecken und Vorbereiten zu helfen, aber die beiden waren ein eingespieltes Team und jeder Handgriff, den ich tat, schien die Balance zu stören. Als das Abendessen gebracht wurde, erlöste eine Schwester mich von der Stille, indem sie eine CD mit klassischer Musik einlegte. Mit Vivaldi ließ sich das Essen fast genießen, und so setzte ich mich und begann zu essen. Ein „Guten Appetit" schien mir bei Schweigegelübde nicht angebracht. Die Schwestern hingegen setzten sich noch nicht und als ich aufblickte, um zu schauen, ob noch etwas fehlte oder sonst etwas nicht stimmte, realisierte ich, dass die beiden stehend in ein Dankgebet versunken waren. So dankte ich vor allem dem Schweigegelübde, das verhinderte, dass die beiden Schwestern mich anmeckern konnten.

Nach dem Essen spazierte ich noch ein wenig vor dem Kloster umher und traf nochmals auf die beiden Schwestern in Weiß. Mit genügend Abstand zu den Klostermauern schien das Schweigegelübde lockerer zu werden und die beiden fragten mich vorsichtig und leise über meinen Weg aus. Gerne hätte ich ihnen auch unzählige Fragen gestellt, traute mich aber nicht, sie bewusst zum Reden aufzufordern.

Die Nacht in meiner Einzelzelle mit Blick über das nahegelegene Dorf war von absoluter Ruhe geprägt. Alles war von einer friedlichen Atmosphäre umhüllt.

Tag 8:

CARMEL NOTRE-DAME DE SURIEU – CHAVANAY (20.5 KM)

Fußmassage gegen Einsamkeit

Am Morgen hinterließ ich eine relativ großzügige Spende und traf die Schwester in Braun vom Vortag zum Abschied. Sie war die einzige Schwester, die außerhalb der Klostermauern unterwegs war. Wir plauderten ein wenig, über meinen Weg und meine Beweggründe, aber ich fühlte mich sehr an meinen Psychologen erinnert, der mir auch immer das Gefühl gegeben hatte, nicht das zu sagen, was er gerne hören wollte. Wie er hatte auch diese Schwester eine Art, beim Zuhören unbeteiligt, aber allwissend zu nicken, die mich schon nach wenigen Minuten dazu bewegte, das Gespräch abzubrechen. Die Morgenmesse schwänzte ich.

Ich fühlte mich mal wieder allein auf weiter Flur. Seit meiner kurzen Begegnung mit Christine vor zwei Tagen hatte ich keinen Pilger mehr gesehen. Ich merkte, dass ich müde wurde. Physisch, aber auch psychisch. Eines bedingte sicherlich das andere. Beim Überqueren der Rhône wurde ich fast melancholisch. Laut meinem Pilgerbuch würde ich den Fluss an diesem Tag zum letzten Mal sehen. Die Rhône war für mich irgendwie eine Art Verbindung nach Hause gewesen, schließlich kam sie vom Genfer See. Die Lust auf Zuhause, meinen Mann und meine Katzen, wog gegen die Lust auf Abenteuer und Weitermachen. Ich spürte es wie eine Art Gummiband, das sich beim Gehen immer weiter spannte, und irgendwann stärker werden könnte als ich. Nach der Kilometerangabe nach Le Puy, die ich am Vortag gesehen hatte, wollte ich es auf jeden Fall bis dahin schaffen. Ich konnte mir in diesem Moment sogar vorstellen, mit etwas Anstrengung noch die 200 Kilometer bis Conques weiterzugehen. Von dem Ort hatte man mir erzählt und es schien mir eine wichtige Station auf dem Pilgerweg. Dass ich nach Conques weiter gehen würde, schien mir aber unwahrscheinlich. Das Etappenziel Chavanay stellte sich als romantischer, wunderbar erhaltener mittelalterlicher Ort heraus. Ich probierte also die zweite Gîte d'étape meines Weges aus und hoffte - wieder einmal vergeblich - auf einen Abend in Gesellschaft, an dem man zusammen kochen, erzählen und sich austauschen könnte. Vor der geräumigen Gîte mit mehreren Etagenbetten, einem separaten Zimmer und einem großen Aufenthaltsraum saß ich ganz alleine neben meiner trocknenden Wäsche in der Nachmittagssonne. Ich erkundete den Ort und verliebte mich spontan in die engen Gassen und die liebevoll gepflegten alten Häuser. Ich sah die beiden Französinnen wieder, die angeblich keinen Kontakt mit anderen Pilgern suchten. Da sie offensichtlich im Hotel eingecheckt hatten und dort an der Bar saßen, wagte ich nicht, diese Aussage von Gustav und Sepp nun zu überprüfen. Ich kochte mir abends alleine eine riesige Portion Spaghetti mit Tomatensauce und machte zum ersten Mal seit Tagen wieder einen Fernseher an. Eine abendrettende Idee fand ich an der Infowand der Gîte: Marie Thé bot Pilgern eine Fußmassage zum Sonderpreis an und ich entschied, dass ich das Geld, das ich nicht für alkoholische Getränke in Gesellschaft anderer Pilger ausgegeben hatte, in meine Füße investieren könnte. Welch ein Genuss! Was ich zu diesem Zeitpunkt noch nicht ahnte war, dass einige der massierten Stellen noch Tage später wie Muskelkater oder blaue Flecken spürbar sein würden.

In der Nacht alleine im Sechser-Zimmer schreckte ich bei einem Geräusch hoch und spürte, dass jemand im Zimmer war. Ich hielt den Atem an und versuchte mich unauffällig im Halbdunkeln umzusehen. Zum Glück war es nur eine Katze, die durch das offene, mit weit auseinanderstehenden Eisenstreben gesicherte Fenster geschlüpft war und mich genauso verängstigt ansah wie ich sie.

Tag 9:

CHAVANAY – ST-JULIEN-MOLIN-MOLETTE (20.5 KM)

Wiedersehen

Als ich am Morgen aufbrechen wollte, nieselte es leicht. Ich packte also meine Regenkleidung und den Rucksackschutz aus und hüllte mich etwas widerwillig in die Plastiksachen. Ich mochte Regen nicht, noch weniger aber mochte ich das Gefühl, in Plastik zu laufen, nicht atmen zu können und durch die Regenkappe kaum noch Sicht auf meine Umgebung zu haben. Genau in dem Moment, als ich aus der Gîte trat, um im Regen meinen Tag zu beginnen, kam die Sonne hervor und der Regen hörte auf. Das Zeichen nahm ich an, packte meine Regenjacke wieder ein und hatte das erste Schlagwort meines Weges gefunden: „Zulassen". Wenn ich in Momenten wie diesem dem Himmel und der Natur gegenüber Dankbarkeit empfand, wenn ich Lust hatte in eine Kirche zu gehen, obwohl ich mich ausdrücklich als Agnostikerin einstufte, gab es keinen Grund das zu unterdrücken oder mich dafür zu schämen. Dieser Weg war für mich eine so außergewöhnliche Erfahrung, dass ich beschloss, auch ungewohnte Emotionen zuzulassen.

Eine weitere Spruch-Weisheit beschäftigte an diesem Tag meine Gedanken: „Der Weg ist das Ziel". So alt und abgegriffen der Satz sein mochte, hatte ich doch rund 360 Kilometer zu Fuß gebraucht, um den Sinn dahinter so zu verstehen, dass ich ihn spüren konnte. An diesem Tag überschritt ich die 200 Kilometer-Marke meines zweiten Versuchs.

Es wollte nicht so recht aufklaren an diesem Tag, sondern blieb kühl und feucht. Den Regenschutz um meinen Rucksack nahm ich den ganzen Tag nicht ab. Allerdings konnte ich meine Pause an einem schönen Rastplatz mit Bänken und Tischen verbringen und sogar ein paar Sonnenstrahlen genießen. Während ich dort etwas oberhalb des Weges saß, sah ich von Weitem einen Pilger kommen. Ich war seit Tagen niemanden mehr auf meinem Weg begegnet. Als ich am gebückten Gang und dem nach unten gerichteten Blick mit einiger Sicherheit Gino erkannte, zögerte ich, mich zu erkennen zu geben. Aber Gino hatte mich schon gesehen und kam auf mich zu. Wir tauschten die Erfahrungen der letzten Tage aus und ich hatte erneut das Gefühl, dass Gino nicht wirklich wusste, wo er eigentlich herumwanderte. Er erinnerte sich nicht einmal an die Namen der Orte, in denen er vor ein oder zwei Tagen übernachtet hatte. Er übernachtete immer in den Accueil jacquaire, was erklärte, warum wir uns abends nie über den Weg liefen. Vergebens versuchte ich, alleine aufzubrechen - Gino entschied zum gleichen Zeitpunkt, genug Pause gehabt zu haben.

Den Rest des Tages gingen wir zusammen. Ich wollte nicht unhöflich sein und vor allem keine unangenehme Situation provozieren, denn es war klar, dass wir in zwei Tagen in der gleichen Gîte übernachten würden. Es gab in dem Ort nur diese eine Übernachtungsmöglichkeit und nach den letzten Tagen konnte ich mir ausmalen, dass ich mit Gino alleine im Schlafsaal sein würde. Das würde schon unangenehm genug werden, da musste ich ihn nicht zwei Tage vorher vor den Kopf stoßen. Diskret versuchte ich auch in der nächsten Pause am Croix de St-Blandine unsere Zweiergruppe aufzulösen, aber Gino verstand die Hinweise nicht, die ich als Wink mit dem Zaunpfahl empfand.

Der Tag schien für mich ziemlich verloren. Als wir endlich in St-Julien-Molin-Molette ankamen und uns trennen mussten, weil Gino auch hier ein Accueil jacquaire gefunden hatte, während ich mal wieder auf dem Campingplatz übernachtete, war ich ziemlich erleichtert. Auf dem Zeltplatz wurde ich sehr herzlich vom Besitzer empfangen. Der Campingplatz schien verlassen und etwas heruntergekommen. Auch hier wurde mir eine Hütte für vier Personen überlassen, die zwar einfach war, aber mit leuchtenden Farben gestrichen und mit viel Liebe zum Detail eingerichtet und dekoriert. Es standen sogar frische Blumen auf dem Tisch. Das versöhnte mich ein wenig mit der Tatsache, dass die Dusche zu wünschen übrig ließ und die Tür mal wieder nicht abzuschließen war. Zum Abendessen ging ich in die Camping-Bar, wo mir der Besitzer persönlich ein Pilgermenü zubereitete: einfach und gut und wie die Übernachtung zu einem absoluten Freundschafts-Pilger-Preis. Der scheinbar einzige Gast außer mir war ein junger Punker mit Hund. Er leistete mir beim Essen Gesellschaft, ernährte sich selbst aber eher von Flüssigem. Das Gespräch mit ihm war interessant, wenn ich ihm und er mir folgen konnte. Oft hatte ich allerdings das Gefühl, wir redeten einfach aneinander vorbei. Deshalb zog ich mich unmittelbar nach dem Essen in meine Hütte zurück.

Der Himmel versprach für den nächsten Tag nichts Gutes und meine Motivation erreichte angesichts des kühlen, nebeligen und feuchten Wetters einen kleinen Tiefpunkt.

Tag 10:

ST-JULIEN-MOLIN-MOLETTE – LES SETOUX (25 KM)

Unter Männern

Anders als befürchtet wurde das Wetter aber recht schön und ab Mittag schien die Sonne. Leider begleitete mich nicht nur die Sonne, sondern bereits nach den ersten zwei Kilometern auch Gino. Ich versuchte rund 20 Kilometer lang, mich von ihm zu trennen. Der naturbelassene Weg war abgesehen von der unerwünschten Gesellschaft traumhaft, führte vorbei an abgelegenen einsamen Gehöften, durch alte, gut erhaltene Dörfer und an einer ehemaligen Bahntrasse entlang, die lediglich durch vereinzelte Tunneleingänge und Eisenbahnbrücken noch als solche zu erkennen war. Auf dem Viaduc de la Poulette kamen mir zum ersten Mal Pilger entgegen. Nicht nur ihre falsche Richtung, sondern auch die Tatsache, dass einer der beiden sein Gepäck nicht auf dem Rücken trug, sondern in einem sportlichen Gerüst hinter sich herzog, machte mich neugierig. Leider konnten wir keine gemeinsame Sprache finden, um wirklich Informationen auszutauschen.

In jeder Pause schlug ich Gino unaufdringlich vor, einfach weiterzugehen. Wenn er Pinkelpause machte, ging ich einfach weiter, manchmal ließ ich ihn überholen und versuchte, ihn nicht mehr einzuholen, aber spätestens an der nächsten Kurve oder Abzweigung holte er mich ein oder wartete auf mich. Es gab einfach kein Entkommen.

Als wir den Ort Bourg-Argental durchquerten, schämte ich mich fast seiner Begleitung. Immer schauter er so grimmig! Ich hatte den Eindruck, dass die Menschen die Blicke von uns abwandten, statt wie sonst auf mein offenes Lächeln positiv zu reagieren. Ich fühlte mich schon länger wie eine Art Repräsentantin und es war mir wichtig, den Menschen zu vermitteln, dass Pilgern etwas Schönes, Bereicherndes ist, trotz der körperlichen Anstrengung. Bei Gino sah man nur diese. Wir machten an einem Rastplatz am Sportgelände von La Gare eine Pause. Die Sonne strahlte mit voller Kraft – es war ja schon Anfang Juni – und ich beschloss, mich hier länger als die üblichen zehn Minuten auszuruhen. Ich wollte meine Schuhe ausziehen, mich dehnen und Müsliriegel essen. Auch Gino zog sofort seine Schuhe aus und legte sich zum Dösen auf die Bank. Als ich sein Schnarchen bemerkte, schien die Gelegenheit gekommen, unauffällig und ohne Szene zu verschwinden. Leise zog ich meine Schuhe an und packte meine Vorräte ein. Natürlich wachte Gino auf, wunderte sich, dass ich nun doch schon weiterziehen wollte und beschwerte sich über meine stressige Art. Obwohl ich ausdrücklich wiederholte, dass er doch einfach länger Pausen machen könnte als ich, war Gino mit mir startklar und hing mir weiter an den Fersen.

Es bedurfte einer weiteren Pause, am wunderschönen Rastplatz Abri d'Aiguebelle, mitten im Wald, um meinen Geduldsfaden reißen zu lassen. Wir hatten auch hier Tische und Bänke vorgefunden und saßen auf einer grünen, sonnendurchfluteten Lichtung. Ich hätte gerne den Vögeln und dem Wind in den Baumkronen gelauscht und hoffte, Gino würde seine ständigen Kommentare zur Schönheit und Ruhe der Natur bald einstellen. Als genau das Gegenteil geschah, er nämlich urplötzlich aus vollem Hals „Oh Viva España" in den Wald brüllte, war meine Toleranzgrenze überschritten. Ich stellte ihn vor die Wahl: Entweder er würde jetzt alleine weitergehen oder er würde hier sitzen bleiben, während ich alleine weiterging. Den Rest des Tages würde ich auf jeden Fall allein verbringen. Beide Alternativen sagten ihm nicht zu, aber er gab nach und stapfte davon.

Ich genoss noch eine gute halbe Stunde die friedliche Atmosphäre auf der Lichtung, einerseits um Gino nicht einzuholen, vor allem aber, weil meine Sinne aufgewacht waren und ich auf einmal die Gerüche intensiv wahrnahm und unterscheiden konnte. Ich fühlte mich sehr verbunden mit meiner Umgebung.

So sehr ich mich gefreut hatte, den Rest des Weges alleine zu gehen, so schwer war es dann trotzdem. Der Tag war mit letztlich 25 Kilometern länger als geplant und als ich mir eigentlich zumuten wollte. In der letzten Stunde wurde jeder Schritt mühsam, obwohl der Waldweg wunderschön war. Ich merkte mit Unbehagen, dass meine Füße müde wurden und der linke Fuß schmerzte.

In der Gîte traf ich wie erwartet Gino wieder, aber zu meiner Freude auch zwei neue Pilger: Ein in Holland lebender Deutscher namens Alfred und seinen holländischen Begleiter Gerd-Jan. Wir waren zusammen in einem Schlafsaal für rund 16 Pilger untergebracht. Gino hatte sich das einzige Bett aus Metall reserviert, weil es nahe an der Zimmertür stand. Da ich über den Tag schon mitbekommen hatte, wie oft er zur Toilette musste, war das wohl eine gute Idee von ihm. Wir gingen zu viert zum Abendessen in das der Gîte angeschlossene Restaurant. Gino und Gerd-Jan hatten Verständigungsschwierigkeiten, aber Alfred und ich unterhielten uns angeregt. Alfred war vor Jahren schon einmal auf dem Jakobsweg gepilgert, von Holland aus. Er war nicht alles zu Fuß gegangen, sondern teilweise mit Bus oder Zug gefahren. Jetzt war er mit Gerd-Jan auf einem anderen französischen Fernwanderweg unterwegs gewesen und erst an diesem Tag auf den Jakobsweg gestoßen. Sie wollten noch bis Le Puy wandern.

Die Nacht alleine mit drei Männern, die seit Wochen in der Natur unterwegs waren, war für mich gewöhnungsbedürftig. Es war meine erste echte Schlafsaal-Erfahrung und ich konnte mir noch nicht vorstellen, wie schnell ich es normal finden würde, mit fast unbekannten Menschen Schlafsäle, Doppelzimmer und sogar Doppelbetten zu teilen.

Tag 11:

LES SETOUX – TENCE (LA PETITE PAPETERIE) (27.5 KM)

Die wenigstens temporäre Trennung

Der Tag begann richtig schlecht. Ich hatte das Gefühl, kaum geschlafen zu haben. Ginos Metallbett hatte bei jeder Bewegung laut gequietscht und jedes Mal, wenn er zur Toilette ging, hatte ich - vergeblich – gehofft, er würde sich bei der Rückkehr für ein anderes, leiseres Holzbett entscheiden. Außerdem hatte ich wieder einmal von der Arbeit geträumt, hatte mich im Bus auf dem Weg zur Arbeit sitzen sehen und voller Panik versucht zu begreifen, wie es denn sein konnte, dass ich dort immer noch hin musste, wo man mir doch versichert hatte, dass dieses Kapitel meines Lebens abgeschlossen sei.

Zu allem Überfluss regnete es in Strömen. Alfred und Gerd-Jan entpuppten sich als Schön-Wetter-Pilger und waren unter diesen Umständen nicht bereit loszugehen. Ich hingegen wollte mein Glück wagen und war dabei, die volle Regenmontur anzulegen, als Gino neben mich trat und mich fragte, wann wir denn endlich losgehen könnten. Ich explodierte! Ein für alle Mal und wie ich fand vollkommen unmissverständlich teilte ich ihm mit, dass es kein „wir" gäbe. Er sei ein freier Mensch und könne gehen oder bleiben wann und wie er wolle, aber ich sei ebenso frei und würde genau dann losgehen, wann ich wolle. Er verzog das Gesicht und stürmte im heftigsten Regen davon.

Ich brach ein wenig später auf und genoss trotz des Wetters die Einsamkeit und den verlassenen, durch den Nebel geheimnisvollen Weg durch den Wald. Der Tag revanchierte sich für den schlechten Start mit dem ersten Reh meines Weges, das nur wenige Meter vor mir den Pfad kreuzte. Es war ganz ruhig, ging einfach über meinen Weg, blieb auf der anderen

Seite sogar kurz stehen und beäugte mich interessiert in meiner vollen Regenmontur. So etwas hatte es wohl noch nicht oft gesehen. Es schien mich gar nicht als Menschen und sicher nicht als Gefahr zu erkennen. Bevor ich meinen Fotoapparat unter dem Regenschutz hervorkramen konnte, sprang es aber doch davon.

Zu meinem Erstaunen wartete Gino nach nur etwa sechs Kilometern wieder auf mich. Und das trotz meiner klaren Ansage! Ich ging einfach an ihm vorbei und hoffte, er würde nun endlich verstanden haben, dass ich wirklich nicht gemeinsam mit ihm in Santiago ankommen wollte. Er überholte mich noch einmal, sein männlicher Stolz erlaubte es wohl nicht, hinter mir zu bleiben, aber dann war er endgültig verschwunden.

An dem Tag machte ich eine weitere „tierische" Erfahrung, denn zum ersten Mal in meinem Leben konnte ich eine Kuh über den Zaun hinweg streicheln. Ich berührte ihre feuchte, glatte Nase und fühlte mich mit dem Tier auf eine warme und natürliche Art verbunden.

Der Regen hörte zwar im Laufe des Tages auf, aber es blieb frisch. Die Wege waren durchweicht und teilweise überflutet. Noch einmal sah ich Gino, aber eindeutig nicht von ihm beabsichtigt, denn er hatte bei einem überfluteten Teilstück des Weges aufgegeben und versuchte per Anhalter die nächste Etappe zu erreichen. Er lachte mich kurz aus, als ich sagte, dass ich trotzdem versuchen würde, auf dem Weg zu gehen, vermied aber sonst jeden Blickkontakt und jedes überflüssige Wort. Ich fand schnell eine Möglichkeit, den offiziellen Weg zu umgehen, der hier in einem Waldstück anstieg und durch die Regenfälle zu einem richtigen Fluss geworden war, der mir entgegenkam. Nur wenige Meter neben dem ausgespülten offiziellen Weg konnte man im Wald weitergehen und den Berg besteigen.

So richtig überzeugen konnte mich dieser Tag nicht. Das kühle Wetter die Feuchtigkeit und die ständige Sorge vor mehr Regen verdarben mir die Freude. Selbst im Ort Montfaucon-en-Velay fand ich keinen trockenen und angenehmen Platz, wo ich gemütlich Pause machen konnte. Regelrecht angewidert war ich, als ich den Grund für die vielen großen Raubvögel am Himmel entdeckte. Sie kreisten über einer nicht wirklich offiziell erscheinenden riesigen und stinkenden Müllhalde, an der der Jakobsweg vorbeiführte.

Auf meine Gîte, La Petit Papeterie, zwei Kilometer vor Tence, freute ich mich. Yves von der Herberge in Revel-Tourdan hatte mir diesen Ort empfohlen. Vorerst war ich wieder einmal der einzige Gast. Man erklärte mir, dass zwar ein Restaurant zur Gîte gehöre, man aber für eine Person nicht kochen würde. Notfalls könne man mir aber Nudeln und Sauce verkaufen, die ich in der Gîte selbst zubereiten könne. Die geräumige, helle Gîte bot acht Plätze in kleinen, mit Vorhängen abgetrennten Kabinen mit je einem Etagenbett. Am späteren Nachmittag kamen zu meiner freudigen Überraschung auch Alfred und Gerd-Jan in der Gîte an. Nun zu dritt durften wir auch im Restaurant ein Pilgermenü zu uns nehmen. Den Rest des Abends verbrachten wir am großen Tisch in der Gîte, eingewickelt in Wolldecken und mit meinem Eisenkrauttee bei einer sehr anregenden Mischung aus lustigen und persönlichen Gesprächsthemen.

Tag 12:

TENCE (LA PETITE PAPETERIE) – ST-JULIEN-CHAPTEUIL (29 KM)

Begegnung mit dem Freund des Sensenmannes

I n der Nacht hatte ich geträumt, ein Mann wollte mich verführen, aber ich hatte sogar im Traum an meinen Mann daheim gedacht und abgelehnt. Nach nunmehr fast zwei Wochen unterwegs und in Gesellschaft eines Mannes wie Alfred, der mir mit seinen Blicken das Gefühl vermittelte, mich attraktiv zu finden, kamen offenbar die Hormone ein wenig durcheinander. Alleine deshalb hielt ich es für ausgeschlossen, zwei Monate bis zum Ende unterwegs sein zu können.

Der Weg an diesem Tag wurde wunderschön. Es regnete nicht mehr, war aber auch nicht zu warm, ideales Wetter zum Wandern. Ich hatte leider keinen Platz mehr in einer Unterkunft mit Jurten bekommen können und hatte bis St-Julien-Chapteuil nun eine Etappe mit mehr als 28 Kilometern vor mir. Die kleinen Kunstwerke, oftmals Pilgerfiguren aus Holz, Metall oder umfunktionierte Vogelscheuchen, die manche Menschen in ihren Gärten zur Begrüßung der Pilger aufgestellt hatten, motivierten mich immer wieder.

Unterwegs traf ich auf einen älteren Mann, der sich spontan meinem zügigen Schritt anpasste und etwa eine Stunde mit mir wanderte. Er erzählte mir, dass er schon zweimal bis nach Santiago gegangen sei und fast täglich auf der Etappe an seinem Wohnort wandere. Er gab mir viele Informationen über die Umgebung, denn die Region mit ihren alten Vulkankegeln war wirklich außergewöhnlich. Er war in der Gegend ziemlich bekannt, das merkte ich, als wir an einem Hof vorbeikamen, wo die Hausfrau ihn wie einen alten Bekannten begrüßte und uns beide mitnahm, um uns die kleinen Welpen ihrer Jagdhündin zu zeigen. Kurze Zeit später trafen wir auf einen weiteren Alten, der wie der Tod persönlich eine Sense geschultert hatte. Auch diese beiden Männer kannten sich und begrüßten sich freundschaftlich. Diese Szene prägte sich mir unter dem Titel „Der Freund des Sensenmannes" ins Gedächtnis. Ich bat die beiden, für ein Foto zu posieren. Ich hatte dieses Fotos anschließend auf meinem Display gesehen und dem „Sensenmann" gezeigt, doch als ich es am Abend den anderen Pilgern zeigen wollte, war es von meinem Fotoapparat verschwunden! Sensenmänner hinterlassen offenbar keine digitalen Spuren. Als mein Begleiter im Ort St-Jeures, den wir gegen 11 Uhr erreichten, darauf bestand, mich zu einem Bierchen einzuladen, lehnte ich allerdings ab. Ich bedankte mich von Herzen bei ihm für die Begleitung und die Gespräche und setzte meinen Weg alleine fort.

Auf 1'276 m passierte ich den höchsten Punkt der Via Gebennensis und genoss auf dem Abstieg die wunderbaren Ausblicke auf die vielen erloschenen Vulkane, die mit ihren grünen Kegeln in allen möglichen Größen und Höhen zusammen mit dem ein oder anderen Basaltfelsen die Landschaft formten. Auch die Dörfer unterwegs, die ich wie Araules durchquerte oder wie Queyrières nur von Weitem sah, beeindruckten mich mit ihrem alten, aber sehr gepflegten Charme und ihrer für diese Region typischen Bauweise.

Als ich die Gîte d'étape in St-Julien-Chapteuil erreichte, taten mir zwar wieder die Füße weh, aber ich war glücklich und dankbar für diesen wunderbaren Tag. Ich hatte dank meiner Reservierung am Vortag ein Einzelzimmer bekommen und freute mich nach den Nächten unter Männern auf das bisschen Privatsphäre. Als ich nach Dusche und Wäschewaschen zufrieden und entspannt bei einem Eisenkrauttee im Aufenthaltsraum der Gîte saß, kamen auch Alfred und Gerd-Jan an. Am Abend aßen wir gemeinsam eine Pizza, wobei das sparsame Verhalten vor allem von Alfred für mich zwar ungewohnt und fast übertrieben war, meinem Budget jedoch entgegenkam. Es war Samstag, der 9. Juni 2012, die Fußball-Europameisterschaft hatte begonnen und es spielte Deutschland gegen Portugal. Wir wollten eigentlich nur die erste Halbzeit schauen und zeitig ins Bett gehen, aber dafür war es dann doch zu spannend! So war ich erst gegen 23 Uhr und ziemlich angetrunken wieder in der Gîte. In der Halbzeit, während Gerd-Jan kurz weg war, brachte Alfred das Gespräch auf Partner-Massage-Kurse, die er mal besucht hatte und ganz toll fand. Meine Intuition schien sich zu bestätigen. Er wollte sogar mein Einzelzimmer in der Gîte sehen. Ich zeigte es ihm nur von der offenen Zimmertür aus und ließ ihn nicht hinein. Hinter mir schloss ich gewissenhaft ab.

Tag 13:

ST-JULIEN-CHAPTEUIL – LE PUY-EN-VELAY (22 KM)

Das erste große Ziel vor Augen

An diesem Tag würde ich in Le Puy-en-Velay ankommen. Das erste große Ziel, das bei meinem ersten Aufbruch doch nur eine kleine Zwischenstation gewesen war. Nach dem ersten Aufgeben war es aber in eine ganz neue Perspektive gerückt und manchmal unerreichbar erschienen.

Ich wanderte tief in Gedanken versunken. Es gab Momente, in denen konnte ich mir tatsächlich vorstellen, bis nach Santiago durchzugehen, und es gab Momente, in denen ich nur nach Hause zu meinem Mann zurück wollte. Ich hoffte, er würde mich mal mit dem Auto besuchen kommen, über ein Wochenende oder vielleicht sogar ein paar Tage mit mir gehen. Ich wollte diese Erfahrung so gerne mit ihm teilen. Viele Gedanken kreisten auch immer wieder um finanzielle Fragen und wie hoch mein Budget für den Weg eigentlich war. Ich dachte unweigerlich an einen Freund, dem ich vor langer Zeit einen ziemlich großen Betrag geliehen hatte, und dem ich damals angeboten hatte, er könne mir den Betrag zurückgeben, wenn es für ihn passe, es habe keine Eile. Nun entschied ich, hatte es Eile und ich würde ihn um schnellstmögliche Rückzahlung bitten. Mit diesem Geld würde ich einige Wochen länger unterwegs sein können.

Kurz vor dem Berg Montjoie fielen mir meine aggressiven Hirngespinste auf, in denen ich meinem Ex-Chef die Nase blutig schlug, weil auch er mir noch ganz schön viel Geld schuldete. Ich schüttelte sie mir rechtzeitig aus dem Kopf um entspannter am Montjoie anzukommen. Der Montjoie ist der Berg der Freude, von dem aus die Pilger zum ersten Mal das ersehnte Ziel Le Puy sehen können. Ich legte eine Pause am Holzkreuz ein und bereitete mich innerlich darauf vor, diese große Etappe zu erreichen. Es tat mir gut, ganz alleine auf weiter Flur zu sein und mich ganz dem Moment hingeben zu können.

Der restliche Weg bis Le Puy kam mir dann allerdings noch arg lang vor. Große Abschnitte entlang der Straße waren nicht wirklich angenehm. Immer wieder konnte man die Wahrzeichen der Stadt erkennen, aber wirklich zu nähern schienen sie sich nicht. Ich hatte im Pilgerbuch nicht gelesen, dass es fast neun Kilometer vom Montjoie bis Le Puy waren und rechnete eigentlich hinter jeder Brücke, hinter jeder Kurve, nach dem Sportgelände, über den Parkplatz, damit, mein Ziel erreicht zu haben. Als ich mich der Stadt näherte, musste ich den Fluss Borne überqueren. Dafür gab es lediglich Betonplatten, die nur knapp über dem Wasserspiegel über den Fluss führten. Durch den vielen Regen der letzten Tagen hatte der Wasserstand die Betonplatten aber teilweise überflutet. Obwohl Hinweisschilder ausdrücklich verboten, den Fluss auf den Betonplatten zu überqueren, wenn sie überflutet waren, entschied ich, die Überquerung zu wagen. Von Überflutung kann ja eigentlich nur dann die Rede sein, wenn die Platten komplett unter Wasser stehen, und das war ja noch nicht ganz der Fall. Was ich nicht ahnen konnte war, dass ich bis zu meinem Ziel noch zwei weitere Male noch viel subjektivere Kriterien für Überflutung anwenden würde...

Der erste Eindruck von Le Puy überzeugte mich gar nicht. Ich musste über Parkplätze und Hauptstraßen, an öffentlichen Toiletten und Tiefgarageneinfahrten vorbei und immer wieder Stufen und steile Gassen erklimmen. Ich hatte das Gefühl, durch eine Art Hintereingang in die Stadt geführt zu werden. Doch dann stand sie plötzlich vor mir, die majestätische Kathedrale von Le Puy-en-Velay, das Ziel meiner Etappe. Ich stieg die große Treppe zum Eingang hinauf und wurde sofort vom touristischen Trubel umfangen, der zum Glück die friedliche Atmosphäre der Kathedrale nicht beeinträchtigte. So recht wusste ich nicht was tun in der Kathedrale. Ich zündete die obligatorische Kerze für meinen Schutzengel an, schaute mich etwas unbeteiligt um und entschied, erst einmal meine Unterkunft aufzusuchen, um später erfrischt wiederzukommen. Ich wollte zwei Nächte in Le Puy bleiben, denn ein Tag Pause nach fast zwei Wochen Wanderschaft schien mir angemessen. Deshalb hatte ich mich für etwas Luxus entschieden und mir ein Einzelzimmer im Etap Hotel am Bahnhof geleistet. Ich wollte mein eigenes Bad, träumte sogar von einer Badewanne, wollte ausschlafen können und vielleicht am Abend sogar ein bisschen fernsehen. Aus der Badewanne wurde nichts, aber ansonsten fühlte ich mich sehr wohl in meinem Zimmer mit Blick auf den Bahnhof und die dort in nicht endenden Strömen an- und abreisenden Pilger. Der Gedanke, mich in einen der Züge zu setzen und zurückzufahren, kam mir merkwürdigerweise nicht. Nur der Wunsch, diese Erfahrung mit meinem Mann teilen zu können, wurde erneut in mir wach.

Nach einer langen heißen Dusche machte ich mich erneut Richtung Kathedrale auf. Ich fühlte mich schon weniger verloren in dem riesigen Kirchenschiff. Ich fand die Sakristei, wo ich mich lange und besinnlich im Pilgerbuch verewigte. Dort konnte ich auch einen echten Pilgerpass, ein „Carnet de Pèlerin" oder im spanischen Original ein „Credencial del Peregrino", kaufen. Zwar störte es mich, dieser offensichtlich reichen Kirche Geld zu überlassen, aber mein kostenloser Pilgerpass vom Touristenbüro in Lausanne hatte nicht genug Platz für alle Eintragungen bis zum Ende und war mir auch nicht offiziell genug. Dazu fand ich noch ein Buch mit Adressen für Unterkunft und Verpflegung unterwegs, was als Ergänzung zu meinem Pilgerbuch über die bevorstehende Via Podiensis, den nächsten Teil des Jakobsweges bis Saint-Jean-Pied-de-Port, sehr sinnvoll war. An der Kasse gesellte ich mich zu einem jungen hübschen Mann, der sich von der Kirchenangestellten Informationen geben ließ. Die nette Dame schlug vor, dass Antoine aus Avignon und ich zusammen zum „Verre d'amitié", dem Freundschaftsumtrunk der Jakobsfreunde gehen sollten, der gleich um die Ecke stattfand. Das hatte ich sowieso geplant.

Der Empfang durch einen Priester und eine sehr gastfreundliche Mitarbeiterin war äußerst herzlich. Ich hatte meinen Kir vor mir stehen, bevor ich überhaupt wusste, was ein Kir ist. Die Unterhaltung war informativ und hilfreich, es kamen ständig neue Pilger, während andere auch schon weiterzogen. Die meisten Pilger wollten ihre Pilgerschaft am nächsten Tag ab Le Puy beginnen und die Tatsache, dass ich als einzige seit zwei Wochen unterwegs und vor der Haustür gestartet war, sorgte für viel Interesse. Ich plauderte mit vier Damen aus der Bretagne, mit Antoine aus Avignon und mit Marie aus Rennes und war sehr angetan von einem älteren Pilger namens Patrick aus dem Norden Frankreichs, den ich aufgrund seines weißen Rauschebartes, der untersetzen Figur und der Ruhe, die er ausstrahlte, als den urtypischen Pilger schlechthin wahrnahm. Ich hatte das Gefühl, mit meinen bisherigen Erfahrungen hilfreiche Tipps geben zu können, wollte dabei aber nicht so altklug wie der Priester wirken, der den Eindruck vermittelte, es gäbe nur eine einzige Art und Weise den Weg zu gehen und er sei der einzige, der sie kenne. Ich hatte mittlerweile die Toleranz dafür gelernt, dass jeder auf seine Weise den Weg geht, manche sportlicher, manche ganz ruhig, manche mit Blick nach außen in die Landschaft, manche mit Blick auf den Boden und vielleicht in sich selbst. Ich wollte einfach nur „meinen Weg" gehen und mich möglichst nicht beeinflussen lassen. Ich hoffte, genau diesen Wunsch in den anderen zu wecken, die noch sehr in rein praktischen Fragen nach „Wie viele Kilometer am Tag, wie viele Pausen, wie viel Geld, wie schnell, alleine oder in Begleitung…" gefangen waren.

Auch Gino tauchte auf. Meine Wiedersehensfreude war nicht gespielt. Ich hatte ja nichts gegen ihn persönlich, wollte nur nicht mit ihm an meiner Seite bis Santiago laufen. Er ließ mich aber ziemlich auflaufen und irgendwie konnte ich das auch verstehen. Alfred und Gerd-Jan schauten auch vorbei. Da ich mittlerweile von der gastfreundlichen Helferin meinen zweiten Kir bekommen und diesen auch bereits getrunken hatte, war ich leicht angetrunken. Ich hatte erst einmal genug Verre d'amitié und verabschiedete mich, um mit Alfred und Gerd-Jan zum Abendessen zu gehen, worauf Gino sich nicht verkneifen konnte, als bissigen Kommentar „Ah, die Unzertrennlichen" abzugeben. Ich verbrachte unbeschadet davon einen weiteren lustigen Abend in Gesellschaft und mit etwas zu viel Alkohol.

Als ich ziemlich spät in mein Luxuszimmer zurückkehrte, war ich glücklich und mit der Welt, meiner Pilgerschaft und mir selbst im Reinen.

Tag 14:

LE PUY-EN-VELAY

Vom Pilger zum Messdiener

Aus dem Ausschlafen wurde nichts, denn ich wollte zur Pilgermesse um sieben Uhr in der Kathedrale sein. Es sollte eine Pilgersegnung durch den Bischof geben und irgendwie fand ich, hatte ich mir nach all den Kilometern eine Segnung verdient.

Ich war seit mehr als zehn Jahren in keiner richtigen Messe mehr gewesen (von der „Theater-Aufführung" im Kloster von Notre Dame de Surieu abgesehen) und fühlte mich etwas fehl am Platz. Glücklicherweise traf ich direkt Antoine aus Avignon und Marie aus Rennes vom Vortag wieder und schloss mich ihnen an.

Wir nahmen in einer der Kirchenbänke Platz Diese erste Messe seit Jahren und vielleicht meine erste freiwillig besuchte Messe überhaupt wurde wider Erwarten zu einem ganz besonderen Ereignis. Ob es an der Position der Kirchenbank lag oder daran, dass unsere Dreier-Gruppe zu den jüngeren Anwesenden zählte, oder ob es einfach Schicksal war, das spielt keine Rolle. Jedenfalls kam eine Nonne auf Antoine und mich zu und fragte, ob wir bereit wären, im Gottesdienst zu helfen. Ich hatte keine Ahnung was hier überhaupt auf mich zukam und gab das auch ehrlich zu. Das sei kein Problem, meinte die Nonne, und erklärte, dass ich auf ein Zeichen von ihr im Seitenschiff die Hostien holen und würdevoll zum Bischof tragen sollte. Das schien nicht wirklich schwierig und so kam es, dass während der Pilgermesse am Montag, dem 11. Juni 2012 eine Agnostikerin stolz und würdevoll und innerlich tief bewegt den symbolischen Leib Jesu zum Bischof von Le Puy-en-Velay trug. Antoine ging mit dem Wein voraus. Bei der anschließenden Eucharistie musste ich mich allerdings als Nicht-Gläubige zu erkennen geben, denn nur die echten

Katholiken durften die ganze Zeremonie mitmachen, während die anderen mit gekreuzten Armen vor den Bischof treten sollten und die Segnung, aber keine Oblate erhielten. Das Kreuz, das mir der Bischof mit der Fingerkuppe auf die Stirn zeichnete, fühlte sich als Geste tatsächlich gut und beschützend an.

Die Messe an sich gab mir aber nicht viel, und dass sie auf Französisch gehalten wurde und extrem lang war, machte es nicht besser. Am Ende versammelte der Bischof nochmals alle ca. 100 anwesenden Pilger und jeder durfte kurz sagen, wo er herkam, wo er losgelaufen war und bis wohin er wollte. Wieder hatte ich das Gefühl, bereits bis hierhin etwas Großes geschafft zu haben. Gino war ebenfalls unter den Pilgern, ging mir aber genauso aus dem Weg wie ich ihm. Die meisten Pilger würden unmittelbar nach der Messe aufbrechen, ich hingegen freute mich auf einen Tag Sightseeing in Le Puy.

Erst einmal ging ich zurück in meine Luxus-Unterkunft, um mir ein ausgedehntes Frühstück zu gönnen. Anschließend bummelte ich durch die Gassen der Kleinstadt, bestieg den Rocher Corneille, auf dem die thronende Marienstatue leider wegen Renovierung nicht zugänglich war und vertrödelte meine Zeit bis 13 Uhr. Um diese Zeit war ich mit Alfred und Gerd-Jan an der berühmten Chapelle St-Michel-d'Aiguilhe verabredet. Als ich die beiden traf, hatten sie die Kapelle bereits besichtigt, so dass ich alleine die vielen hundert Treppen hochsteigen musste und dann tief berührt von der Atmosphäre in dieser kleinen, uralten, einfachen Kapelle stand.

Der Nachmittag zog sich ein wenig. Wir streiften wahllos durch die Stadt, kamen aber immer wieder an bereits erkundeten Ecken und Straßenzügen heraus. Alfred schien Geschichts-Experte und hatte zu vielen Kirchen und Baustilen etwas zu sagen. Ich hingegen hatte schnell genug, vor allem von den Kirchen. Shoppen war aber auch nicht möglich, denn die Einkäufe hätten man ja hinterher tragen müssen. Für lange Aufenthalte in Cafés war unser Budget nicht ausreichend. Gerd-Jan entschied, für einen Mittagsschlaf zurückzukehren in die Herberge, Alfred und ich blieben allein zurück und als ob er auf diesen Moment gewartet hätte - oder die Sache sogar abgesprochen war – schlug Alfred mir vor, in mein Hotelzimmer zu gehen und mir zu zeigen, wie gut er in den Partner-Massage-Kursen aufgepasst hätte. Als er meinen überraschten und nicht gerade zustimmenden Gesichtsausdruck sah, fügte er schnell hinzu, dass ich natürlich bestimmen würde, wo die Massage aufhört. Ich erklärte ihm diplomatisch, dass es sicher nicht an mangelndem Interesse scheitere, ich die Idee aber trotzdem nicht gut fände. Obwohl er äußerlich gefasst reagierte und hinzufügte, ich könne mir das ja bis zum Abend nochmals durch den Kopf gehen lassen, machte es den verbleibenden Nachmittag nicht lockerer.

Später nahm er mich zur offiziellen Pilgerherberge mit, wo man gegen Spende unterkommen konnte, um Gerd-Jan zum Abendessen abzuholen. Während wir auf Gerd-Jan warteten, machte Alfred Bekanntschaft mit einer blonden, sehr schlanken und hübschen Pilgerin. Annette war Deutsche, lebte aber in den USA und würde am nächsten Tag zu ihrem ersten Tag auf dem Jakobsweg aufbrechen. Sie hatte zehn Tage Zeit und würde einfach soweit gehen, wie möglich. Alfred war so von ihr angetan, dass er auch noch mit ihr plauderte, als Gerd-Jan fertig zum Aufbruch war. Auf dem Weg nach draußen begegnete uns prompt Gino, der auch mal wieder in der günstigsten Herberge vor Ort untergekommen war und offensichtlich auch einen Tag Pause eingelegt hatte.

Alfred bestand darauf, mich zur Pizza einzuladen und betonte, dass das mit seinem Angebot vom Nachmittag nichts zu tun habe. Mir war das eher unangenehm, aber in solchen Situationen machte es auch selten Sinn, sich zu sträuben und lange zu diskutieren.

Relativ früh war ich zurück in meinem Hotel. Ich wollte für den nächsten Tag fit sein. Ich hatte wieder einen schweren Abschied hinter mich gebracht, denn trotz der unangenehmen Momente hatte ich die beiden ins Herz geschlossen. Aber der

Abschied wurde mit jedem Mal leichter. Gleichzeitig freute ich mich, am nächsten Morgen wieder loszuziehen, neue Wege, neue Menschen – auch wenn es gerade mal wieder in Strömen regnete.

Tag 15 bis 45

DIE VIA PODIENSIS

Le Puy-en-Velay –
Saint-Jean-Pied-de-Port

Tag 15:

LE PUY-EN-VELAY – SAINT-PRIVAT-D'ALLIER (24 KM)

Frauenfreundschaften

In der Nacht wachte ich scheinbar grundlos auf. Im Halbschlaf tapste ich ins Badezimmer und kratzte mich schläfrig am Knie. Langsam wachte ich richtig auf und stellte erschrocken fest, dass sich eine Zecke in mein Fleisch gebissen hatte. Dass mein Körper es geschafft hatte, auf diesen winzigen Biss mit einer solchen Heftigkeit zu reagieren, dass ich davon aufgewacht war, fand ich bemerkenswert. Der Biss war noch so frisch und oberflächlich, dass ich die Zecke mit den Fingernägeln aus der Haut ziehen konnte, um sie feierlich in der Kloschüssel zu ertränken. Beunruhigt war ich trotzdem; ich würde die Wunde in den nächsten Tagen beobachten müssen.

Der Aufbruch am Morgen fiel mir schwer. Nach dem Erreichen des großen Zwischenziels Le Puy fehlte es mir an Motivation. Hinzu kam, dass es ein ziemlich kühler und regnerischer Tag war. Eine ganze Zeit schlich ich mit hängendem Kopf, in Gedanken an meinen Ex-Arbeitgeber, an meine Finanzen, an meinen Vater, sogar an Alfred. Ich verstand nicht so ganz, warum ich ständig an Alfred denken musste, als ob es reichte, dass er von mir mehr als Pilgerfreundschaft gewollt hatte, um in mir diese Überlegungen auch anzustoßen.

Unmittelbar nach Le Puy wurde der Weg durch eine heftige Steigung sehr anstrengend. Ich fragte mich, wie Menschen, die noch nicht meine körperliche Pilgerverfassung hatten, auf diesen Beginn ihres Pilgerdaseins reagieren würden. Auffallend war, dass die Infrastruktur für Pilger nach Le Puy wesentlich umfangreicher wurde. Plötzlich gab es viele kleine Bars direkt am Wegrand, die Sandwiches und Erfrischungsgetränke anboten. Als ich vor einer dieser Bars stand, um zu überlegen, ob ich eine

Pause einlegen sollte, obwohl ich erst später eine geplant hatte, wurde ich von Annette, der blonden Deutschen vom Vortag eingeholt, die mich auch sofort erkannte. Annette war ziemlich sportlich unterwegs, war erst nach der Morgenmesse und somit mindestens eine Stunde nach mir losgegangen, hatte aber noch überhaupt kein Bedürfnis nach Pause. Also entschied ich, mich ihr anzuschließen. Kurz darauf trafen wir eine weitere Pilgerin alleine unterwegs, Dominique aus Grasse. Drei Frauen alleine auf dem Camino unterwegs, glücklich und zufrieden mit sich selbst, und doch froh, sich gefunden zu haben und sich ein wenig austauschen zu können. Allerdings war Dominique wesentlich langsamer unterwegs, so dass sich unsere Dreiergruppe schnell aufspaltete, man sich aber locker für den Abend verabredete. Annette und ich gingen den Rest des Tages zusammen und waren wohl beide überrascht, wie nah wir uns dabei kamen, wie intensiv und persönlich die Gespräche waren und wie viel wir innerhalb kürzester Zeit voneinander preisgaben. Die Umstände waren denkbar ungünstig, aufgrund der Regenfälle war der Weg teilweise umständlich und nicht klar ausgeschildert umgeleitet, der steile Abstieg nach dem langen Aufstieg glich einer Rutschpartie, bei der man sich eigentlich mehr auf sein Gleichgewicht als auf Gesprächsthemen privatester Art hätte konzentrieren sollen. Am Ende der Etappe war es mir, als ob ich eine neue beste Freundin gefunden hatte.

In Saint-Privat-d'Allier hatte ich in der kommunalen Herberge reserviert, Annette war noch unentschlossen und schwankte zwischen dieser und der günstigeren, privaten Herberge, Dominique hatte ein Chambre d'hôtes reserviert. Nach einem gemeinsamen Bier trennten sich unsere Wege. Wir verabredeten uns unverbindlich für den nächsten Tag, denn wir wollten alle drei bis Saugues wandern.

Meine Herberge war ein recht großes, modernes Gebäude. Ich musste Schlange stehen, um mich anzumelden. Als erstes musste ich die Hausregeln befolgen und meine Schuhe im Schrank am Eingang und meine Wanderstöcke gegenüber stehen lassen. Dafür bekam ich ein Sechser-Zimmer mit äußerst modernem Badezimmer ganz für mich allein.

Nach der Dusche, es war noch früh am Nachmittag, wollte ich ein wenig das Dörfchen erkunden, das ich ziemlich originell fand. Es war so am Hang gebaut, dass es großartige Ausblicke auf die Umgebung bot. Doch kaum hatte ich die schöne Kirche erreicht und dort eine Widmung von Annette gefunden, die mich persönlich berührte, fing der Regen erneut an. Bis ich es zurück zur Herberge geschafft hatte, war ich nass und durchgefroren. Für heute reichte es mir. Mir taten erneut die Füße weh und die Tatsache, dass ich zwar zu zweit und zu dritt gelaufen war, ich jetzt am Abend aber trotzdem alleine in der Gîte saß, drückte meine Stimmung weiter. Für den nächsten Tag änderte ich meine Pläne und entschied, dass die rund 18 Kilometer bis Saugues mir nicht reichen würden. So reservierte ich telefonisch rund fünf Kilometer weiter in einer privaten Gîte in La Clauze. Damit nahm ich in Kauf, meine beiden Pilgerfreundinnen von heute nicht mehr wiederzusehen.

Für den Abend hatte ich in meiner kommunalen Herberge das Abendessen mitgebucht. Als ich den Speisesaal betrat, stand ich vor drei langen Tischen, die alle vollständig eingedeckt waren. So viele Menschen auf einem Haufen hatte ich auf dem Weg noch nie gesehen. Ich nahm neben einer Gruppe von Pilgern den ersten freien Platz und saß in der Mitte des Tisches. Einerseits gab mir das genug Möglichkeit, in jede Richtung ein Gespräch anfangen zu können, gleichzeitig hieß das aber auch, einen enormen und mittlerweile höchst ungewohnten Geräuschpegel ertragen zu müssen. Die Gruppe rechts von mir war zu sehr mit sich selbst beschäftigt, um mich in ihr Gespräch einzubeziehen, der Pilger mir gegenüber lamentierte laut mit der Pilgerin links von mir, über körperliche Schmerzen, über andere Pilger, über das Wetter. Trotz meiner manchmal negativen Gedanken während des Tages wäre es mir nicht in den Sinn gekommen, den ganzen Abend darüber zu jammern. Einzig die Gruppe ganz links am Tisch schien sich köstlich zu amüsieren und über die klagende Pilgerin hinweg suchte ich das Gespräch mit ihnen. Während des Essens gestaltete sich das schwierig, aber nach dem Essen berichtete Jean-Bernard, sie dürften ausnahmsweise in der Küche Tee machen, obwohl das für Pilger, die Abendessen gebucht hatten, nicht vorgesehen sei. Also schloss ich mich ihnen auf dem geheimen Abstecher in die Küche an und verbrachte einen ausgesprochen lustigen Abend mit der ausgelassenen Gruppe von vier Franzosen aus der Normandie. Jean-Bernard, den alle nur J-B nannten, und seine drei Frauen: Dominique alias Domino, Josiane, kurz Jojo, und Michelle, die entsprechend zu Mimi wurde. Alle waren in Rente oder kurz davor, aber körperlich fit und für jeden Spaß zu haben. Als wir feststellten, dass wir alle für den nächsten Abend in derselben Gîte reserviert hatten, freute ich mich schon im Voraus auf die Fortsetzung dieser Gemeinsamkeit.

Tag 16:

SAINT-PRIVAT-D'ALLIER – LA CLAUZE (24 KM)

Von der Wildnis zu Menschenmassen

V om Weg war ich an diesem Tag hin und weg. Technisch fordernd, vor allem mit dem Gewicht des Rucksacks, ging es auf unbefestigten und nur spärlich markierten Waldwegen, an beeindruckenden Steinbrocken vorbei, steil bergab. Ich genoss die Aussichten und die Sonne, die sich endlich mal wieder zeigte.

Am Morgen, noch in Saint-Privat-d'Allier, hatte ich Dominique kurz gesehen. Sie hatte von ihrem Chambre d'hôtes in die private Herberge gewechselt und dort die Nacht mit Annette verbracht. Annette sei aber schon früh aufgebrochen. Da Dominique mir zu langsam war, verabschiedete ich mich und da ich nicht wie Dominique am Abend in Saugues bleiben würde, war das ein Abschied für immer. Annette begegnete ich unterwegs kurz, sie saß auf einem Baumstamm, als ich um die Ecke bog. Ich fragte, ob ich mich dazu setzen könne und obwohl sie freudig zustimmte, brach sie nur wenige Minuten später auf und gab mir das Gefühl, an diesem Tag Abstand von mir zu suchen.

Diese ständigen Begegnungen waren neu für mich. Sobald ich eine Pause machte, wurde ich von Pilgern eingeholt, in der Bäckerei in Monistrol-d'Allier, dem ersten größeren Ort nach Saint-Privat-d'Allier und deshalb wohl als Frühstückspause von vielen Pilgern eingeplant, stand eine Pilgerschlange bis auf die Straße. Alle paar Kilometer traf man auf eine mehr oder weniger improvisierte Bar, regelmäßig gut besetzt. Ich überholte sogar eine Pilgergruppe von mindestens zehn Leuten, die interessanterweise nur mit Proviantrucksäcken unterwegs waren. Das wurde mir alles schnell zu viel, nach der Wildnis der Via

Gebennensis hatte ich wirklich Schwierigkeiten, mich an all diese Menschen um mich herum zu gewöhnen.

Als ich Saugues durchquerte, war ich froh, dort nicht reserviert zu haben. Bereits um 14 Uhr waren die Bars und Restaurants gut besetzt mit Pilgern, die lautstark diskutierten und eine Atmosphäre wie am Ballermann verbreiteten. Ich freute mich auf meine abgeschiedene Herberge und genoss den restlichen Weg dorthin, der richtig menschenleer geworden war, nachdem offensichtlich fast alle Pilger in Saugues geblieben waren. Die Gîte erfüllte meine Erwartungen voll und ganz. Es war ein altes Steinhaus, außerhalb des sowieso schon abgelegenen Dorfes. Ich war der erste Gast und öffnete mit dem Code, den man mir bei der Reservierung genannt hatte, die Tür. Ich trat in einen urig eingerichteten Raum mit Kamin, viel altem, dunklem Holz, sogar ausgestopften Dachsen und Füchsen, was ich eigentlich nicht so toll fand, hier aber irgendwie passend. Die Zimmer waren einem Plan entsprechend aufgeteilt und ich würde unterm Dach mit zwei mir noch unbekannten Pilgerinnen übernachten. Kurz darauf trafen meine vier Normannen ein und mit ihnen das Leben. Auch die beiden neuen Pilgerinnen, Marie-Christine und Sylvie, die mit mir im Zimmer schlafen würden, schienen sympathische Frauen und passten sich der Stimmung in der Gîte an. Der Höhepunkt des Abends war die Gastgeberin Sonia, die für uns sieben Gäste ein Abendessen auffuhr, das den Vergleich mit einem Sterne-Restaurant nicht scheuen müsste. Mit dem Unterschied, dass sie alles bei sich zuhause vorbereitet, ins Auto geladen und in die Gîte transportiert hatte, um es dort zu einem Vier-Gang-Menü zusammenzufügen. Die lebhafte und unterhaltsame Persönlichkeit dieser außergewöhnlichen jungen Frau machte den Abend für mich zu einem der schönsten Erlebnisse auf meinem Weg, an das ich bis heute gerne zurückdenke.

Tag 17:

LA CLAUZE – SAINT-ALBAN-SUR-LIMAGNOLE (27 KM)

Pilger-Abzocke

Der Weg führte mich ins Aubrac. Jeannette hatte mir schon gesagt, dass der Abschnitt von Le Puy bis Conques offiziell als der schönste Teil des französischen Jakobsweges bezeichnet wird. Ich hatte nach meiner Begeisterung für große Teile der Via Gebennensis nicht glauben können, dass es noch viel schöner werden würde. Es ging durch Wälder, Heideflächen, auf ganz weichen Böden, über wilde Bäche, durch Felder voller Blumen und überall waren diese großen Steinblöcke. Ich sah viele Tiere unterwegs, die obligatorischen Aubrac-Kühe, aber auch Schafe mit ihren Lämmern und Esel und immer wieder Katzen. An der Domaine du Sauvage legte ich eine lange Pause ein, um die Landschaft in mich aufzunehmen. Interessanterweise war genau in dem Moment niemand um mich herum zu sehen.

Davon abgesehen versuchte ich noch immer, mich an die neuen Bedingungen auf der Via Podiensis zu gewöhnen. Bis Le Puy waren so wenige Menschen unterwegs gewesen, dass man sich bei jeder Begegnung freute und immer ein paar Worte wechselte und wenigstens ein paar Minuten miteinander verbrachte. Nun war ich regelrecht auf Ablehnung gestoßen, als ich eine junge Frau ansprach und mich ein paar Minuten ihrem Schritt anpasste. Die Frau blieb einfach stehen, tat als ob sie all ihre Konzentration dem Fotografieren widmen müsse und bedeutete mir mit einem Wink weiterzugehen. Grundsätzlich verstand ich ja, dass Pilger alleine gehen wollen, das war ja auch mein Fall, aber dass man wort- und grußlos aneinander vorbeizog, das war mir neu. Ich merkte, dass mich diese Umgewöhnung Kraft kostete. Ich fand es schwierig, mich immer wieder auf neue Menschen einzulassen. Gleichzeitig hatte ich aber auch das Gefühl, in den letzten Tagen nicht wirklich viele Menschen getroffen zu haben, die mir für meinen Weg Motivation gaben.

Seit Le Puy waren wesentlich mehr Frauen unterwegs, meist in Zweier-Gruppen. Nicht ideal um Anschluss zu finden, fand ich. Eine Zweier-Gruppe, Christine und Mireille aus Marseille, war eine Ausnahme. Im Laufe des Tages kreuzte sich unser Weg mehrfach und mir fiel auf, dass die beiden Frauen selten wirklich zusammen gingen, noch seltener miteinander redeten, sich scheinbar nicht wirklich gut leiden konnten und offensichtlich keinen Spaß miteinander hatten.

Ich begann an diesem Tag meine Suche nach der Pilgerschnecke Teo. Spätestens seit der Chapelle Saint-Roch kam er mir wie ein alter Bekannter vor und die Begegnung mit seinen Einträgen wie ein Wink des Schicksals. Dort hatte Teo in der Pilger-Notunterkunft vor der Kirche ein paar Stunden vor mir eine Widmung im Pilgerbuch hinterlassen. Er zeichnete immer eine Schnecke dazu und die Tiefgründigkeit seiner Worte, die mir oft aus der Seele sprachen, berührte mich. Durch die Schnecke nahm ich Teo als alten Freund wahr, denn sie war mir zum ersten Mal in den alten Gästebüchern von Revel-Tourdan aufgefallen und seit Le Puy hatte ich aktuelle Einträge der letzten Tage von ihm gefunden. Mittlerweile hatte ich das Gefühl, durch eine Begegnung mit Teo würde sich mir ein Geheimnis offenbaren oder eine Art Lücke in meinem Leben schließen.

Ich verbrachte meinen Nachmittag in Saint-Alban-sur-Limagnole bei einem Bier mit Annette, die ich dort zufällig wiedergetroffen hatte, und einer neuen Pilgerin namens Milou, während ich nach Teo Ausschau hielt. Milou brach aber bald auf und zog weiter. Mit Annette erkundete ich das Örtchen, das mit einem Schloss, in dem eine psychiatrische Einrichtung untergebracht war, und einer Kirche aus Sandstein aufwartete. Anschließend suchte Annette sich eine Herberge, dafür erschien Gino wieder einmal auf der Bildfläche. Auch die vier

Normannen kamen auf ein Bierchen vorbei, zusammen mit Marie-Christine und Sylvie vom Vortag saßen wir an einem großen Tisch und erzählten vom Tag. Nebenan am Tisch saß Mireille alleine, ihre Pilgerbegleitung Christine hatte sich nicht zu ihr gesellt.

Ich zog mich am frühen Abend in meine Gîte zurück. Ich hatte wie üblich am Vortag reserviert und fühlte mich meiner Reservierung verpflichtet, obwohl ich das Gefühl hatte, mit der Gîte L'Europe in der schlechtesten Alternative vor Ort gelandet zu sein. Man gab mir ein geräumiges Dreier-Zimmer, das ich schlussendlich alleine belegte, aber die sanitären Einrichtungen bestanden lediglich aus einer Nasszelle mit Dusche und Toilette, die ich mit den beiden belegten Doppelzimmern neben mir teilen musste. Das Pilgermenü, das ich wie üblich als vegetarische Version schon telefonisch vorbestellt hatte, bestand aus einem Teller trockenem Reis mit Bratensauce, was für Vegetarier grenzwertig ist. Das alles zu einem Preis, der höher war als am Vortag, an dem wir in der schnuckeligen Herberge ein wunderbares Vier-Gänge-Menü bekommen hatten. Ich empfand es als Frechheit. Die Tatsache, dass ich jedes Wort von Gino im Doppelzimmer nebenan mitbekam, machte es noch schlimmer. Gino hatte sich einen Pilgerfreund geangelt, mit dem er zu einer Einheit verschmolzen war. Ich hatte zwar nicht das Gefühl, dass Alain aus Belgien sich dieser Vergesellschaftung aus ganz freien Stücken hingegeben hatte, aber die beiden Männer waren seit Le Puy ununterbrochen zusammen.

Ich nahm mir die Zeit, meinen Weg bis hierher zu reflektieren. In gewisser Weise, spiegelte er meinen eigenen Lebenslauf wider. Ich war als Kind lieber alleine gewesen, hatte die Einsamkeit genossen, hatte nur eine kleine Anzahl enger, ausgesuchter Freunde. So ähnlich waren meine Erlebnisse auf der Via Gebennensis. In den letzten Jahren hatte ich mich aber einer größeren Gruppe von Freunden geöffnet und war ähnlich wie jetzt auf der Via Podiensis, hin und her gerissen zwischen Abstand suchen und die Gesellschaft genießen, mich abgelehnt fühlen und teilweise überfordert mit den Erwartungen, die andere und ich selbst an mich stellten, um keinen vor den Kopf zu stoßen. Ich war gespannt, wie der Weg für mich weitergehen würde und welche Erkenntnisse mir die nächsten Abschnitte bringen würden.

Tag 18:

SAINT-ALBAN-SUR-LIMAGNOLE – LASBROS (23.5 KM)

Zu viele Köche machen Spaghetti-Kochen nur lustiger

Der Tag begann chaotisch. Das Restaurant und die Rezeption der Gîte machten erst spät auf, viel später als jeder ernsthafte Pilger aufbricht. Ich hatte am Vortag bereits gezahlt, traf aber am Morgen auf ein verzweifeltes deutsches Pärchen. Die beiden wären gerne aufgebrochen, aber wussten nicht, wie sie ihre Übernachtung zahlen konnten. Auch sie beschwerten sich über die Zustände in dieser Herberge. Sie hatten am Vorabend in der kleinen Pilgerküche selbst gekocht, aber fanden, dass alles sehr dreckig und wirklich nur auf das Mindeste beschränkt war. Die junge Frau hatte unzählige große Blasen an den Füßen und sie würden versuchen, den Weg nicht im Original über steinige Feld- und Waldwege weiterzugehen, sondern über Asphaltstraßen, damit sie in Sandalen wandern könne. Ich schlug pragmatisch vor, dass sie einfach ihre Sachen packen und verschwinden sollten, denn so wie diese Herberge geführt sei, hätten die Eigentümer das verdient.

Nach einem Kaffee in der nächsten Gîte in Les Estrets, die als Donativo geführt war und in die ich einfach eintreten, mir einen Kaffee machen, ihn in Ruhe trinken und eine Spende hinterlassen konnte, begann ich den Tag zu genießen. Ich erreichte das Hochland von Aubrac und der Tag wurde der schönste und landschaftlich eindrucksvollste auf meinem ganzen Weg bisher. Es ging über urige, von knorrigen Wurzeln durchzogene Waldwege und immer wieder begeisterten mich die weiten Ausblicke über die Ebene mit ihren sattgrünen Wiesen, auf denen die wunderschönen braunen Aubrac-Kühe grasten. Oftmals musste ich die Weideflächen dieser Tiere überqueren und mitten durch die Herde gehen. Die Ginsterhecken entlang des Weges leuchteten in der Sonne. Meine Sinne erwachten und ich nahm neben den Farben der blühenden Wiesen auch den Geruch des Ginsters intensiv in meine Erinnerung auf. Dass ich mit etwas weniger als 25 Kilometern einen relativ kurzen Tag geplant hatte, ließ mich meinen Weg entspannter angehen.

Ich traf Mireille und Christine wieder. Mireille schien mich als Weggefährtin auserkoren zu haben. Vielleicht wollte sie Christine durch mich ersetzen Sportlich wäre das sicher die richtige Kombination gewesen, denn die drahtige Mireille legte wie ich einen flotten Schritt vor. Aber ich fand die ruhige und gelassene Christine viel sympathischer und so passte ich mich ihrem langsameren Tempo an und wir ließen Mireille ziehen. Ich genoss die Ruhe, die Christine ausstrahlte. Mit ihr konnte ich auch gehen, ohne ständig Worte wechseln zu müssen, was ich sehr genoss. Trotzdem trennten sich unsere Wege kurz vor Aumont-Aubrac, denn ich wollte eine Pause auf einem Hochsitz am Wegrand machen und mich ein wenig in die Landschaft vertiefen. Dabei fiel mir zum ersten Mal auf, dass ich mich in den Pausen regelmäßig so setzte, dass ich zurück schaute statt nach vorne. Was das zu bedeuten hatte, konnte ich nicht analysieren, aber ich nahm mir vor, die Blickrichtung wenigstens testweise einmal bewusst zu ändern.

Von meinem Hochsitz aus sah ich von Weitem meine vier Normannen kommen und machte mich bereit, mit ihnen weiter zu gehen. Die Wiedersehensfreude war groß, vor allem auch weil die Gruppe an diesem Tag wesentlich weiter gehen würde, als ich und man sich wahrscheinlich danach nicht wieder begegnen würde. Singend unterquerten wir die Autobahn A75 und ich brachte einen LKW-Fahrer dazu, zur Begrüßung zu hupen. Zusammen streiften wir durch den Ort Aumont-Aubrac, wo die Pilger mit einer Mischung aus Popmusik und klassischer Musik aus Lautsprechern, die an den Straßenlaternen angebracht waren, begrüßt wurden. Vielleicht nicht pilger-besinnlich, aber eine willkommene Abwechslung und auf jeden Fall ein Zeichen, dass wir als Pilger beachtet wurden. Das Zusammensein mit dieser Gruppe machte mir Spaß. Jeder ging in seinem Rhythmus, zwischendurch gab es ziemliche Abstände, aber man konnte sich immer an jemanden wenden, wenn man Lust auf Unterhaltung hatte. J-B passte auf, dass seine „Hennen" einen Tross bildeten. Ich hatte ihnen von meiner Suche nach Teo erzählt und J-B machte sich einen Spaß daraus, jeden Pilger unterwegs mit seinem französisch akzentuierten Deutsch zu fragen: „Bist Du Teo?". Aber Teo ließ sich nicht aufspüren.

In Lasbros trennten sich unsere Wege. Die Normannen zogen noch fast neun Kilometer weiter, während ich mich auf einen Abend mit Annette freute, denn ich hatte für uns beide in der privaten Gîte reserviert. Zum Abschied sangen meine Franzosen mir ein Abschiedslied im Kanon und ich war zu Tränen gerührt.

Die Gîte in Lasbros lag außerhalb und auch im Ort gab es keine Möglichkeit, Einkäufe für den Abend zu machen. Die Herbergsleiterin hatte mir aber am Telefon gesagt, sie würde sich um alles kümmern. Die Gîte schien ziemlich ausgebucht. Außer Annette, mit der ich ein Doppelzimmer teilte, traf ich Mireille und Christine wieder, lernte die Franzosen Christian (einen stämmigen Rothaarigen aus dem Norden Frankreichs) und Jacques (einen kleinen, rund 70-jährigen Einzelgänger mit den dicksten Waden, die ich je gesehen habe) kennen und ein deutsches Paar, das in Hamburg gestartet war und 40 bis 50 Kilometer am Tag zurücklegte. Laut Annette sollte auch Gino auftauchen, sie war mit ihm und Alain eine ganze Weile gewandert und Gino habe hier reserviert. Ich wusste mittlerweile, dass Gino auch derjenige war, der beim Camping St.-Genix-sur-Guiers reserviert hatte und dort nie eingetroffen war, so dass ich nicht wirklich mit seinem Auftauchen rechnete. Die Herbergsleiterin schaute vorbei und sammelte Essenswünsche ein. Man entschied sich in der Gruppe für eine wilde Mischung aus Spaghetti, Tomatensauce, Eiern, Salat, Brot und die gute Seele brachte wenig später einen riesigen Fresskorb. Etwas überfordert mit der Auswahl, die nicht so recht zueinander passen wollte, standen wir in der Küche und begannen zögerlich, die Zutaten kreativ zu einem Abendessen zusammenzustellen. Es wurde ein äußerst lustiger Abend, mit gemeinsamem Kochen, Essen, Abspülen, Erzählen. Genau so einen Abend hatte ich mir seit Beginn meiner Pilgerschaft erträumt. Gekrönt wurde die Ausgelassenheit, als spät abends zwei junge Amerikanerinnen in die Gîte kamen. Sie waren mit Gepäck völlig überladen, wollten vom Abendessen nichts annehmen, packten dafür Unmengen an Konserven aus ihren Rucksäcken und jammerten darüber, dass sie mit ihren maximal zehn Kilometern am Tag ja nie irgendwo ankommen würden, obwohl sie für diese Distanz ja schon den ganzen Tag benötigten. Man sah ihnen deutlich an, dass mehr von ihnen nicht zu erwarten war. Sie zogen sich recht schnell zur Dusche zurück, kamen kurz darauf aber wieder in den Aufenthaltsraum und fragten, wo denn die Handtücher zu finden seien. Mich erinnerte das amüsiert an meine erste Schlafsaal-Erfahrung in Genf und ich erklärte den beiden, dass es in Gîte dieser Art leider keine Handtücher gebe.

Tag 19:

LASBROS – AUBRAC (28.5 KM)

Natur, die die Seele befreit

Dass es landschaftlich nach dem gestrigen Tag noch schöner werden könnte, hätte ich für ausgeschlossen gehalten. Aber der Weg hielt immer wieder großartige Überraschungen bereit und so wurde dieser Tag noch eindrucksvoller als jeder andere auf meinem bisherigen Weg.

Den ganzen Tag ging es durch das Aubrac. Die sattgrünen Wiesen, die Herden der Aubrac-Kühe, deren Weideflächen ich immer wieder trotz freilaufender Stiere durchquerte, der Esel, der neugierig an die Steinmauer kam, die seine Weide einzäunte und sich streicheln ließ, waren eine grandiose Fortsetzung des Vortages. Mir ging vor Freude und innerer Verbundenheit mit meiner Umgebung das Herz auf. Ich war oftmals ganz allein auf weiter Flur, so alleine, dass ich es mir an einem Punkt nicht verkneifen konnte, laut „La Bamba" singend mein Glück mit der Natur zu teilen. Auf einmal gab es Libellen am Weg, die mir zwar nicht ganz geheuer, aber wunderschön anzusehen waren. Auch hörte ich den Kuckuck wieder bewusst, der mich seit lange vor Le Puy begleitete und sich seitdem fast jeden Tag hören ließ. Selbst das Wetter trug an diesem Tag mit strahlendem Sonnenschein und sommerlichen Temperaturen zu meiner Hochstimmung bei. Im Gegensatz zu den letzten Tagen hatte ich an diesem Tag endlich wieder das Gefühl, auf einem Pilgerweg und nicht einer Pilgerautobahn unterwegs zu sein. Ich genoss die Stille und Einsamkeit, ging fast den ganzen Tag allein und begegnete kaum anderen Pilgern. Gino hatte ich am Vortag und auch heute nicht mehr gesehen und ging davon aus, dass er vor mir war.

Auf dem Weg zu meinem Etappenziel Aubrac sah ich weit vor mir auf einem langgezogenen Wegstück durch hügelige Weideflächen zwei Pilger gehen. Ich glaubte, Annette zu erkennen, die sich am Morgen sehr früh aus dem gemeinsamen Doppelzimmer geschlichen hatte und in der Dämmerung aufgebrochen war. Wenig später holte ich die beiden Pilger ein, die sehr müde und entsprechend langsam unterwegs waren. Es war tatsächlich Annette, die den ganzen Tag mit Christian gegangen war. Zwar sprach Christian nur wenig Englisch und gar kein Deutsch und Annette kaum Französisch, aber scheinbar reichte es den beiden, einfach nicht alleine sein zu müssen, auch wenn dabei kein Austausch stattfand. Am höchsten Punkt der Via Podiensis zwischen Le Puy-en-Velay und Saint-Jean-Pied-de-Port, auf 1'368 m Höhe, entschied ich, eine Pause einzulegen, obwohl wir unmittelbar vor dem Etappenziel waren. Christian und Annette wollten die Herberge erreichen und wir verabredeten uns für wenig später in der Gîte Royal Aubrac.

Als ich dort eintraf, wurde ich aber als erste Pilgerin des Tages begrüßt. Wo ich Annette und Christian hatte überholen können, war mir ein Rätsel, aber es schien die einzige Erklärung, warum die beiden noch nicht eingetroffen waren. Man bot mir zum Preis vom Schlafsaal ein Doppelzimmer an. Man würde nicht mehr mit Pilgern rechnen und es wäre es günstiger, ein Doppelzimmer zu vergeben. So kam ich wieder einmal in den Luxus eines eigenen Badezimmers und der seltenen, aber hoch geschätzten Privatsphäre hinter einer verschließbaren Tür.

Trotzdem fragte ich mich, wo Annette und Christian blieben und machte mich später auf den Weg in den Ort Aubrac, der von meiner Herberge eine gute Viertelstunde Fußmarsch entfernt war. Dort traf ich zu meiner Überraschung auf die beiden verloren geglaubten Mitpilger. Ihnen war die Gîte Royal Aubrac zu abgelegen erschienen und so hatten sie entschieden, weiter bis in den Ort zu gehen, wo sie die kommunale Herberge gefunden hatten. Annette hatte mir wohl eine Nachricht an einem Weidezaun hinterlassen, die mehrere Menschen auch gesehen hatten, die mir nun glaubhaft davon berichteten, aber ich hatte sie nicht gesehen und war entsprechend etwas enttäuscht, nun ganz alleine außerhalb zu übernachten. Ich trank mit Annette, Christian, Christine, Mireille und Jacques ein Bier und als diese in den alten Wachturm gingen, in dem die kommunale Herberge untergebracht war, um dort wieder zusammen zu kochen, trat ich den Rückweg in meine Gîte an.

Nach dem Vorabend war es eine umso einsamere Erfahrung, ganz alleine in der modernen, gut eingerichteten, sauberen und großen Küche meiner Gîte die Restnudeln vom Vorabend warm zu machen und zu ergänzen. Der Blick von meiner Terrasse über das Dorf und die Umgebung entschädigte ein wenig. Einerseits fand ich es schade, den Abend mit der Gruppe im Dorf zu verpassen, andererseits tat mir die Ruhe gut. Vor allem war ich glücklich, im Einzelzimmer statt im zugegeben interessanten Herbergstürmchen in 6-er Zimmern zu übernachten. Ich rechnete mir aus, in drei Tagen Conques erreichen zu können. In manchen Momenten dachte ich, ich würde wie Annette noch bis Figeac, knapp 50 Kilometer hinter Conques, weitergehen, alleine weil die Zugverbindungen von Figeac wesentlich günstiger waren, aber spätestens dort würde es mir dann wohl reichen. In anderen Momenten, die derzeit überwogen, war mir bewusst, wie einmalig all dies war und dass es wert wäre, durchzugehen. Vermutlich würde ich es bereuen, wieder daheim zu sitzen, auch wenn ich mich oft nach meinem Zuhause sehnte.

In der Nacht wachte ich zweimal mit einem Lächeln und einem tiefen inneren Glücksgefühl aus friedlichen und warmen Träumen auf und fühlte mich richtig und ganz.

Tag 20:

AUBRAC – SAINT-CÔME-D'OLT (24.5 KM)

· Philosophie auf dem Jakobsweg

Gleich am Morgen hatte ich dank einer Skulptur, die wohl als Wegbegleitung für Pilger aufgestellt worden war, eine Erkenntnis, die mich noch lange begleiten sollte. Die Skulptur trug eine Gravur: „Dans le silence et la solitude, on n'entend que l'essentiel", („In der Stille und Einsamkeit vernimmt man nur das Wesentliche"). Ich hörte in meinen Gedanken während meiner langen einsamen Tage hauptsächlich meinen Mann, und nur in positiver Erinnerung. Ein gutes Gefühl. Ich freute mich auf Zuhause, wann auch immer das sein würde. An Tagen wie diesem, an dem die Sonne schon am Vormittag strahlte und ich mich nach einer ruhigen und langen Nacht komplett erholt fühlte, glaubte ich, bis Santiago durchlaufen zu können, das laut einem der unterwegs oft aufgestellten Hinweisschilder noch 1'390 Kilometer entfernt war. Allerdings hatte ich wieder Probleme mit der Achillessehne links und außerdem eine dicke Blase am linken großen Zeh. Kopfmäßig aber ging es mir ausgezeichnet.

Beim Durchqueren des Dorfes Saint-Chély-d'Aubrac stellte ich fest, dass es Sonntag war. Ich erreichte das Dorf genau in dem Moment, als die Glocken zur Messe geläutet wurden. Ich überlegte einen Moment, über meinen eigenen Schatten zu springen, dem Pilgerdasein Ehre zu erweisen und in die Kirche zu gehen. Ich machte sogar den kleinen Umweg und schaffte es bis vor die Kirche. Aber die dort versammelte Dorfgemeinschaft, alles ältere Menschen, die mich neugierig und irgendwie nicht wirklich einladend begutachteten, brachte mich schnell von diesem Vorhaben ab. Ich wanderte weiter. Unmittelbar nach dem Dorf erreichte ich eine Steinbrücke, die über einen schmalen Fluss führte. Die alten Pilgerbrücken auf meinem Weg erinnerten mich daran, dass Pilger schon seit Jahrhunderten vor mir und unter wesentlich schwierigeren Bedingungen diese Reise unternommen hatten. Auch die vielen Stein- und Holzkreuze, die immer wieder am Wegrand aufgestellt waren, machten mir deutlich, wie traditionsreich und religiös geprägt der Weg war, auf dem ich mich bewegte.

Es gab eine weitere Botschaft unterwegs, die zum Nachdenken anregte. Ein Olivier[2] hatte in eine Holztafel geritzt, dass er auf einer 26'000 Kilometer langen Europatour unterwegs sei. Er grüßte alle Pilger mit den Worten: „On ne peut pas tout avoir, mais on peut tous être" („Man kann nicht alles haben, aber wir können alle sein"). Für mich als eher materialistisch denkender Mensch löste diese einfache und doch elementare Unterscheidung zwischen Haben und Sein viele tiefgründige Gedanken aus, die mich auf meinem restlichen Weg begleiteten.

Eine weitere Parallele zwischen dem Weg und meinem Leben wurde mir bewusst. Wie ich voller Enthusiasmus und Energie und ohne Zweifel gestartet und dann voll auf die Nase gefallen war, so dass ich nun nicht mehr wagte, mehr als einen Tag im Voraus zu planen und mir nur noch kleine Etappenziele setze, führte mir bildhaft vor Augen, wie meine großen Jugendträume durch die ersten Hürden und Zweifel gestutzt und der erwachsenen Realität angepasst worden waren. Ich vermisste dieses Gefühl, alles sei möglich und die Lust auf Abenteuer, die ich mich erinnerte, als Kind gespürt zu haben.

In meinem Etappenziel Saint-Côme-d'Olt hatte ich in der kommunalen Herberge reserviert, die in einem wunderschön erhaltenen Gebäude aus dem 16. Jahrhundert eingerichtet war. Ich freute mich, als ich dort die ungleiche Zweier-Gruppe Christine und Mireille wiedertraf. Christine sorgte mit einem Anruf beim Herbergsleiter dafür, dass ich in ihrem Sechs-Bett-Zimmer unterkam, obwohl er mir ursprünglich ein anderes Zimmer zugewiesen hatte. Und ich traf Ophélie wieder, die ebenfalls in diesem Zimmer schlief. Ophélie war eine der jüngsten Pilgerinnen, die mir begegneten. Ich hatte sie zuerst beim Verre d'amitié in Le Puy gesehen und seitdem aus den Augen verloren. Sie war mit einem jungen Pilger unterwegs, der allerdings nicht derselbe Mensch war, der sie in Le Puy als ihr Freund begleitet hatte. Ophélie und ihr Begleiter sowie Mireille hatten die unteren Betten belegt, Christine und ich schliefen oben, ein oberes Bett blieb frei.

Selbst gegen 18 Uhr zeigte die Temperaturanzeige im Ort noch 30 Grad. Trotzdem machten Christine und ich uns zu einem Rundgang durch diesen Ort auf, der verdientermaßen mit dem Label „Die schönsten Dörfer Frankreichs" ausgezeichnet worden war. Das vom Herbergsleiter angebotene Abendessen fand in großer Runde an zwei voll besetzten Tischen statt. Mir waren all diese neuen Menschen schnell wieder zu viel und ich beschränkte meine Unterhaltung auf Mireille und Christine und auf ein neues Pärchen, die Bretonen Miriam und Michel, die mir vom ersten Moment an sehr sympathisch waren.

Das Kennenlernen, Anfreunden, Feiern und sich dann doch wieder Verlieren begann mich anzustrengen. Annette hatte mir am Vortag zugesichert, sie würde nicht weiter als Saint-Côme-d'Olt gehen, Christine hingegen hatte sie am Morgen auf Wiedersehen gesagt, da sie mindestens eine Etappe weiter gehen würde. Ich hatte unterwegs bei einem von Privatmenschen aufgestellten Donativo-Imbiss-Stand einen Eintrag im Gästebuch von Christian und Jacques mit Grüßen an Christine und Mireille, aber nicht an mich, gelesen. All das nahm ich persönlich und mir zu Herzen und es raubte mir Kraft.

Meine Streckenplanung hatte ich wegen der Hitze auch überdenken müssen. Es erschien mir nicht möglich, die 55 Kilometer bis Conques innerhalb von zwei Tagen bei über 30 Grad bewältigen zu können. Ich würde drei ruhige Tage daraus machen, immerhin hatte ich vom ersten Teil meines Weges gelernt, auch wenn dies bedeutete, dass ich auch von Mireille und Christine am nächsten Tag Abschied nehmen musste. Christine hätte es auch lieber ruhig angehen lassen, aber Mireille bestand auf Einhaltung ihrer sportlich motivierten Planung, auch wenn es offensichtlich war, dass Christine damit körperlich überfordert war.

Es wurde meine erste Nacht im oberen Teil eines Etagenbettes und die erste Nacht in einem fast voll besetzten Sechser-Zimmer. Das alleine kann aber die merkwürdigen Vorfälle dieser Nacht nicht erklären. Ich hatte meine Habseligkeiten auf dem freien oberen Bett ausgebreitet, da das Zimmer klein und mit fünf Pilgern bis in den letzten Winkel ausgelastet war. Erst konnte ich sehr schwer einschlafen. Überhaupt die Anwesenheit von vier weiteren Menschen im selben Zimmer ließ mich trotz Ohrstöpsel nicht zur Ruhe kommen. Die Hitze, die sich über den Tag in diesem kleinen Raum gestaut hatte, ließ sich kaum lüften. Mir war es in meinem Daunenschlafsack nicht zum ersten Mal viel zu warm. Außerdem gab es ein wiederholtes Hin und Her zwischen Ophélies Bett und dem ihres Begleiters und da dieser Begleiter unter mir schlief, kam ich nicht umher, die ununterbrochenen Bewegungen des Betts zu registrieren. Ich hatte das Gefühl, kaum eingeschlafen zu sein, da schaukelte mein Bett heftiger als zuvor. Jemand begab sich umständlich und unter Zuhilfenahme meines Bettgestells in das freie obere Bett, auf dem aber all meine Habseligkeiten, unter anderem mein Geldbeutel und mein Handy, lagen. Im Halbdunkel glaubte ich, Ophélies Begleiter zu erkennen und konnte nicht begreifen, warum er nach seinem und Ophélies Bett nun auch noch ein drittes Bett in dieser Nacht in Anspruch nehmen musste. Ich leuchtete mit meiner Stirnlampe direkt auf ihn und wollte eine Erklärung. Überrascht stellte ich aber fest, dass es sich bei dem nächtlichen Störenfried um eine Frau handelte, die ich noch nie zuvor gesehen hatte. Sie entschuldigte sich, schob meine Sachen vorsichtig zur Seite und meinte, sie sei einfach zu müde, um sich an irgendetwas zu stören und wolle nur schlafen. So sah sie auch aus. Ich hatte für den Rest der Nacht noch größere Schwierigkeiten, Schlaf zu finden, denn jetzt sorgte ich mich auch noch um meine wenigen Wertsachen.

Tag 21:

SAINT-CÔME-D'OLT – MASSIP (34 KM)

Inspiriert von der Jungfrau vor Espalion

Der Tag begann bei Sonnenaufgang mit dem Aufbruch der rätselhaften sechsten Person im Zimmer. Ich stand mit ihr auf und versicherte mich, während die Frau im Bad war, dass mein Geldbeutel und meine wenigen Wertsachen vorhanden waren. Ich wechselte ein paar Worte mit der mysteriösen Nachterscheinung, bevor sie in der Morgendämmerung verschwand. Danach war ich allerdings zu wach, um in mein Hochbett zurückzukehren und machte mich also langsam startklar. Bis dahin waren auch die anderen Zimmergenossen wach. Ich fragte kurz Ophélie, ob diese von den nächtlichen Geschehnissen im Bett über ihr etwas mitbekommen habe und zu meiner Überraschung lächelte Ophélie nur und fragte: „Ach, meinst Du, meine Mutter ist nachts noch gekommen? Sie wollte eigentlich draußen schlafen, aber daraus ist wohl nichts geworden". Ophélies Mutter also, kein Problem!

Ich war entsprechend früh und vor meiner normalen Zeit unterwegs. Ich hatte am Vortag Diskussionen überhört, dass der Jakobsweg an diesem Tag steil zu einer schwarzen Jungfrau ansteigen würde, dass der Blick von dort oben zwar atemberaubend sei, aber die Pilger diese Steigung eher meiden und der Asphaltstraße bis Espalion folgen würden. In meinem Pilgerbuch fand ich nichts über eine Jungfrau und der Anstieg wurde auch nicht als enorm beschrieben. Ich glaubte, schon ganz andere Aufstiege geschafft zu haben und wollte mir den Ausblick und auch den originalen Verlauf des Jakobsweges nicht nehmen lassen.

Es war Heuzeit und ich genoss den Anblick der Heuballen und den Geruch frisch gemähten Grases. Ich traf sogar auf

Menschen, die das Heu noch von Hand mit Holzrechen zusammentrugen. Dieser Anblick erweckte fast vergessene Erinnerungen an meine Kindheit, in der diese Aufgabe der Horror des Wochenendes gewesen war. Wie gerne würde ich heute noch einmal körperliche und natürliche Arbeiten dieser Art erledigen dürfen!

Der Aufstieg war dann doch härter, als ich erwartet hatte und sehr einsam, da die meisten Pilger sich tatsächlich diese Beschwerlichkeit ersparten. Aber ich wurde oben von einem wunderbaren Blick über die umliegende Landschaft und die vor mir liegenden Dörfer belohnt. Mit der Jungfrau führte ich eine Art Zwiegespräch. Die Jungfrau fragte mich, ob ich noch irgendeinen anderen Pilger gesehen hätte, der mit rund zwölf Kilo Gepäck unterwegs sei, von denen rund zwei Kilo auf einen Daunenschlafsack zurückzuführen waren, in dem man sowieso wegen der Hitze kaum noch schlafen konnte. Ich musste zugeben, dass ich wohl die einzige war und versprach der Jungfrau, ihrem Rat zu folgen und mir im nächsten Ort ein leichtes und dünnes Inlet zu kaufen und meinen Daunenschlafsack in die Schweiz zurückzuschicken.

Espalion war mit seinen 4'600 Einwohnern genau der richtige Ort für dieses Vorhaben. Direkt am Jakobsweg lag ein gut sortiertes Sportgeschäft, das den gewünschten Seidenschlafsack im Sortiment hatte. Die Post befand sich nur zwei Straßen weiter. Die Jungfrau schien gut vorgesorgt zu haben. Mit rund zwei Kilo weniger ließ es sich effektiv leichter gehen! Dafür hatte das ganze Unterfangen so viel Budget gefressen, dass ich entschied, die Extra-Nacht bis Conques zu streichen und mich auf einen langen Tag einrichtete.

Die Kirche Saint-Pierre-de-Bessuéjouls interessierte mich nicht besonders. Sie lag zwar direkt am Jakobsweg und alleine deshalb hätte ich als pflichtbewusste Pilgerin hineinschauen sollen, aber ich hatte bereits vor Espalion die Perserkirche besichtigt und fand, das reiche an Kirchen für diesen Tag. Immerhin lagen noch viele Kilometer vor mir. Auf der Höhe der Kirche, schon fast an ihr vorbei, änderte sich meine Meinung plötzlich. Ich schlug nochmals in meinem Pilgerbuch nach und fand den Vermerk, dass es in der Kirche im Obergeschoss einen Altar mit Motiven des Erzengels Michael gäbe, schlagartig interessant. Soweit kam ich aber nicht. Ich betrat die Kirche, warf wie üblich einen kurzen Blick ins Pilgerbuch und fand dort einen Notiz für mich. Meine vier Normannen hatten mir eine Nachricht hinterlassen mit anspornenden Worten der Freundschaft. Mir kamen wieder einmal vor Rührung die Tränen und ich wusste, dass ich alles in dieser Kirche gesehen hatte, wofür man mich hatte eintreten lassen.

Noch mit Tränen in den Augen traf ich nur wenige Meter weiter die ungleiche Zweier-Gruppe Christine und Mireille, die in einer kleinen Bar am Wegrand Pause machten. Trotz des Zeitdrucks, den ich mir gemacht hatte, bot sich diese Gelegenheit an, um mich gefühlsmäßig zu beruhigen. Christine und Mireille hatten die Nachricht auch gesehen und waren überrascht, dass es eine solche Art von Nachrichtenübermittlung auf dem Weg gab, die offensichtlich funktionierte. Ich trennte mich aber schnell wieder von den beiden. Sie würden in einer Gîte ein gutes Stück vor meinem Etappenziel einkehren, in der ich ursprünglich auch reservieren wollte, aber keinen Platz mehr bekommen hatte und somit noch ein paar Kilometer weiter zu gehen hatte.

Als ich den kleinen Ort Estaing erreichte, der das Etappenziel gewesen wäre, wenn ich die Strecke bis Conques tatsächlich auf drei Tage aufgeteilt hätte, war ich froh, dort nicht bleiben zu müssen. Der Ort hatte laut meinem Pilgerbuch nur 600 Einwohner, war aber mit Touristenbussen und entsprechenden Menschenmassen überfüllt. Neugierig war ich aber schon, was an diesem Ort so außergewöhnlich sein sollte. Also verließ ich den Jakobsweg und überquerte die imposante Brücke ins Ortszentrum. Die Kirche sah von außen ganz nett aus und die Straßenzüge schienen ähnlich alt wie in Saint-Côme-d'Olt, aber besonders beeindruckt war ich von dem Ort nicht. Ähnlich ging es offensichtlich dem jungen Pilger in weißem Hemd, der mit offenem Mund herzhaft gähnend an der Brücke stand, als ich mich zurück auf den Jakobsweg und weiter Richtung Etappenziel machte.

Unmittelbar nach Estaing versperrte ein Baustellenfahrzeug den Jakobsweg an einer schmalen Stelle auf eine Art und Weise, dass es unmöglich schien, daran vorbeizukommen. Offensichtlich handelte es sich um eine längerfristige Arbeit. Da ich an meinem langen Tag keine Zeit mit Warten vor einer lauten und stinkenden Baumaschine verbringen wollte, machte ich den Bauarbeitern eindeutige Zeichen und krabbelte dann auf allen Vieren, mit dem dicken Rucksack über mir, unter dem Fahrzeug durch. Ich hatte schon ganz andere Hindernisse überwunden. Der Vorteil dieser Straßensperrung war, dass auf der folgenden Asphaltstraße kein Auto weit und breit zu sehen war.

Ein paar Kilometer weiter machte ich Pause am Wegrand und wurde prompt von dem jungen Pilger im weißen Hemd eingeholt, der mit einem anderen jungen Pilger unterwegs war. Ich fühlte mit ihm. Wenn er in Estaing schon müde gewesen war und nun noch mindestens neun Kilometer, aber eher zwölf oder sogar knapp 14 Kilometer vor sich hatte, würde das ein langer Tag werden. Die beiden bestätigten mir, es bis Golinhac, also die vollen 14 km, schaffen zu wollen. Ich hatte noch die Etappe von zwölf Kilometern vor mir und machte mich bald wieder auf den Weg. Kurz darauf traf ich die ersten „Touristenpilger". Ich hatte mittlerweile gehört, dass es einen Service gab, der das Gepäck der Pilger von einer Herberge zur nächsten brachte, was die Pilger mit den leichten Proviantrucksäcken erklärte. Hier wurde ich aber Zeuge, wie eine Gruppe von Pilgern sich auf einer Bank niederließ, wie ein Kleinbus vorfuhr und Brot, Käse und sogar Rotwein auslud. Netterweise bot man mir sogar an, ein Glas mitzutrinken, aber ich ging lieber weiter bis zu meinem „Feierabend-Bier".

Als ich am späten Nachmittag endlich auch die letzte Kurve vor meiner privaten Gîte hinter mich gebracht hatte, war ich körperlich am Ende. Einerseits hätte ich mich für diese Übertreibung ohrfeigen können und ahnte, dass ich die nächsten Tage dafür teuer bezahlen würde, andererseits würde ich so am nächsten Tag wie die meisten meiner Pilgerfreunde der letzten Tage Conques erreichen und dort einen gebührenden Abschied von ihnen feiern können.

In der familiär geführten, freundlichen Herberge Gîte l'Orée du Chemin mit Garten und Liegestühlen waren nur Menschen, die ich noch nie gesehen hatte. Ein junges kanadisches Pärchen, die mit der Mutter des Mannes unterwegs waren, ein französisches Paar, die mich grüßten, als ob ich sie kennen müsste, und einige geistig behinderte Menschen, die in einer Gruppe mit zwei Betreuern jeden Morgen ein Stück auf dem Jakobsweg gingen und dann mit einem Bus zur nächsten Herberge gefahren wurden. Später am Abend tauchte Milou auf, die ich bisher nur von dem gemeinsamen Bier mit Annette vor vier Tagen in Saint-Alban-sur-Limagnole kannte und seitdem nicht mehr gesehen hatte. Beim Abendessen in großer Runde, angeboten durch die Herbergsfamilie, freundete ich mich vor allem mit Milou näher an. Milou war eine Person mit einer strahlend positiven Ausstrahlung. Sie hatte unter anderem einen Gaskocher und Kochgeschirr in ihrem viel zu schweren Rucksack, hielt sich aber nicht lange mit Jammern über dieses Gewicht auf, sondern pflegte meist einen selbstironischen Unterton. Mit ihr teilte ich auch das Zimmer und schlief nach der letzten ereignisreichen, aber schlaftechnisch kurzen Nacht nun in meinem neuen Seidenschlafsack tief und traumlos.

Tag 22:

MASSIP – CONQUES (23.5 KM)

Wie eine große (Pilger-)Familie

D as Ziel dieses Tages bestand ausschließlich darin, Conques zu erreichen. Den Weg bis dorthin nahm ich kaum wahr und war ganz entgegen meines Vorsatzes viel zu schnell und nur zielbezogen unterwegs.

Schon unterwegs kündigte sich an, welche Erfahrung Conques für mich werden würde. Als erstes traf ich an einem Rastplatz ganz unerwartet meine vier Normannen wieder, die mir schon vor vier Tagen das Abschiedsständchen gesungen hatten. Die freuten sich genauso sehr wie ich. Durch ihren großen Vorsprung waren sie nicht davon ausgegangen, mich nochmals wiederzusehen. Als ich ihre Nachricht aus meinem Rucksack zog und ihnen erzählte, welche Wirkung diese Worte auf mich gehabt hatten, nahmen wir uns kurz in die Arme. Zusammen zogen wir weiter Richtung Conques.

Kurz vor dem großen Ziel traf ich auch Marie aus Rennes und Antoine aus Avignon von der Pilgermesse in Le Puy wieder. Ich hatte sie eingeholt, obwohl ich einen Tag später losgegangen war. Die Wiedersehensfreude war auf allen Seiten groß. Beim berüchtigten Abstieg unmittelbar vor Conques trennte ich mich von den Normannen. Einerseits fiel es den älteren Frauen wesentlich schwerer als mir, den steilen Abstieg heil zu schaffen, andererseits schien es mir wichtig, dieses weitere Ziel alleine zu erreichen, mit der nötigen inneren Einkehr und ohne die sonst so willkommene Unterhaltung. Wie auch beim ersten großen Etappenziel Le Puy-en-Velay wollte das Wetter meine Hochstimmung nicht teilen, denn es regnete immer wieder von leicht bis heftig. Ganz plötzlich stand dann die große Kirche vor mir. Ein beeindruckendes Gebäude. Der ganze Ort mit seinen nur rund 300 Einwohnern schien aus nichts anderem als dieser Kirche und der dazugehörigen Abtei zu bestehen, umgeben von ein paar Kopfsteinpflaster-Gassen und alten, wunderschön erhaltenen Steinhäusern. Auch Conques gehörte zu den schönsten Dörfern Frankreichs. Dieser Titel war aber vermutlich auch dafür verantwortlich, dass dieses kleine, überschaubare Dorf von Touristen und Pilgern regelrecht überschwemmt war.

Offenbar war es Tradition, dass alle Pilger in Conques in der Abtei übernachten. Meine Mutter hatte mir vor meinem Aufbruch erzählt, dass sie eine Reportage über Conques gesehen habe, in der ganz viele Pilger zusammen in der Abtei zu Abend gegessen hätten. Ich hatte wie üblich einen Tag vorher reserviert, ein Bett im Schlafsaal der Abtei und ein vegetarisches Pilgermenü. Ich musste mich trotzdem in einer langen Schlange anstellen, bevor ich meine Reservierung einlösen konnte und ein Bett im ersten Schlafsaal zugeteilt bekam. Dort traf ich zu meiner Überraschung als erstes auf Gino, der natürlich das erste Bett an der Tür belegt hatte, mit seiner Dauerbegleitung Alain. Den beiden hatte es in Saint-Côme-d'Olt im Konvent so gut gefallen, dass sie dort einen Tag Pause eingelegt hatten und somit wieder auf meiner Route waren, obwohl ich sicher davon ausgegangen war, Gino sei weit vor mir. Auch die Normannen trafen bald darauf ein und wurden ebenfalls in meinem Schlafsaal einquartiert.

Bei der Dorferkundung traf ich auf so viele meiner Pilgerfreunde, dass ich mich als Teil einer großen Pilgerfamilie fühlte, rundherum wohl und gut aufgehoben. Mit der Deutschen Annette und den Franzosen Christian und Jacques trank ich ein Bier, sogar Gino gesellte sich dazu, im Vorbeigehen plauderte ich mit Marie und Antoine, ich wartete auf Mireille und Christine und Milou sollte auch noch eintreffen. Vor der Herberge sah ich den jungen Pilger im weißen Hemd wieder, der in Espalion so herzhaft gegähnt hatte. Er saß ohne seinen Begleiter vor dem Eingang. Ich begann ein Gespräch mit ihm, erkundigte mich nach seinem Begleiter, wir tauschten Namen aus und Florian war mir vom ersten Moment an sympathisch. Er war mit seinem besten Freund Eric unterwegs, der die Idee der Pilgerschaft vorgeschlagen hatte, Florian sah sich lediglich als seinen Begleiter. Wir würden uns beim gemeinsamen Abendessen wiedersehen.

Das Abendessen war tatsächlich ein großes Spektakel. Wieder einmal waren zwei lange Tische voll besetzt mit schwatzenden und hungrigen Pilgern. Ich kannte an meinem Tisch zwei Drittel der Pilger und führte Unterhaltungen in drei Sprachen und in jede Richtung. Mir ging es richtig gut in dieser Umgebung, ich fühlte mich wie eine Pilger-Expertin, weil ich so viele der Anwesenden kannte. Ein Mönch hielt vor dem Essen eine kurze Rede, die ich aber nicht wirklich verstand und die mich einfach nicht interessierte. Ich hatte das Gefühl, die meisten Pilger hatten einfach nur Hunger. Das Essen für die Pilger war sehr knapp bemessen und man sah vielen die Enttäuschung an. Mein vegetarisches Essen bestand aus einem Teller trockener Nudeln. Als ich diese zurück in die Küche trug und fragte, ob man die Sauce vergessen habe, gab mir ein Hospitalero, ein freiwilliger Mitarbeiter, aus seinem privaten Vorrat ein Stück Weichkäse, das ich notdürftig in den Nudeln verteilte. Die Mönche dieser Abtei sind vermutlich nicht für üppiges Essen berühmt.

Nach dem Essen trafen sich die meisten Pilger zum Abendgebet mit anschließender Segnung in der Kirche. Dieses Mal winkte das Schicksal Annette und sie wurde gefragt, ob sie bereit sei, einen Teil der Messe auf Deutsch vorzulesen. Ich musste zugeben, dass mich dieser Teil deutlich mehr berührte, nicht nur weil er von meiner Pilgerfreundin vorgetragen wurde, sondern auch, weil ich den Sinn der Worte ganz anders verstand als auf Französisch. Zum Abschluss der Messe versammelten sich alle unter der Heiligenfigur des Jakobus und gemeinsam sangen wir das Pilgerlied Ultreia. Ich hatte den Text noch immer nicht gelernt oder auch nur halbwegs verstanden, aber die theatralische Atmosphäre im Dunkeln unter der hell angestrahlten Figur des Heiligen Jakobus, die singende Pilgergemeinschaft, die von einem Klavier begleitet wurde, berührte mich tief und ließ nicht nur bei mir Tränen fließen.

Sicher war auch der bevorstehende Abschied schon spürbar, denn Conques war für viele Pilger Endstation und die Atmosphäre war eher traurig. In meiner Gruppe war es der letzte Abend der ungleichen Zweier-Gruppe Mireille und Christine und so tranken wir gemeinsam noch ein Bier. Obwohl ich mittlerweile schon so viele Abschiede erlebt hatte, bedrückte mich doch vor allem bei Christine der Verlust. Ich hatte das Gefühl, dass sie eine Leere zurücklassen würde. Christine war eine Ausnahme auf meinem Weg gewesen, auf dem ich generell festgestellt hatte, dass das Zusammensein mit Frauen mich mehr anstrengte, als der Kontakt mit Männern, den ich wegen der größeren Lockerheit vorzog. Gleichzeitig konnte diese Lockerheit gefährlich schnell missverstanden werden.

Tag 23:

CONQUES – LIVINHAC-LE-HAUT (24 KM)

Melancholie zum Hochzeitstag

Der Aufstieg hinter Conques, ebenso berüchtigt und gefürchtet wie der Abstieg am Vortag, gefiel mir ausgesprochen gut. Vor allem, weil ich in Conques eine Frau nach dem Weg gefragt hatte und sie mich aufgefordert hatte, bei der am Weg liegenden Kapelle doch bitte heftig die Glocken zu läuten, manchmal würde die Abtei dann ihrerseits mit Glockengeläut antworten. So konnte ich es kaum erwarten, die Kapelle zu erreichen und zum ersten Mal in meinem Leben Glocken zu läuten – und dazu auch noch offiziell aufgefordert worden zu sein. Es war ein aufregendes Gefühl, diese tiefen, hallenden Glocken selbst erklingen zu lassen. Aber die Abtei antwortete nicht, obwohl ich alles gegeben habe.

Nach der Kapelle gelangte ich auf einen wunderschönen Wegabschnitt. Der Weg war schmal und urig verwachsen, führte durch eine hügelige, grüne Landschaft, die noch halb in Wolken gehüllt war. Außer mir war kein Mensch weit und breit zu sehen. Ich nahm die Schönheit der Landschaft tief in mich auf und wie sich meine Seele öffnete, zog die Traurigkeit ein. An diesem Tag war mein neunter Hochzeitstag. Und ich zog alleine durch diese traumhafte Gegend. Kurz und heftig kamen mir die Tränen, weil ich diese Erfahrung mit niemandem teilen konnte. Nachdem die Schleusen geöffnet waren, hörten diese melancholischen Gedanken aber auch schnell wieder auf. Im Kopf ging es mir danach richtig gut und ein tiefes inneres Glücksgefühl breitete sich aus, gemischt mit Sehnsucht nach Hause, was aber im Ganzen ein stimmiges Gleichgewicht schuf. Mein Körper litt allerdings immer noch ein wenig nach den übertriebenen Anstrengungen der letzten Tage, ich hatte Muskelkater in den Waden und platte Füße.

Als ich kurz nach der nächsten Kapelle Jacques auf dem Weg traf, entschied ich, mich ihm anzuschließen, um das Heimweh zu vertreiben. Jacques war einer der bemerkenswertesten Pilger auf meinem Weg. Dieser 70-jährige kleine, stämmige Mann war sein Leben lang LKW-Fahrer gewesen und sicher keine Sportskanone. Zur Rente hatte er beschlossen, einmal den Jakobsweg zu pilgern und so ging er den Camino Francés, von Saint-Jean-Pied-de-Port durch das spanische Innenland nach Santiago de Compostela. Als er zurück in seine kleine, einsame Wohnung in Marseille kam, konnte er mit der Stadt, der Sesshaftigkeit und der Konsumgesellschaft noch weniger anfangen als zuvor. Seitdem packte er regelmäßig seinen Rucksack und zog los. Dieses Mal war er von Marseille in entgegengesetzter Richtung über den Stevenson-Wanderweg nach Le Puy-en-Velay gewandert, würde von dort über Saint-Jean-Pied-de-Port und den Küstenweg sowie den Camino Primitivo in Spanien bis Santiago gehen, und von dort noch weiter bis Fátima in Portugal. Jacques war ein Unikum und wer ihn noch nicht getroffen hatte, hatte unterwegs zumindest schon von ihm gehört.

Zusammen zogen wir durch die unattraktiv wirkende Stadt Decazeville, wo wir Antoine aus Avignon aufgabelten und gemeinsam Mittagspause machten. Es war ein heißer Tag und das Gehen auf Asphaltstraßen unangenehm. Von Decazeville bis zu unserem Etappenziel Livinhac-le-Haut war es nur noch eine gute Stunde. Ich hatte für mich, Annette, Christian und Jacques in einer privaten Herberge reserviert und dann erfahren, dass auch die Normannen dort übernachten würden. Es versprach wieder ein lustiger Abend zu werden. Pünktlich beim Eintreffen im Ort rief mein Vater zum ersten Mal auf meinem französischen Handy an und wollte sich erkundigen, wie es mir ging. Aber wie sollte ich meinem Vater erklären, dass ich gerade mit einem 70-jährigen Franzosen auf der Suche nach der gemeinsamen Herberge war? Ich hatte das Gefühl, einzelne Momente aus meinem Pilgeralltag mit dem Rest der Welt nicht ohne Zusammenhang teilen zu können.

Annette war bereits in der Herberge eingetroffen, sie gehörte wie Gino auch zu den Pilgern, die in der Morgendämmerung aufbrachen und am frühen Nachmittag ihr Ziel erreicht hatten. Wir warteten lange auf Christian und begannen bereits, uns Sorgen zu machen. Christian war ein großer stämmiger Mann aus dem Nordosten Frankreichs, der schon seit Jahren davon geträumt hatte, den Jakobsweg zu gehen. Allerdings kam ihm eine Herzoperation dazwischen, die Ärzte hatten nur knapp vor einem sicheren Herzinfarkt festgestellt, dass er dringend Bypässe benötigte und die Tatsache, dass er nun auf dem Weg sein durfte, grenzte für ihn an ein Wunder. An einem heißen Tag wie heute, an dem es etliche Aufstiege gab, merkte man ihm die körperliche Belastung aber deutlich an, und als er schwer atmend und mit hochrotem Kopf in der Herberge erschien, überschlugen wir uns alle, um ihm mit kaltem Wasser Erfrischung zu verschaffen. Die Zimmerverteilung löste eine kurze Diskussion aus und forderte Kompromissbereitschaft, denn man hatte uns ein Dreierzimmer mit Doppelbett und ein Bett im Zimmer der vier Normannen zugeteilt. Jacques zog ohne weiteres zu den Normannen, was auch altersmäßig Sinn machte. Annette und ich waren die einzigen, die sich noch relativ problemlos das Doppelbett teilen konnten und Christian würde das Einzelbett in unserem Dreierzimmer beziehen.

Zum Abendessen bot die Herbergsleiterin nicht wie erwartet ein Pilgermenü an, empfahl uns aber das Restaurant auf dem nahegelegenen Campingplatz, wo wir uns auch alle einfanden. Auch die beiden jungen Franzosen Eric und Florian trafen wir wieder, die ihr eigenes Zelt dabei hatten und aus Budgetgründen generell Campingplätze vorzogen. Nachdem mehrere Tische zusammengestellt waren, saßen wir in großer und lustiger Runde beieinander, mit einem Altersunterschied von rund 50 Jahren zwischen den Jüngsten und den Ältesten. Am Nachbartisch saß das Paar, das mich so freundlich in der privaten Herberge in Massip gegrüßt hatte. Der Mann kratzte sich ununterbrochen, er hatte kleine Bisse und Stiche an den Beinen und war sich sicher, dass er in der Herberge in Massip ein Opfer der berüchtigten Bettwanzen geworden war. In vielen Herbergen werden spezielle Vorkehrungen gegen diese gesundheitlich unbedenklichen, aber sehr unangenehmen Parasiten getroffen. In Conques zum Beispiel hatte ich eine große, mit speziellem Spray präparierte Plastiktüte bekommen und durfte den Rucksack nur in dieser Plastiktüte abstellen. Ich hatte einige Herbergen unterwegs gesehen, die mir bedeutend mehr als die Herberge in Massip als potentielle Wanzenherde erschienen waren, aber letzten Endes war es weniger die Schuld der Herberge als einfach nur Pech. Im Grunde reicht es, wenn ein Pilger diese Wanzen aufgelesen hat und sie dann von Herberge zu Herberge trägt, wo sie von Pilger zu Pilger weiterkrabbeln können. Da es wohl bis zu drei Tagen dauern kann, bis die Stiche sich zeigen, können selbst die umsichtigsten Pilger und Herbergen kaum vorsorgen. Bisher war ich von dieser Pilgerplage zum Glück verschont geblieben.

Tag 24:

LIVINHAC-LE-HAUT – FIGEAC (24 KM)

Party-Pilger

Heute würde Annettes letzter Tag sein. Wir hatten am Vorabend verzweifelt versucht, in Figeac eine private Unterkunft für uns vier zu bekommen, um in Ruhe und gebührend Abschied feiern zu können. Es schien aussichtslos, wohl auch weil in Frankreich an diesem Tag Fête de la Musique war. Am Morgen, nachdem Jacques bereits aufgebrochen war, hatte Christian es doch noch geschafft, eine Hütte für vier Personen auf dem Campingplatz zu reservieren. Wir würden versuchen, Jaques tagsüber einzuholen.

Ich ging den ganzen Tag in Begleitung von Annette und Christian. Unterwegs trafen wir auf Marie aus Rennes und auf die beiden jungen Pilger Eric und Florian und jeder gesellte sich eine Weile zu uns. Zur Mittagspause in einer sehr netten und familiären Bar fanden sich auch die vier Normannen ein; die Bretonen Miriam und Michel kreuzten wiederholt unseren Weg.

Als wir uns Figeac näherten und Jacques nicht gefunden hatten, dafür aber Miriam und Michel mit dem gleichen Problem der Herbergssuche beschäftigt waren, entschieden wir, die relativ teure Campinghütte mit den Bretonen zu fünft zu teilen. Wir fanden zwei Doppelzimmer vor und eine eher unbequem aussehende Couch. Da Annette am nächsten Morgen früh aufstehen wollte, um sich als Notfall bei einem Zahnarzt ins Wartezimmer zu setzen, bot sie an, auf der Couch zu schlafen. Das Doppelzimmer mit Doppelbett belegten die Bretonen und ich würde mir mit Christian das Doppelzimmer mit zwei Einzelbetten teilen. Wir wollten gemeinsam in der kleinen Hütte kochen und zogen los, um in Figeac die notwendigen Einkäufe zu erledigen. Dabei fanden wir endlich Jacques[3] wieder, der sich in der kommunalen Pilgerherberge einquartiert hatte, aber gerne mit zum Abendessen in die Hütte kam. Es wurde ein lustiger Abend, mit Spaghetti und Rotwein, ein gelungenes Vorprogramm für die Fête de la Musique, zu der wir gemeinsam loszogen. Im Ort herrschte ausgelassene Stimmung, an vielen Ecken spielten Bands, es gab Stände, Bars und gute Laune im Überfluss. Wir trafen Marie und Milou wieder und begossen den Abschied von Annette und Milou. Erst gegen Mitternacht lagen wir in den Betten und somit war es eine der längsten Nächte auf meinem Pilgerweg.

Tag 25:

FIGEAC – MAS DE VERGNES (14 KM)

Kultur-Pilger

Nach der durchzechten Nacht und auch weil mir Figeac wirklich gut gefallen hatte, schlug ich Christian vor, am Vormittag eine Besichtigungstour durch den geschichtsträchtigen Ort zu machen, der mit vielen gut erhaltenen Gebäuden aus allen möglichen Epochen aufwartete. Immerhin wurde er in der Liste der „Orte und Regionen der Kunst und Geschichte" aufgeführt. Herr Champollion, der mit dem Stein von Rosetta die ägyptischen Hieroglyphen entziffert hatte, war hier zur Welt gekommen. Christian war begeistert dabei und wir verbrachten mehrere Stunden auf dem beschriebenen Rundweg.

Am frühen Nachmittag pilgerten wir weiter auf dem Jakobsweg, der aus Figeac heraus durch Industriegebiete und relativ steil bergauf ging. Bald erreichten wir das schöne Örtchen Faycelles und entschieden, im Schatten auf der Terrasse eines kleinen Restaurants Pause zu machen und Schutz vor der glühenden Sonne zu suchen. Wir waren nicht die ersten mit dieser Idee und trafen im Hof des Restaurants die Bretonen Miriam und Michel. Nach der Erfrischung zogen wir dick mit Sonnencrème eingerieben zu viert weiter. Das Wandern mit Michel war sehr lehrreich. Er war Apotheker und interessierte sich mehr für die Heilkraft der Pflanzen als für Chemiekeulen. Er konnte für viele Pflanzen am Wegesrand Namen und Verwendungsmöglichkeiten aufzählen. Er hatte am Vortag schon Annettes tagelange Zahnschmerzen mit einer Nelkenlösung zumindest vorübergehend erträglich gemacht.

Ich genoss einerseits die Gemeinschaft, das allabendliche gemeinsame Essen und Feiern und fand auch Christian sehr sympathisch, denn ich hatte das Gefühl, durch ihn viel über mich selbst zu lernen, gleichzeitig vermisste ich aber die Einsamkeit, die Ruhe und Stille, die ich für meine innere Einkehr brauchte. Ohne Worte hatte ich mit Christian ausgemacht, mit ihm bis zum Ende seines Pilgerwegs am übernächsten Tag weiterzugehen, denn er wäre von Figeac aus alleine nicht weiter gegangen. Trotz einer gewissen Schwere bei der Vorstellung, bald wieder ganz alleine zu sein, freute ich mich darauf. Da in Figeac viele Mitpilger ihren Weg beendet hatten und wir durch unseren halben Tag Besichtigungspause zurückgeblieben waren, würde ich nach Christians Abreise wirklich wieder ganz neu anfangen.

Zu viert kamen wir bis an die Kreuzung vor Mas de Vergnes. Miriam und Michel hatten noch eine gute Stunde vor sich und würden am nächsten Morgen ihren Jakobsweg für dieses Mal beenden, Christian und ich hatten ein Chambre d'hôtes mit Abendessen in Mas de Vergnes reserviert. Es erwartete uns eine mit vier Sternen ausgezeichnete Privatunterkunft, wo wir ein liebevoll und farblich abgestimmt dekoriertes Doppelzimmer mit unserem eigenen hellen und blitzblanken Bad bekamen. Während ich mir eine lange Dusche in absoluter Privatsphäre und ohne Schlange vor der Tür gönnte, bot die Besitzerin dieses Anwesens Christian ein Bier an und stellte ein zweites „für seine Freundin" dazu. Da zwischen Christian und mir fast 20 Jahre Altersunterschied bestanden, fand ich das ein wenig unpassend. Das Bier im gepflegten Garten schmeckte aber trotzdem herrlich und von den Katzen und Hunden des Hauses ließ ich mich gerne belagern.

Annette schickte mir eine sms. Sie teilte mir mit, dass sie noch einen Abend in Figeac verbringe und mit einer jungen Frau namens Evelyn zusammensitze, die lange mit der Pilgerschnecke Teo unterwegs gewesen sei. Teo verschwand also nicht aus meinem Leben, obwohl sich die Hoffnung, ihn jemals zu treffen, mittlerweile gegen Null bewegte.

Beim Abendessen zusammen mit einem Paar, das eine Woche lang hier Urlaub machte, sowie dem Sohn der Besitzerin, wurde mir klar, dass manche Menschen zwar versuchten, ihr Leben zu ändern und auf dem Jakobsweg neu anzufangen, dass die Gefahr in dieselben alten Fallen zu geraten aber enorm groß ist. Die Dame des Hauses hatte vor einigen Jahren ihr Luxus-Leben in Paris aufgegeben, um entspannt mit einem Chambre d'hôtes auf dem Land neu anzufangen. Jetzt war sie aber vor allem damit beschäftigt, ihre Geschäftsidee zu vergrößern und zu verbessern, sich mit den zuständigen Behörden über die ihr zustehenden Sterne zu streiten und die Werbetrommel zu rühren. Entspannt sah sie dabei nicht aus, aber das Abendessen war große Klasse.

Tag 26:

MAS DE VERGNES – MAS DE JANTILLES (28 KM)

« Es kann eigentlich nicht mehr weit sein... »

Die Sonne schien strahlend schon am frühen Vormittag. Von einem guten Frühstück gestärkt ging es auf eine wunderschöne Etappe durch den „Parc Naturel Régional des Causses du Quercy". Der Weg ging hauptsächlich über naturbelassene Pisten, durch den Wald, über Wiesen. Gelegentlich wurde er von Steinmauern gesäumt, immer wieder führte er an alten Steinkreuzen vorbei. Besonders gut gefielen mir die alten einfachen Steinhäuschen am Wegrand, in denen früher wohl Schäfer und/oder Tiere Unterschlupf gefunden hatten.

In der Herberge hatte man uns geraten, in der Käserei unterwegs Käse einzukaufen. Auch die Herberge wurde von dieser Käserei beliefert und wir wussten somit, welch schmackhafter Genuss uns zur Mittagspause erwarten würde. Ohne den ausdrücklichen Hinweis hätten wir in der Käserei wohl nicht angehalten, denn die Farm sah verloren und verlassen aus. So aber wussten wir, dass irgendwo ein Hofladen sein musste, fanden ihn, traten außerhalb der offiziellen Öffnungszeiten ein und konnten tatsächlich ein Stück Käse für die Mittagspause und Joghurt aus Ziegenmilch kaufen. Besonders der Joghurt war eine leckere neue Erfahrung, er musste zuerst geschüttelt werden, veränderte dadurch seine Konsistenz und wurde flüssig, so dass wir ihn trinken konnten. Ein ganz anderer Geschmack als die Ziegenmilch-Joghurts aus dem Supermarkt, die ich nur einmal und dann nie wieder gekauft hatte.

Was wir nicht fanden, trotz ausdrücklicher Erwähnung in meinem Pilgerbuch, war der Dolmen nach Gréalou. Wir passierten eine mit Plastikband abgesteckte Stelle und entschieden später, dass diese auf unserer ganzen Tagesetappe einem Dolmen noch am ähnlichsten gewesen war.

Wir hatten in einer privaten Herberge in Mas de Jantille reserviert. Aus meinem Pilgerbuch ging nicht klar hervor, wie weit diese Unterkunft von Cajarc entfernt war. Als wir durch den kleinen Ort Gaillac gingen, war es laut einem Straßenschild noch acht Kilometer bis Mas de Borries und wir wussten lediglich, dass wir vor diesem Weiler unser Ziel erreicht haben würden. Wie weit vorher konnten wir nicht abschätzen. Der Weg führte relativ steil ansteigend auf einem Kalksteinweg durch den Wald, schien extrem lang und es war ein heißer Sommertag. Wir dachten beide lächelnd an den kleinen, alten Jacques, dessen Aussage, dass man immer das auch wieder hochsteigen müsse, was man hinuntergelaufen war, vielleicht nicht sehr philosophisch, dafür umso zutreffender war. Immer wieder machten wir uns gegenseitig Mut, es könne ja wirklich nicht mehr weit sein, aber hinter jeder Biegung, hinter jeder Steigung ging der Weg einfach immer nur weiter. Wir erreichten eine einsame Asphaltstraße, was zwar das Gehen nicht angenehmer machte, aber immerhin hoffen ließ, dass wir uns einem Ort näherten. Den ganzen Tag schon hatten wir uns ziemlich alleine auf weiter Flur gefühlt, hatten keinen einzigen uns bekannten Pilger getroffen, überhaupt so gut wie keinen Pilger. Als wir von Weitem ein Motorrad hörten, das von irgendwo nach irgendwo auf dieser Asphaltstraße unterwegs war, machten wir uns für eine Attacke bereit. Das Motorrad kam von hinten, Christian trat todesmutig einen Schritt Richtung Straßenmitte und brachte den Fahrer winkend zum Anhalten. Wo denn bloß dieser Weiler Mas de Jantille sei und wie lange wir denn noch laufen müssten, bevor wir die Herberge erreicht hätten. Der Fahrer, ein lässiger Mann mit langen weißen Haaren im Pferdeschwanz, lächelte wissend und versicherte uns, dass wir in weniger als fünf Minuten unser Ziel erreicht haben würden, wir müssten lediglich den kleinen Weg vorne rechts hinabsteigen, aber nicht bis zum Weiler, sondern bereits kurz nach der Abzweigung würden wir links die Herberge finden. Er sollte Recht behalten und ziemlich müde erreichten wir unser Ziel.

Die Herberge war ein historisches Gebäude, wunderschön hergerichtet, in der typischen Steinbauweise der Region, umrahmt von einer alten Steinmauer und mit einem Türmchen. Sehr einladend! Im großen, mit Regalen und Raumteilern aufgelockerten Schlafsaal trafen wir zu meiner Freude Antoine aus Avignon wieder, der in Begleitung eines jungen Pilgers namens Thomas aus dem Nordosten Frankreichs unterwegs war. Außerdem war ein älteres deutsches Ehepaar, Uschi und Thomas, in der Herberge eingekehrt.

Im großen Garten genossen wir die Nachmittagssonne, als die Herbergsbesitzer kamen und zu einem gemeinsamen Aperitif luden. Christian und ich wurden besonders begrüßt, denn der Herbergsvater stellte sich als der wegweisende Motorradfahrer heraus. Die Atmosphäre in diesem Garten, in dem Pilger aus drei verschiedenen Ländern und mit einem Altersunterschied von mindestens 30 Jahren bei Rosé mit Pampelmusen-Sirup Erfahrungen austauschten, war sehr friedvoll und persönlich. Für mich gab es hier einen weiteren engelhaften Schicksalsmoment auf meinem Weg. Ich hatte seit einigen Tagen Schmerzen in den Fersen und regelrecht Brandblasen unter den Fersen, weil die Innensohlen meiner Schuhe durchgelaufen waren. Mir war bis zu diesem Zeitpunkt nicht klar gewesen, dass man diese Sohlen einfach austauschen konnte und so hatte ich weder Ersatzsohlen dabei, noch in den Städtchen der letzten Etappen nach diesen Ausschau gehalten. Die Herbergsmutter erzählte mir dann, dass ein Pilger vor einigen Tagen seine nagelneuen Ersatzsohlen vergessen habe, die sie schon entsorgen wollte, aber wenn es meine Größe sei, könne ich sie gerne haben. Es überraschte mich fast nicht, dass es genau meine Größe war und mein Problem somit gelöst.

Das Abendessen zauberte Christian für mich, Antoine und den jungen Thomas aus der kleinen Vorratskammer der

Herberge. Keiner von uns hatte Spaghetti mit Fertig-Sauce über, die es doch fast täglich gab. Uschi und Thomas machten ihr eigenes Essen, denn die Sprachbarriere machte es schwierig, alle zu vereinen. Der Deutsche Thomas beeindruckte mich. Er reparierte am Abend seinen Schuh mit Sekundenkleber, indem er einfach die Sohle vorne wieder anklebte. Er erzählte mir, dass er vor einigen Jahren einen Schlaganfall gehabt habe und seitdem links ein wenig hinke, was beim Wandern zur Folge hatte, dass er regelmäßig mit dem linken Schuh an Steine stieß, wodurch diese Stelle vorne am Schuh ständig abgenutzt und offen sei. Mit Sekundenkleber ließe sich das Problem aber täglich aufs Neue beheben. Es schien ihm nicht weiter erwähnenswert, dass er trotz eines Schlaganfalls mit offensichtlich längerfristigen Folgen hier auf dem Jakobsweg unterwegs war.

Tag 27:

MAS DE JANTILLE – VAYLATS (26 KM)

Unter Nonnen

Es war Christians letzter Tag. Er würde gegen Mittag von seiner Frau abgeholt werden, die den langen Weg aus Nordfrankreich auf sich nahm, um ihren Mann wieder nach hause zu bringen. Ich fand das wirklich süß. An diesem von der Sonne verwöhnten Tag trafen wir auf einen Schäfer, der seine Herde aus scheinbar hunderten von Schafen mit einem Hund vor sich her trieb. Ich träumte einen Moment lang davon, ein solches Leben zu führen. Den ganzen Tag draußen in der freien Natur, umgeben von Tieren. Christian meinte, der Mann würde sehr wahrscheinlich in der Gegend wohnen und die Herde nur von einer Weide auf die nächste treiben, bevor er wieder heimkehre. Beeindruckend war es auf jeden Fall, wie die unzähligen Tiere vor diesem einen Menschen mit seinem Hund herliefen.

Vor einer privaten Donativo-Gîte am Wegrand saß überraschend Patrick, der urtypischste aller Pilger mit Rauschebart, den ich in Le Puy beim Verre d'amitié so sehr ins Herz geschlossen hatte. Ich versuchte, mit ihm ein wenig zu plaudern, aber er schien sich überhaupt nicht mehr an mich zu erinnern. Dafür kam eine bemerkenswerte Pilgerin aus der Gîte. Eine ältere, sehr schmale Frau, die einen selbst gezimmerten Wagen mit ihrem Gepäck, unter anderem Zelt und Kochgeschirr, hinter sich herzog und von einem Dackel begleitet wurde, der auf dem Wagen seinen Hundekorb hatte, in den er sich zurückzog, wenn ihm der Weg zu lang wurde. Christian und ich konnten uns kaum vorstellen, wie diese schmächtige Frau diesen überladenen Wagen über die steinigen Feld- und Waldwege ziehen konnte. Sie bestätigte auch freimütig, dass sie öfters am Tag umpacken müsse, weil wieder etwas vom Wagen gefallen sei, dass sie manche Wege über Asphalt im Straßenverkehr gehen müsse, weil der Jakobsweg zu schwierig für ihr Gespann sei und dass sie generell nur sehr langsam vorwärts käme. Das sei aber die Art und Weise, wie sie ihren Weg gehen wolle.

In Limogne-en-Quercy spazierten wir über den großen, gut besuchten Sonntagsmarkt und besorgten unser Essen für die Mittagspause. Ich wurde mehrfach auf meinen Rucksack angesprochen und erzählte gerne von meiner Pilgerschaft. Der Käseverkäufer konnte sich ein „Inschalah" nicht verkneifen und ich fand das zwar nicht angebracht, aber köstlich.

Mein Pilgerbuch versprach einen weiteren Dolmen, diesmal sogar mit Namen, aber wir konnten ihn wieder nicht finden. Er sollte sich 100 m neben dem Weg befinden, aber kein einziges Hinweisschild deutete an, wo. In der Mittagspause wurden wir von Antoine und Thomas eingeholt, die sich kurz zu uns an den Wegrand setzen. Ich fragte, ob sie den Dolmen auch so beeindruckend gefunden hätten und beide waren kurz enttäuscht, dass jemand anderes den Dolmen gefunden hatte, den sie selbst auch erfolglos gesucht hatten, bevor sie die Ironie verstanden.

Im kleinen Dorf Bach wartete Christians Frau auf ihn. Ich fand es merkwürdig, diesen Menschen aus dem normalen Alltag meines Pilgerfreunds zu treffen. Ich hatte mit Christian einige Nächte in Schlafsälen, aber auch in Doppelzimmern verbracht und war mir nicht sicher, wie seine Frau auf mich reagieren würde. Die Freundschaft zwischen uns war intensiv und sehr persönlich geworden, vor allem in den Tagen, die wir zu zweit verbracht hatten. Zwar hatte Christian bis auf die ein oder andere Berührung, die mir manchmal zu intim erschienen war, nicht den kleinsten Hinweis auf Interesse an mehr als einer Pilgerfreundschaft gezeigt, aber das konnte seine Frau ja nicht wissen. Oder doch? Zumindest begrüßte sie mich offen und ohne Vorbehalte und hatte nicht das geringste Problem damit, dass Christian mich zum Abschied lange und fest in den Arm nahm und Tränen in den Augen hatte.

Ich hingegen hatte mich seit Tagen auf den Moment gefreut, in dem ich endlich wieder alleine unterwegs sein würde, obwohl mir natürlich der Abschied von Christian auch schwer fiel. Aber ich hatte unmittelbar das Gefühl von Befreiung, mein Kopf war wieder oben, der Blick in der Ferne, mein Schritt nur mein eigener Rhythmus. Ich nahm mir fest vor, jegliche Combo zukünftig zu vermeiden, auch wenn das bedeutete, wieder einsame und somit kürzere Pausen in Kauf nehmen zu müssen.

Für den Abend hatte ich im Monastère des Filles de Jésus, also im Kloster der Töchter Jesu, Übernachtung und Essen reserviert. Ich wurde von einer Schwester sehr herzlich begrüßt und zum Empfang begleitet, wo ich ausdrücklich um die Vorlage meines Pilgerausweises gebeten wurde. Mein kleines Zimmer unter dem Dach eines etwas heruntergekommenen Seitengebäudes teilte ich mit einer Australierin namens Wendy, ein Bett war noch frei. Nach der Dusche in der eher provisorischen Nasszelle, die ich mit allen Pilgern meines Stockwerks teilen musste, machte ich mich auf Erkundung des Klosteranwesens. Es bestand aus einem riesigen, wunderschönen Gebäude, fast wie ein Schloss, mit großem Innenhof und etwas verwildertem Garten und mehreren kleinen Seitengebäuden.

Zur 18 Uhr Messe in der Kapelle waren die Pilger eingeladen – und erwartet. Ich sah Antoine und Thomas wieder, das deutsche Ehepaar Uschi und Thomas waren auch eingetroffen, die Australierin Wendy erschien in Begleitung von Peter und ein paar weitere Pilger tauchten auf, die ich noch nicht kennengelernt hatte. Vor der Messe war ich bereits kurz in der Kapelle gewesen und hatte zum ersten Mal das Bedürfnis verspürt, mich einfach so auf einer Kirchenbank niederzulassen, um mich zu besinnen. Ich hatte in den letzten Tagen kaum eine Kirche besucht, nachdem ich mich doch gerade mit dem Gedanken angefreundet hatte, dass dies eben auch Teil des Weges war. Als ich die Kapelle verlassen hatte, war mir Antoine aufgefallen, der etwas gelangweilt hinter Thomas in einer Kirchenbank wartete, während Thomas vornüber gebeugt und fast in Trance in ein Gebet vertieft war. Antoine war mir äußerst sympathisch, er kam mir wie eine reine Seele vor, als ob er niemandem etwas zuleide tun könne. Bei Thomas hingegen hatte ich ein merkwürdiges Gefühl, als ob er etwas verbergen würde, ein dunkles Geheimnis im Gepäck hätte.

Die Messe weckte in mir wieder einmal keine großartigen Empfindungen, obwohl ich noch lange den Gesang und die Worte des Kirchenliedes im Ohr hatte, das den Weg zum Frieden besang, was für den Jakobsweg natürlich eine sehr passende Auswahl war. Obwohl sich an meiner Überzeugung als Agnostikerin nichts änderte, liess ich zu, das der Gottesdienst mich anregte, über die Erfahrungen auf dem Jakobsweg nachzudenken. So erinnerte ich mich auch an die Worte an einer Kirchenwand noch vor Le Puy, die übersetzt lauteten: „Du würdest mich nicht suchen, hättest Du mich nicht schon gefunden". Mir war noch immer nicht klar, was ich auf meinem Weg eigentlich suchte, aber ich spürte, dass ein unterbewusster Teil von mir die Antwort finden würde, bevor ich die Frage formulieren konnte.

Das Abendessen sollte zusammen mit den Töchtern Jesu eingenommen werden. Das Zusammensein fand in einem Raum statt, in dem zwei separate Tische aufgestellt waren, einer für die Nonnen und einer für die Pilger. Die Töchter Jesu erschienen mir eher wie die Großmütter Jesu, es waren ausschließlich alte Schwestern, größtenteils mit körperlichen Behinderungen oder Leiden. Das Kloster schien eine Art Altersheim für Nonnen zu sein, was auch erklärte, warum der Garten nicht mehr bestellt wurde und das Anwesen generell etwas heruntergekommen war. Eine der wenigen Nonnen unter 50 hatte allerdings ein Handy, das permanent auch während des Essens klingelte und die besinnliche Atmosphäre zerstörte. Neben mir saß eine mir noch unbekannte Pilgerin. Wir stellten uns gegenseitig vor und grinsten beide breit, als sich herausstellte, dass es sich um die Evelyn handelte, die mit der Pilgerschnecke Teo gepilgert war und die über Annette auch die Geschichte meiner Verfolgungsjagd kannte. Wir plauderten ein wenig über Teo und ich hatte einmal mehr das Gefühl, dass er ein ganz besonderer Mensch ist. Es kam mir wie eine vertane Chance in meinem Leben vor, dass ich ihn nicht gefunden hatte. Als Evelyn mir ein Foto von Teo zeigte, tat ich unbeteiligt, war aber in diesem Moment fast froh, ihm nicht begegnet zu sein, denn er sagte mir nicht nur als Philosoph sehr zu, sondern hätte mich auch als Mann gefährlich interessiert. Laut Evelyn war er aber weit hinter uns und sei sehr entspannt und langsam unterwegs, es war praktisch ausgeschlossen, dass ich ihm jemals über den Weg laufen würde, obwohl auch er bis Santiago gehen wollte[4].

Tag 28:

VAYLATS – CAHORS (27 KM)

Leben und leben lassen

Ich startete den Tag alleine. Der Weg ging anfangs durch den Wald, ich lauschte den Vögeln und meinem eigenen Schritt, konzentrierte mich auf meinen Atem und meine Gedanken. Es tat mir gut, alleine unterwegs zu sein. Gleichzeitig hoffte ich ein wenig, Antoine und Thomas nochmals zu treffen. Die beiden würden eine Variante nehmen, um Cahors zu umgehen, und so war es ziemlich wahrscheinlich, dass ich sie nach diesem Tag nicht mehr auf meinem Weg treffen würde.

Kurz nach meiner ersten Pause traf ich das ältere deutsche Paar Uschi und Thomas. Die beiden hatten nicht wirklich den gleichen Rhythmus und nachdem Uschi und ich über das Plaudern unseren eigenen Rhythmus gefunden hatten, liefen wir unabsichtlich Thomas einfach davon. Laut Uschi sei das aber in Ordnung, sie würde einfach rechtzeitig an einer Kreuzung oder einem Picknickplatz auf Thomas warten. Wie üblich verlor ich mit der Konzentration auf das Gespräch jeden Bezug zur Schönheit der Umgebung. Bis zu dem Moment, als ich im Gras direkt neben mir am Wegrand ein jämmerliches Fiepen hörten. Wir versuchten, mit unseren Walkingstöcken bewaffnet, zu erkennen, was dort im Gras vor sich ging und erkannten, dass wir soeben Zeugen der letzten Sekunden einer Maus geworden waren, die von einem Wiesel gefunden und getötet worden war. Ich hatte noch nie ein lebendes Wiesel in der freien Natur gesehen, und so schockiert ich von der Szene war, so begeistert war ich vom kurzen Anblick des kleinen pelzigen Raubtiers. Über das Gespräch und dieses Naturerlebnis hatten wir eine der rot-weißen Wegmarkierungen übersehen und stellten erschrocken fest, dass wir falsch gegangen waren. Das war mir schon lange nicht mehr passiert. Wir drehten um und mussten ein ganzes Stück zurückgehen, bevor wir wieder eine rot-weiße Markierung und somit den richtigen Weg finden konnten. Nun war allerdings nicht mehr klar, ob Thomas vor uns war und wir uns somit beeilen mussten, ihn einzuholen, oder ob er immer noch hinter uns war und es somit höchste Zeit war, auf ihn zu warten. Wir entschieden, dass es wahrscheinlicher war, dass er uns während unserer Extra-Tour überholt hatte. Wir gingen plaudernd weiter, bis uns einige Minuten später Thomas aufgebracht entgegenkam. Er hatte sich gewundert, wieso Uschi nirgendwo auf ihn wartete und hatte sich dann irgendwann überlegt, dass wir uns wohl verlaufen hätten, hatte sich Sorgen gemacht und war deshalb umgedreht. Ich verstand zwar, dass die Situation nicht schön für alle Beteiligten war, aber die Art und Weise wie Thomas sich aufregte, war für mich eine Bestätigung, dass ich meinen Weg lieber alleine ging, als mich wegen ein paar Schritten in die falsche Richtung rechtfertigen zu müssen.

So zog ich alleine Richtung Cahors weiter. Schon in der nächsten Pause traf ich aber den nächsten Pilger, der einfach zu sympathisch war, um ihn nicht anzusprechen. Ein großer sportlicher Mann mit einem ansteckenden Lächeln und warmen, strahlenden Augen. Es stellte sich heraus, dass Stéphane Evelyn kannte und bereits ein paar Tage mit ihr verbracht hatte. Ich war mir ziemlich sicher, dass Evelyn noch hinter mir war und so bastelte Stéphane mitten auf dem Weg eine Überraschung für sie: Er hinterließ ihr eine Aprikose mit einem kleinen Briefchen. Wir gingen in Sichtweite voneinander in Richtung Cahors weiter, mieden aber beide das unmittelbare Zusammensein.

Bei der Ankunft in Cahors wurde ich von einer älteren Dame in ein Häuschen am Weg gebeten. Freiwillige aus der Umgebung hatten in diesem Häuschen einen Infostand für die Pilger aufgebaut, verteilten Stadtpläne, zeichneten ein, wo die Herbergen zu finden waren und boten Erfrischungsgetränke an. Ich fühlte mich sehr willkommen in dieser Stadt, die immerhin die größte seit Le Puy-en-Velay war. Meine Herberge, die Gîte Le Relais des Jacobins mit ihrem unvergesslichen Herbergsleiter Serge bestätigte diesen Eindruck, obwohl ich mich anfangs schwer mit der Regel anfreunden konnte, dass man den Rucksack vor dem Eingang der Herberge in ein Schließfach sperren musste und nur das für den Abend Notwendige mit in die Herberge nehmen durfte. Mein Seidenschlafsack gehörte nicht dazu. Eine effektive und vernünftige Maßnahme gegen Bettwanzen, das sah ich wohl ein, und normalerweise wäre ich ja für ein frisch bezogenes Bett auch dankbar gewesen, aber in den letzten Tagen war mein Seidenschlafsack zur einzigen Konstante meines Pilgerlebens geworden und ich fühlte mich in ihm für ein paar Stunden jede Nacht „Zuhause".

Nach Dusche und Wäschewaschen machte ich mich auf, Cahors zu erkunden. Ich sah mich in der Kathedrale um und wanderte ziellos durch die Gässchen. Einer Art von Kunstausstellung war es wohl zu verdanken, dass viele ganz alltägliche Gegenstände, wie der Pfosten einer Straßenlaterne, ein Baum oder ein Geländer zwischen Bürgerstein und Straße mit gestrickten und farbigen Wollhüllen versehen waren. Ich trank in einer Bar alleine ein Bier und hoffte ein wenig darauf, meine vier Normannen noch einmal zu sehen. Ihr Alternativweg durch das Célé-Tal sollte am selben Tag in Cahors enden und es war ihre letzte Etappe vor der Rückreise in den Norden. Gleichzeitig genoss ich die Einsamkeit, denn es war wieder so ein Tag gewesen, an dem ich ständig und in jeder Pause jemanden getroffen hatte.

Schließlich kehrte ich zum Abendessen zurück in die Gîte. Diese hatte sich mittlerweile gut mit Pilgern gefüllt. Das deutsche Paar Uschi und Thomas waren eingetroffen, Evelyn und Stéphane, ein ganz junges französisches Pärchen Marion und Vincent und ein paar Einzelpilger, ein Pierre und Inès aus Norwegen. Der Urpilger Patrick würde im Garten auf einer Liege die Nacht verbringen. Evelyn war tatsächlich den vier Normannen[5] über den Weg gelaufen und grüßte mich ganz herzlich von ihnen. Zum ersten Mal auf meinem Weg wurde ich direkt darauf angesprochen, dass ich nicht in der Pilgermesse in der Kathedrale gewesen war. Ich hatte vor allem Stéphane, aber auch Uschi und Thomas gegenüber Mühe, meine Einstellung und die Tatsache, dass ich mich nicht als normalen Pilger betrachtete, verständlich zu machen.

Das Abendessen in großer Runde war vor allem durch die Präsenz von Herbergsleiter Serge ein prägendes Erlebnis auf meinem Weg. Hier war wieder ein Mensch, der nach seinem eigenen Jakobsweg sein Leben für den Jakobsweg und die Pilger vollkommen umgekrempelt hatte und nun liebevoll seine Gîte führte und unterhielt.

Nach dem Essen schlug Stéphane vor, auf ein Bier zurück in die Stadt zu gehen und zusammen mit Evelyn und sogar Patrick zogen wir los. Nachdem ich im Garten der Gîte darüber nachgedacht hatte, dass ich bisher auf meinem Weg meist besser mit wesentlich älteren Menschen zurechtgekommen war und mich oft mit Jüngeren ein wenig fehl am Platz und ausgeschlossen gefühlt hatte, war dieser gemeinsame Abschluss des Tages genau das Richtige, um diese Gedanken zu vertreiben. Sogar Patrick taute mir gegenüber endlich auf und es wurde ein sehr lustiger und philosophischer Abend.

Tag 29:

CAHORS – LASCABANES (25 KM)

Die Überlegung reift

Am Morgen nahm ich den längeren Weg um die Stadt herum, denn ich wollte die Quelle Fontaine des Chartreux sehen, die angeblich schon von den Kelten verehrt wurde. Aber von der Magie der damaligen Zeit war nicht viel übrig geblieben. Mehr Eindruck machte da die Entenmutter, die mit ihrer kleinen Bande direkt vor mir den Weg kreuzte, um zum Fluss zu kommen.

Natürlich ging ich auch über die Valentrébrücke, das Wahrzeichen der Stadt, und kreuzte dabei das junge Paar Marion und Vincent sowie die Australier Wendy und Peter. Unmittelbar nach Cahors stieg der Weg steil bergan. Ich hatte mich inzwischen an diese Art von Anstrengung gewöhnt und wusste, dass nach jedem Anstieg dieser Art in der Regel die Strapazen mit einer tollen Aussicht belohnt werden. So hatte ich nach kurzer Zeit des schweißtreibenden Aufstiegs vom Croix de Magne einen atemberaubenden Blick über Cahors im vormittäglichen Sonnenschein.

Ich wanderte den ganzen Tag bewusst alleine und traf auch keinen meiner Pilgerfreunde. In einer Pause setzte ich mich auf einer Erhöhung leicht abseits des Weges unter einen Baum und beobachtete die vorbeiziehenden Pilger. Ich hatte mir interessanterweise zufällig einen Hügel ausgesucht, um den der Jakobsweg einmal komplett herumging und so konnte ich jeden vorbeikommenden Pilger minutenlang beobachten. Die meisten wanderten mit hängendem Kopf, nicht einer der rund zehn vorbeilaufenden Menschen hatte mich gesehen, obwohl ich nur wenige Meter vom Weg entfernt saß. Viele schienen noch nicht einmal zu realisieren, dass der Weg sie in einer großen, 180 Grad-Kurve praktisch zurückführte. Ich nahm mir nochmals ganz fest vor, meinen Weg bewusster zu gehen und fröhlicher auf andere dabei zu wirken. Irgendwann zwischen dem Vortag und diesem Moment hatte ich den Grundstein für die Entscheidung gelegt, durchzugehen bis zum Kap Finisterre. Alles andere schien mir halbherzig und würde die Erfahrung, die großartige Chance, die ich hatte, zerstören. Das letzte Hinweisschild hatte bis Santiago 1'184 Kilometer angezeigt. Meine Überlegung war noch nicht ganz ausgereift, fühlte sich aber richtig an. Gleichzeitig machte sie mich anfällig für emotionalen Überdruck. Ich sah mich schon überwältigt und heulend auf dem Platz vor der Kathedrale in Santiago sitzen und alleine bei dem Gedanken daran kamen mir die Tränen.

Für die nächste Pause kehrte ich in einen kleinen Imbiss ein, wo aber niemand weit und breit zu sehen war, der mir etwas zu essen oder trinken hätte bringen wollen oder mich aufgefordert hätte, Geld in den Getränke-Automaten zu werfen. So entspannte ich einfach am Picknicktisch, als ein Golden Retriever auf mich zukam, sich vor mir auf den Boden warf, um Streicheleinheiten bettelte und mich aufforderte, mit ihm Ball zu spielen. Ich erinnerte mich gedankenverloren zurück an meine Kindheit, in der ich einen sehr ähnlichen Hund hatte.

Nach der letzten kurzen Pause kurz vor Lascabanes machte ich erneut meinen alten Fehler und schnürte meinen linken Schuh zu fest. Zwar korrigierte ich dies sofort, als die Schmerzen anfingen, aber sie begleiteten mich trotzdem bis zur Gîte. Ich hatte reserviert und würde mir ein Zimmer mit dem jungen Pärchen Marion und Vincent, meinem französischen Pilgerfreund Stéphane sowie einem neuen Australier namens Jeff teilen. Evelyn schlief im Zimmer nebenan und der Urpilger Patrick würde sich am Bach kurz vor dem Dorf eine Notbehausung bauen. Meine Ansichten über Patrick schwankten extrem. Einerseits fand ich es mutig und authentisch, dass er lieber draußen im Freien als in Herbergen übernachtete und höchstens die Sicherheit eines Gartens akzeptierte, wie in Cahors. Gleichzeitig ging es mir gewaltig gegen den Strich, dass er sich Dinge, die ich mit meinem schwer ersparten Geld bezahlen musste, mit einem Lied oder einem breiten Grinsen erbettelte, so wie das Abendessen in der Gîte. Letzten Endes musste ich zugeben, dass es sich wohl mehr um Neid und Ehrfurcht vor seiner Art, den Weg zu gehen, handelte.

Die Gîte in Lascabanes befand sich direkt neben der Kirche. Zu der Kirche gehörte ein Eremit, ein Priester der nichts anderes tat, als jeden Abend eine Pilgermesse abzuhalten. Obwohl ich meine Gottesdienstbesuche eher reduzieren wollte, gab ich dem Drängen von Stéphane nach und gab zu, dass es einfach auch der Respekt gebot, in einem so winzigen Dorf eine speziell für uns Pilger durchgeführte Messe zu besuchen. Die Messe selbst beeindruckte mich noch weniger als alle bisherigen. Der Priester schien vor Schüchternheit lieber im Erdboden versinken zu wollen, als vor diesem Dutzend Pilger zu predigen und es war mir fast peinlich, sein Unbehagen erleben zu müssen. Nach der Messe bat er uns Pilger jedoch, die Stühle in einem Halbkreis vor dem Altar aufzustellen. Jeder Pilger sollte einen Schuh und eine Socke ausziehen. Er bereitete einen Krug mit Wasser, eine Schüssel und Handtücher vor und begann, jedem einzelnen der anwesenden Pilger einen Fuß zu waschen. Das war eine absolut neue und einzigartige Erfahrung für mich, wahrscheinlich für die meisten Pilger, und die Atmosphäre in der kleinen Kirche war während dieser Zeremonie von tiefem Respekt und Hochachtung geprägt. Ich hatte schlauerweise den schmerzenden linken Fuß frei gemacht und die Schmerzen waren anschließend, unglaublich aber wahr, besser und am nächsten Morgen verschwunden. Ich war tief bewegt. Außerdem durften sich alle Pilger in ein Buch eintragen und der Priester las jeder neuen Gruppe die Pilger der letzten Woche vor. Ich lauschte gespannt, konnte aber Gino aus Neuchâtel unter den Namen nicht heraushören. Gleichzeitig fragte ich mich, wer wohl in der nächsten Woche meinen Namen wiedererkennen würde.

Das junge französische Pärchen Marion und Vincent hatte ein Problem. Die Gîte nahm nur Bargeld und sie hatten nicht genug Geld dabei, um für sie beide die Nacht zu zahlen. Die beiden waren mir nicht wirklich sympathisch. Abgesehen von der Tatsache, dass ich überhaupt nicht verstand, was die beiden als Paar verband, hielt ich Vincent für einen Besserwisser, was in seinem Alter noch irritierender wirkte, als bei Patrick. Trotzdem konnte ich nicht nein sagen, als die beiden mich um 30 Euro baten, die sie mir am nächsten Tag nach einem Ort mit Geldautomat zurückzahlen wollten. Ich zweifelte nicht wirklich an ihrem Willen, das Geld zurück zu geben, rechnete aber stark mit der Möglichkeit, dass wir uns einfach nicht mehr über den Weg laufen würde und das Geld somit verloren sei.

Nach einem großartigen Abendessen, wieder einmal in großer Runde und von der Herbergsleiterin zubereitet, saßen Evelyn, Stéphane und ich noch ein wenig vor der Gîte und diskutierten über Gott und die Welt, als Patrick vorbeikam und es mit seiner mir manchmal so widerstrebenden Art tatsächlich schaffte, aus der Küche der Gîte eine Flasche Wein spendiert zu bekommen, die er mit unserer kleinen Gruppe teilte. Der Alkohol reichte, um Patrick und mich zum Tangotanzen auf dem Kirchenvorplatz zu animieren. Es stellte sich heraus, dass Patrick erst 58 Jahre alt war, obwohl ich ihn locker ins Rentenalter geschätzt hätte. Stéphane hingegen war mit seinen 48 Jahren älter als ich gedacht hatte und bestätigte damit meine Beobachtung auf dem Weg, dass Menschen, die sportlich aktiv sind, weniger schnell altern als unsportliche.

Tag 30:

LASCABANES – LAUZERTE (24 KM)

Unterwegs mit einem Engel

Wegen des Rotweins und einer traumreichen Nacht, in der ich mit meiner Jugendliebe Walzer getanzt hatte, wurde ich den ganzen Vormittag nicht richtig wach. Ich ging im Halbschlaf, hatte das Bedürfnis, die Augen beim Laufen zu schließen und gähnte ununterbrochen. So etwas hatte ich bisher noch nie erlebt. Selbst die kleine Nachricht von Stéphane, die ich in meinem Schuh gefunden hatte und die mir „bon courage" für den Tag wünschte, half da nicht, obwohl ich mich sehr über die Aufmerksamkeit gefreut hatte.

Stéphane war mit Evelyn vor mir aufgebrochen, aber im nächsten Ort, Montcuq, holte ich die beiden in ihrer Kaffeepause ein. Auch Marion und Vincent liefen mir über den Weg und hielten direkt und unaufgefordert am Geldautomaten an, um mir das Geld zurückzugeben. Es fühlte sich gut an, geschenktes Vertrauen nicht zu bereuen. Ich zog zusammen mit Stéphane und Evelyn weiter, hatte aber kurz nach dem Ortsausgang das Gefühl, dass Evelyn sich absichtlich zurückzog und das angebliche Problem mit ihrem Schuh und der Blase nur vorgeschoben war, um Stéphane und mich alleine weiter vorangehen zu lassen. Ich blieb den ganzen Nachmittag mit Stéphane zusammen und entdeckte in diesem ruhigen Mann, der Vater von drei erwachsenen Kindern, leidenschaftlicher Bauer und engagierter Bürgermeister seines kleinen Ortes in der Normandie war, einen interessanten und inspirierenden Begleiter.

Immer wieder kreuzten wir Wendy und Peter, die Australier. Wendy beschwerte sich heftig über Peter, den sie nur vom Wanderverein daheim kannte. Sie war sich seiner gesundheitlichen Probleme nicht bewusst gewesen. Peter war mindestens 20 Jahre älter als Wendy, die ich um die 50 schätzte, von daher war es nicht verwunderlich, dass er langsamer und ruhiger gehen musste, aber Wendy verzweifelte fast an seiner Art, seine Medikamente gegen die Sehnenentzündung und gegen die Schmerzen zu vergessen und gleichzeitig enorm pedantisch zu werden, wenn es um die abendliche Vorbereitung des nächsten Tags ging. Andererseits sprach Wendy kein Wort Französisch und hatte keinerlei Unterlagen über den Weg, so dass eine Trennung ausgeschlossen war. Ich war wieder einmal froh, meinen Weg alleine und in Eigenregie gehen zu können.

Während unserer Mittagspause im Schatten eines großen Baumes unterhalb des Ortes Montlauzun gesellte sich ein Boxer-Hund zu uns. Man hätte meinen können, es sei unser Hund, so gelassen und selbstverständlich legte er sich vor uns und sabberte auf unsere Rucksäcke. Zum Ende unserer Pause stand er mit uns auf, ging dann aber seines eigenen Weges in die andere Richtung.

Stéphane und ich zogen durch ein schattiges und uriges Waldstück und Stéphane sang Jacques Brel für mich. Irgendwie erschien es unbeholfen, wie er aufgrund des schmalen Fußweges hinter mir hergehen musste und meinem Rucksack ein wunderschönes Liebeslied vortrug. Ich war mir aber auch nicht sicher, ob ich bereit war, mich dem Text über „Quand on n'a que l'amour…", „Wenn man nichts als die Liebe hat…" von Angesicht zu Angesicht zu stellen, mit allen möglichen Folgen, obwohl ich mir nicht vorstellen konnte, dass dieser traditionelle Familienmensch ein anderes Interesse als meine spirituelle Förderung haben könnte. Dieser Moment prägte sich als eine der romantischsten Erfahrungen meines Lebens in meine Erinnerung und ich verbrachte noch Tage und Wochen mit der Überlegung, was passiert wäre, wenn ich anders auf Stéphane reagiert hätte, als einfach lächelnd weiter vor ihm herzugehen.

Kurz vor unserem Etappenziel Lauzerte ging es einen steinigen und schlecht instand gehaltenen Weg sehr steil abwärts. Selbst Stéphane und ich, beide körperlich fit, hatten mit dem Rucksack beladen enorme Schwierigkeiten, das Gleichgewicht zu halten. Ich fragte mich, wie wohl jemand wie Peter, der ein wenig hinter uns war, einen solchen Weg schaffen könnte. Stéphane hatte diese Zweifel wohl auch, aber im Vergleich zu mir war es für ihn damit nicht getan. Am Ende des Abstiegs bat er mich, auf seinen Rucksack aufzupassen und machte sich ohne Rucksack daran, den steilen Weg eilig wieder hochzusteigen. Er wollte Peter abfangen und ihm wenigstens seinen Rucksack abnehmen, um den Abstieg zu erleichtern. Zusammen mit Wendy kamen die beiden Männer den Weg hinunter, Stéphane ziemlich abgekämpft und verschwitzt, Peter mit Tränen in den Augen vor Rührung. Als sie alle unten angekommen waren, bedankte sich Peter bei seinem Helfer und Wendy ergänzte, dass man ja immer wieder von Engeln auf dem Weg höre, aber dass sie jetzt das erste Mal einen solchen Engel persönlich erlebt habe. Mir hatte Stéphane mit diesem Einsatz sehr imponiert und ich war gerührt, mit einem Engel unterwegs sein zu dürfen.

Unsere Gîte lag unmittelbar vor dem Ort Lauzerte. Wir bekamen ein großes Zimmer mit sechs Einzelbetten, was wir mit Evelyn nur zu dritt belegten. Stéphane und ich richteten uns ein und warteten auf Evelyn, die wesentlich langsamer unterwegs war. Nachdem wir alle unsere Dusche genossen und die Waschmaschine der Herberge genutzt hatten, machten wir uns auf, das Dorf Lauzerte zu erkunden, was wiederum zu den „schönsten Dörfern Frankreichs" zählte. Ich hatte vom Pilgergarten gehört, einem botanischen Garten, in dem zwischen den Büschen und Bäumen Fotografien und Gedanken über den Jakobsweges ausgestellt waren. Richtig beeindruckt waren wir nicht davon, weder vom Garten noch von den Fotografien und die tiefgründig poetischen Gedanken verstand keiner von uns so richtig. Lediglich der letzte Satz aus dem letzten Gedicht am letzten Foto sprach mich an und ich behielt ihn mir in Erinnerung für das Ende meines Weges: „Me voici enfin de retour – étranger à moi-même – apaisé", „So bin ich endlich zurück – mir selbst fremd – besänftigt". Allerdings war es viel zu heiß, um mehr zu gehen, als unbedingt notwendig. Also beendeten wir unsere Dorferkundung bald auf dem Dorfplatz, wo sich ein paar nette Bars befanden. In einer saß Antoine aus Avignon alleine bei einem Bier und seinem Tagebuch, und ich setzte mich kurz zu ihm. Er war noch immer mit dem jungen Franzosen Thomas unterwegs, war nur alleine zum Apéritif gegangen, aber die beiden jungen Männer hatten ziemliche Probleme mit den Füßen, Thomas mit Blasen und Antoine seit Tagen, eigentlich schon seit Le Puy-en-Velay, mit der Achillessehne. Deshalb hatte ich sie auch einholen können, obwohl sie mit der Abkürzung vor Cahors wenigstens einen Tag Vorsprung haben sollten. Obwohl es mir natürlich leid tat, von ihren Problemen zu hören, freute ich mich, den beiden von nun an wohl wieder regelmäßiger über den Weg zu laufen, denn sie gehörten zu den wenigen Pilgern, die bis Santiago in einer Tour durchgehen wollten.

Zum Abendessen in der Gîte, vom Herbergsleiter angeboten, gingen nur Stéphane und ich, Evelyn kümmerte sich um ihr eigenes Essen. Ich fühlte mich in dieser großen Runde verloren, in der ich niemanden außer Stéphane kannte. Dank der interessanten Anekdoten des Herbergsleiters wurde aus dem Essen aber eine lustige Veranstaltung. Vor allem die Geschichte von dem Pilger, der als Verkörperung Jesu nur mit Lendenschurz bekleidet und mit einem schweren Holzkreuz auf den Schultern den Jakobsweg gegangen sein soll, schien geradezu fantastisch. Allerdings fand ich es unglaublich, dass ich nur in dieser Herberge von diesem Pilger hörte, denn eine solche Pilgerschaft hätte in aller Munde sein müssen.

Zum Ende des Abends ergab sich noch eine interessante Unterhaltung mit Evelyn, in der ich mit ihr übereinstimmte, dass es nicht darum gehen konnte, die Gedanken und Sorgen von daheim auf dem Weg täglich durchzuackern. Erstens gehörten sie nicht hierher, zweitens waren sie hier auch gar nicht mehr relevant. Viel gesünder und heilsamer sei es doch, einfach nicht nachzudenken. Genau in dem Moment passierte es uns beiden, dass ein Gedanke kam, einfach so, und der stand dann für sich, musste nicht weitergesponnen werden, hatte seine Wichtigkeit.

Tag 31:

LAUZERTE – MOISSAC (27.5 KM)

Jeden Tag genießen

Evelyn war sehr früh am Morgen aufgebrochen, lange vor mir, obwohl auch ich bereits vor acht Uhr auf dem Weg war, also etwas früher als normal. An einer kleinen Bar am Ende des Dorfes Durfort-Lacapelette hielt ich für einen Kaffee an und traf dabei den jungen Franzosen Thomas wieder, der ohne Antoine unterwegs war, ihn aber in Moissac treffen würde. Wir teilten uns einen Schokoriegel und plauderten ein wenig, aber es war offensichtlich, dass jeder für sich allein weitergehen wollte. Glücklicherweise hatte ich sowieso vor, die längere, aber naturbelassene Wegführung zu nehmen, während Thomas sich diese 1.5 Kilometer sparte und an der Asphaltstraße entlang lief. Ihn wie auf rohen Eiern loslaufen zu sehen mit seinen Füßen voller Blasen tat mir in der Seele weh.

Später holte ich Evelyn ein. Es war Evelyns letzter Tag auf dem Weg, sie würde zwei Nächte in Moissac bleiben und von dort zurück nach Hause reisen. An diesem letzten Tag wollte sie bewusst langsam gehen, alles in sich aufsaugen. Während ich sie mit meinem üblichen sportlichen Schritt überholte und schnell hinter mir ließ, war ich einen Moment fast neidisch, dass Evelyn ihren letzten Tag so genießen konnte. Das würde ich an meinem letzten Tag ebenso machen. Dann fiel mir aber glücklicherweise auf, wie schwachsinnig diese Vorstellung war, denn jeder Tag auf dem Weg war einmalig und verdiente die Ruhe der Wertschätzung. Entsprechend aufgeweckt ging ich von der Sonne begleitet weiter, an großflächigen, meist bereits abgeernteten Feldern vorbei und durch Sonnenblumenhaine. Nur selten war eine bereits gelbe Blüte zu sehen. Es waren hochsommerheiße Tage und meine Füße kochten förmlich in den Wanderschuhen.

In Moissac verlief ich mich hilflos und kam an allen möglichen Pilgerherbergen vorbei, bevor ich die Kirche und das Touristenbüro erreichte, von wo aus ich meine Herberge finden konnte. Auf dem großen Platz vor der Kirche traf ich Stéphane, der mit Patrick und zwei weiteren Franzosen bei einem Bier zusammensaß. Natürlich setzte ich mich auf ein Bier dazu. Das „Feierabend-Bier" nach Erreichen der Tagesetappe war mittlerweile zum fast täglichen Ritual geworden.

Zusammen mit Evelyn suchten wir anschließend die Gîte Centre d'accueil Ancient Carmel, die im früheren Karmeliterkloster eingerichtet war. Es ging noch recht steil einen Berg hinauf, bis wir unser Ziel endlich erreicht hatten. Die freiwilligen Helfer, Hospitaleros genannt, gaben uns ein Dreibett-Zimmer.

Ich hatte entschieden, den nächsten Tag für eine Ruhepause in Moissac zu nutzen. Seit Le Puy-en-Velay, also seit Tag 14, war ich ohne Unterbrechung jeden Tag unterwegs gewesen. Ich wachte nachts mit harten Waden und pochenden Füßen auf und musste zugeben, dass mein Körper diesen Tag Pause brauchte. Außerdem musste ich ein postlagerndes Päckchen abholen, in dem unter anderem die Fortsetzung meines Pilgerbuchs für den Küstenweg Spaniens sein würde. Ich freute mich auch darauf, einen entspannten Tag mit Evelyn zu verbringen. Somit wurde die Besichtigung des Städtchens auf den nächsten Tag verschoben. Evelyn und Stéphane nahmen an der Pilgermesse teil, die ich wieder schwänzte, danach trafen wir uns zum Abendessen auf dem Kirchplatz. Pünktlich zur Pizza trafen wir Patrick wieder und Stéphane lud ihn zum Essen ein, denn für Patricks Budget stand ein Restaurantbesuch außer Frage. Es war auch der Abend des EM-Spiels Deutschland-Italien und ich setzte durch, dass wir uns dieses Spiel gemeinsam ansahen. Dabei traf ich erneut den jungen Franzosen Thomas, der immer noch alleine war. Antoine hatte sich einfach abgesetzt, hatte sich per Anhalter eine Tagesetappe weiter mitnehmen lassen und Thomas telefonisch mitgeteilt, dass er nicht auf ihn warten würde. Thomas hatte das persönlich ziemlich getroffen und obwohl ich nachvollziehen konnte, dass Antoine[6] die Pilgergemeinschaft auflösen und alleine weitergehen wollte, konnte ich die Art und Weise schwer verstehen.

Tag 32:

MOISSAC

Muslime pilgern anders!

Stéphane[7] musste sehr früh am Morgen aufbrechen, um seine Rückreise in den Norden Frankreichs anzutreten. Leise traf er seine Vorbereitungen und weckte Evelyn und mich nur zum Abschied. Es war ein trauriger Moment, ich hatte seine Begleitung sehr geschätzt und ihn fast zu sehr ins Herz geschlossen.

Der Ruhetag in Moissac war vor allem für organisatorische Notwendigkeiten verplant. Ich holte mein postlagerndes Paket mit dem neuen Reiseführer und einer leichten Sommerjacke ab und schickte die bisherigen Unterlagen und meine warme Jacke zurück in die Schweiz. Dieses Mal war die Sendung etwas weniger spontan als in Espalion, so dass ich mir die Zeit nahm und meinem Mann ein Briefchen schrieb. Ich schickte regelmäßig Postkarten von unterwegs, aber ein Brief war doch persönlicher. Ich versuchte, meine Eindrücke und Erfahrungen ein wenig mitzuteilen, stellte aber fest, wie unmöglich mir das war. So kam mir die Idee, dass mein Mann mich bei meiner Ankunft in Santiago voraussichtlich Mitte August dort treffen könnte und wir gemeinsam die letzten 100 Kilometer zum Kap Finisterre zurücklegen könnten. Es würde ihm einen kleinen Einblick in das Pilgerleben geben, ohne dass er mit dem religiösen Teil des Weges konfrontiert wäre. Ich schrieb meine Idee in den Brief.

Auf dem Rückweg zur Herberge durch ein Wohnviertel von Moissac wurde ich von einem südländlich aussehenden Mann angesprochen, wahrscheinlich ein Algerier oder Tunesier. Ich versuchte, ihm zu erklären, dass ich auf der Durchreise und auf Pilgerschaft sei, dass ich zu denen gehöre, die mit ihren großen Rucksäcken zu Fuß ankommen und am nächsten Tag weiterziehen, dass auch ich am nächsten Tag weiterziehen würde. Er schaute mich nur verständnislos an und schien überhaupt keine Vorstellung zu haben, wovon ich sprach. Ich hingegen konnte nicht begreifen, wie man in diesem Städtchen wohnen konnte, das hauptsächlich aus der riesigen Kirche zu bestehen schien, die die Pilger wie Motten anzog, und nicht wissen konnte, was ein Pilger ist. Er fragte mich, wo ich denn schlief, ganz alleine unterwegs, und schien mir kein Wort zu glauben. Ich musste mir auf die Zunge beißen, um ihm nicht ein Klischee im Sinne von „Das ist, als ob ihr nach Mekka pilgert!" hinzuwerfen. Am Ende gab ich es auf und ließ ihn einfach stehen. Erst später, als ich diese Begegnung Evelyn erzählte, wurde uns klar, dass Muslime zwar mindestens einmal in ihrem Leben nach Mekka reisen und dort die Kaaba umrunden sollten, aber wie sie dorthin kommen, wohl eine untergeordnete Rolle spielt. Die Idee des wochenlangen Gehens vor dem Erreichen des religiösen Ortes, das diese Art von Pilgern ausmacht, dürfe Muslimen somit fremd sein.

Ich besuchte die Kirche und den Kreuzgang, gab viel zu viel Geld für Sommerkleidung, eine kurze Hose und ein leichtes Oberteil, aus, kaufte mir sogar ein neues Buch und versuchte, die Zeit totzuschlagen. Natürlich war ein Tag Pause sinnvoll und notwendig, aber da ich gewohnt war, jeden Tag aktiv zu sein, war der Nachmittag in dieser Kleinstadt, die außer einer großen Kirche nicht viel zu bieten hat, ziemlich langweilig.

Der junge Franzose Thomas war am Morgen aufgebrochen, wahrscheinlich schon in der Hoffnung, Antoine doch noch einzuholen. Der Urpilger Patrick hatte mich am Morgen um einen großen Gefallen gebeten. Er hatte kein Geld mehr und würde erst in zehn Tagen eine neue Überweisung seiner Frührente erhalten. Er bat mich, ihm bis dahin 50 Euro zu leihen, die er mir spätestens in Saint-Jean-Pied-de-Port zurückgeben würde. Zwar konnte ich nicht nein sagen, vertraute ihm aber so gar nicht und schrieb die 50 Euro schon schweren Herzens ab.

Für mich war dieser Betrag ein maximales Tagesbudget, Patrick wollte davon zehn Tage überleben, wie hätte ich bei dieser Proportion ablehnen können. Er brach unmittelbar danach auf. Evelyn verbrachte einen Großteil des Tages unabhängig von mir, da sie ihre eigenen organisatorischen Dinge regeln musste. Ich saß lange Zeit in der Sonne auf einer Bank direkt vor der Kirche. Ein idealer Platz, um vorbeiziehende Menschen und ankommende Pilger zu beobachten.

Ein junger Pilger kam um die Kirche herum mit einem strahlenden Lächeln auf mich zu. Ich lächelte vorsichtig zurück. Ich hatte sein Gesicht schon irgendwo gesehen, konnte ihn aber beim besten Willen nicht zuordnen. Er bemerkte meine Unsicherheit und stellte sich lachend vor: „Ich bin's, Leo, der mit Jacques und Annette unterwegs war!". Ich hatte ihn zwischen Le Puy und Conques nur einige Male gekreuzt und bisher nie wirklich mit ihm geplaudert. Von Annette hatte ich viel von ihm gehört. Sie war von diesem jungen Mann, der so reife Ideen und tiefgründige Gedanken habe, ganz angetan. Leo war ab Figeac die Variante über das Heiligtum Rocamadour gegangen, die einige Tage mehr Zeit in Anspruch nahm und so kam es, dass er wieder auf meinem Weg war, obwohl er wesentlich schneller unterwegs war als ich.

Zurück in der Herberge lernte ich Heini kennen, von dem ich auch schon von mehreren Seiten gehört hatte. Heini, ein karriereorientierter Deutschschweizer, war mit Burn-Out aus seinem Job ausgeschieden und schien nun zu glauben, die ganze Menschheit schulde ihm etwas. Sein Arzt hatte versucht, ihm die Pilgerreise als Heilungsmethode zu verschreiben, aber die entsprechende Schweizer Kasse war nicht bereit zu zahlen. So telefonierte Heini jeden Tag mit seinem Anwalt, gab seinem Sohn neueste Instruktionen und kannte auch mir gegenüber kein anderes Gesprächsthema. Er tat mir leid und ich war froh, über dieses Stadium hinaus zu sein und die Erfahrungen des Weges unbelastet von Gedanken an die Arbeit in mich aufnehmen zu können. Ich fragte mich, was Alfred wohl zu

Heini sagen würde. Alfred, mit dem ich bis Le Puy-en-Velay einige Abende in Gîtes verbracht hatte, hatte mir unterstellt, viel zu viele Gedanken an Zuhause mit mir herumzuschleppen. Seiner Meinung nach sollte man den Jakobsweg so unbelastet wie möglich gehen und möglichst alle Verbindungen an das normale Leben kappen. Ich spürte letztlich keine andere Verbindung nach Hause als die zu meinem Mann, und die wollte ich ganz sicher nicht unterbrechen.

Evelyn und ich mussten unser Zimmer wechseln und bekamen ein Zweibett-Zimmer. Obwohl ich mir am Morgen noch eingeredet hatte, dass ich manche Menschen mehr vermissen würde als Evelyn, wurde mir am Ende des Tages bewusst, dass mich Evelyns ruhige, ausgeglichene Persönlichkeit und der Gedankenaustausch mit ihr persönlich bereichert und auf meinem Weg wirklich weiter gebracht hatte, obwohl oder gerade weil sie mir in vielen Punkten sehr unähnlich, fast gegensätzlich war.

Doch wieder einmal freute ich mich vor allem auf den nächsten Tag und den Neuanfang. Ich hatte in der Herberge auch die beiden jungen französischen Pilger Eric und Florian wiedergetroffen und mich von Herzen über dieses Wiedersehen gefreut, obwohl wir ja nur den Abend in Livinhac-le-Haut wirklich gemeinsam verbracht hatten. Die beiden würden morgen auf meinem Weg sein und Leo ebenso und es würde mit den jungen Leuten bestimmt aufregend weitergehen.

Stéphane schrieb mir eine sms, dass er meine Intelligenz und meine Lebensfreude sehr geschätzt habe und dass ich „magnifique" sei. Diese Komplimente bauten mich auf und bestätigten mich darin, den Weg auf meine Art zu gehen. Gleichzeitig fragte ich mich noch einmal, ob dieser ganz besondere Mann vielleicht ein anderes Interesse als Pilgerfreundschaft an mir hatte?

Nach dem Abendessen blieb Evelyn in der Stadt. Es war ihr letzter Abend und sie wollte jeden Moment auskosten. Ich spürte, dass sie allein sein wollte und davon abgesehen wollte ich für meinen Aufbruch am nächsten Tag fit sein, so dass ich mich verabschiedete und in die Herberge ging. Unser neues Zimmer bot einen Blick über den Ort Moissac, wo im Kreuzgang der Kirche die Fête de la Voix, das Fest der Stimme, stattfand. Ich konnte bei weit geöffnetem Fenster, in meinen Seidenschlafsack gerollt, den Chören zuhören. Ein wunderschöner Ausklang einer Etappe, auf der ich viele wunderbare Menschen ziehen lassen musste und andere wiedertraf.

Tag 33:

MOISSAC – AUVILLAR (21.5 KM)

Vincents Gîte

S chweren Herzens verabschiedete ich mich am Morgen von Evelyn, die mir ein selbst geschriebenes Gedicht mit auf den Weg gab. Ich fühlte mich beim Verlassen der Herberge für einen Moment alleine auf der Welt, kreuzte aber noch in Moissac Leo und erinnerte mich, wer noch alles auf meiner Etappe unterwegs war. Ich machte mir bewusst, dass noch viele neue Bekanntschaften vor mir liegen würden. Für den Abend hatte ich mich locker mit den beiden jungen Franzosen Eric und Florian in der kommunalen Herberge von Auvillar verabredet.

An diesem Tag konnte man zwischen einer kürzeren, flacheren Variante entlang der Garonne und dem Originalverlauf des Jakobswegs entscheiden, dem ich folgen wollte. Er führte auf einer Hügelkette durch kleine Ortschaften und Pflaumenhaine und hatte einige recht steile Anstiege, dafür weite Ausblicke über die Garonne. Auf dem Originalweg waren wesentlich weniger Pilger unterwegs, ich traf lediglich einen französischen Vater mit seiner erwachsenen Tochter. Nachdem sich die Variante wieder mit dem Originalweg vereint hatte, ging es flach und schnurgerade an einem Seitenkanal der Garonne entlang. Ich war froh, den kleinen Umweg gemacht zu haben, denn ich hätte nicht den ganzen Tag so geradeaus und langweilig flach wandern wollen.

Unterwegs traf ich Anna, eine junge Spanierin, die in Basel lebte und zwar kein Deutsch, aber gut Französisch sprach. Plaudernd legten wir ein Stück gemeinsam zurück und trafen auf Leo, der ebenfalls in Begleitung eines jungen Pilgers namens Christophe unterwegs war. Zu viert standen wir kurz vor Espalais vor einem bunten, handgemalten Schild, das nach links zu einer Bar zeigte. Es war ein warmer, sonniger Tag und ich hatte Lust auf eine Erfrischung. Die anderen schlossen sich mir an. Ohne uns dessen bewusst zu sein betraten wir eine Donativo-Gîte, die von einem Schweizer namens Vincent betrieben wurde. Er begrüßte uns herzlich, bot uns selbst gemachten Sirup und Früchte aus seinem Garten an, verwies auf die Dose, in die man so viel hineinwerfen solle, wie man angemessen fand. Er bemerkte mein T-shirt, eines meiner wenigen T-shirts aus leicht trocknendem Sportmaterial, das mit der Werbung einer Laufveranstaltung in Lausanne bedruckt war. Er sprach mich auf Lausanne an und es stellte sich heraus, dass er einmal in Lausanne gelebt und gearbeitet hatte, erfolgreicher Personalleiter war, bis er die Erfahrung des Jakobswegs machte. Er hatte in Finisterre einige Wochen Denkpause eingelegt und anschließend sein Leben in der Schweiz aufgegeben, um auf dem Jakobsweg mit einer Gîte neu anzufangen. Ich nahm an diesem Ort, den er Soif de Vie, „Lebens-Durst" getauft hatte, eine große Harmonie wahr und ein spontanes und intensives Gefühl, den richtigen Platz gefunden zu haben, bleiben zu wollen. Vincent hatte ein altes Bauernhaus liebevoll, dabei aber sehr authentisch renoviert und eine warme, herzliche, geradezu familiäre Atmosphäre geschaffen. Es bestand die Möglichkeit, dort zu übernachten, und Leo und Christophe entschieden recht schnell, dieses Angebot anzunehmen. Ich haderte mit mir selbst, fühlte, dass ich etwas verpassen würde, wenn ich nicht bliebe, spürte aber gleichzeitig eine innere Warnung, dass ich vielleicht nie mehr weiterziehen würde, wenn ich einmal hier hängenblieb. Diese Theorie wurde durch eine junge Frau bestätigt, die seit über zwei Monaten in dieser Gîte lebte und ihren Donativo-Beitrag mit Gartenarbeit, Putzen und Kochen leistete. Ihre Freundin hatte Santiago vor ein paar Tagen alleine erreicht. Außerdem hatte ich mich den ganzen Tag auf die beiden jungen Franzosen Eric und Florian gefreut und entschied schweren Herzens, aufzubrechen. Anna zog mit mir weiter.

Den restlichen Weg von knapp zwei Kilometern bis Auvillar gingen wir schweigend, beide tief in Gedanken versunken und überwältigt von der inneren Ruhe und Harmonie, die wir aus Vincents Gîte mitgenommen hatten. Anna war es ganz ähnlich wie mir ergangen. Aus diesen Gedanken wurden wir in Auvillar gerissen, als Anna eine Gruppe französischer Pilger wiedertraf, Michel und Marie, die mit Maries Mutter Josette unterwegs waren. Sie erzählten, dass sie auf dem Weg zum Picknick mit „den beiden Jungs" seien, die danach weiterziehen wollten. Bei der Bezeichnung „die beiden Jungs" dachte ich spontan an Eric und Florian und sollte Recht behalten. Ich redete auf die beiden ein, dass ich gerade die tollste Gîte überhaupt hinter mir gelassen hatte, weil ich mit ihnen den Abend verbringen wollte und es sei ausgeschlossen, dass sie nun weiterziehen würden. Sie entschieden zu bleiben.

Über das Touristenbüro konnten wir uns in der Gîte anmelden und Anna und ich bezogen ein großes Zimmer, das wir für uns alleine hatten. Es war eine geräumige, helle, saubere und gut aufgeteilte Gîte mit großer, voll eingerichteter Küche. Die Gruppe hatte auch dort reserviert, außerdem kamen noch zwei neue französische Pilger, Christian und Dominique, dazu. Wir beschlossen, einkaufen zu gehen, um gemeinsam am Abend zu kochen. Es war vielversprechend!

Während meines Feierabend-Bieres auf dem Dorfplatz von Auvillar rief mein Mann an. Ich unterbreitete ihm meine Idee, gemeinsam von Santiago nach Finisterre zu wandern, nochmals telefonisch und er schien ganz angetan von der Vorstellung. Für mich war es wichtig, dass er wenigstens ein paar Tage lang die Erfahrungen mit mir teilen würde, die ich bereits seit fünf Wochen und noch einige Wochen lang täglich erleben durfte.

Die neun Pilger in der Gîte waren eine bunt gemischte Truppe und ich fühlte mich recht wohl. Es war natürlich weniger esoterisch und auf Selbstreflexion angelegt als bei Vincent, trotzdem gab es viel persönlichen Austausch. Vor allem

Christians Pilgergeschichte brachte mich zum Schmunzeln. Dieser unsportliche ältere Herr hatte von seinen Töchtern zum Einstieg in die Rente eine komplett durchorganisierte Pilgerschaft, mit täglichem Rucksacktransport, von Le Puy-en-Velay nach Conques geschenkt bekommen. Das Pilgern machte ihm Spaß, aber das Durchorganisierte passte ihm gar nicht. So war er froh, als er endlich in Conques angekommen war. Er hatte dort spontan entschieden, die Pilgerschaft in eigener Regie fortzusetzen. Seitdem riefen seine Töchter jeden Abend an, um zu fragen, wann er denn wieder heimkomme, aber Christian ging stoisch einfach immer weiter.

Dominiques Pilgergeschichte hingegen nahm mich mit. Dominique, ebenfalls ein Franzose mit schwer schätzbarem Alter wahrscheinlich irgendwo zwischen 50 und 60, hatte eine Form von Parkinson, seine Bewegungen waren langsam und stockend, seine Mimik fast eingefroren. Nur seine strahlenden blauen Augen zeugten von seinem wachen, hellen Geist und von einer unbezwingbaren inneren Lebensfreude. Es war ihm nicht mehr möglich, den Jakobsweg zu gehen und so war er auf einer Solex, einer Art Fahrrad mit Motor unterwegs. Das brachte ihn wesentlich mehr an seine körperlichen Grenzen als der normale Pilgerweg einen gesunden Pilger. Er wollte auf seiner Solex Santiago erreichen.

Das Spaghetti-Essen in großer Runde blieb mir als einer der entspanntesten Abende meines Weges in Erinnerung. Am Ende zitierte Dominique aus dem Kopf Gedichte und Texte französischer Dichter und Schriftsteller, die ich nicht kannte. Ich verstand auch bei weitem nicht alles, aber ich genoss es, mich von der besinnlichen Atmosphäre des Moments und Dominiques einfühlsamer Stimme tragen zu lassen.

Tag 34:

AUVILLAR – FERME DE BARRACHIN (26 KM)

Die italienische Begegnung

Am Morgen verabschiedete ich mich von sechs der acht Pilger, mit denen ich den Abend verbracht hatte. Lediglich mit den beiden jungen Franzosen Eric und Florian hatte ich mich wieder für den Abend in einer Gîte verabredet, für die Familiengruppe mit Michel, Marie und Josette und für die Spanierin Anna war es der letzte Tag, Christian[8] war wesentlich langsamer unterwegs und Dominique dank seiner Solex wesentlich schneller. Als mir dieser Abschied wieder einmal auf die Stimmung zu schlagen drohte, versuchte Marie mich mit den Worten zu trösten, dass Abschiede doch auch Teil des Weges seien, wie des Lebens auch. Trotzdem musste ich schlucken, als Dominique mich auf einer Landstraße überholte und mir zum Abschied hupte.

Das Wetter hatte umgeschlagen und ich startete im Regen. Nach der ersten Kaffeepause im kleinen Ort Saint-Antoine, in den ich mich (nicht nur in Erinnerung an Antoine aus Avignon) sofort verliebte, klarte es glücklicherweise ein wenig auf, blieb aber den ganzen Tag recht frisch. Gegen Mittag erreichte ich den Ort Flamarens, der in meinem Pilgerbuch wegen des Schlosses erwähnt wird. Das Schloss fand ich weniger interessant, vor allem, weil es Privatbesitz war und nicht zu besichtigen. Dafür befand sich unmittelbar vor dem Schloss die Ruine einer alten Kirche, die scheinbar neu aufgebaut oder zumindest begehbar gemacht werden sollte. Während ich in den Überresten herumstapfte und nach interessanten Fotomotiven Ausschau hielt, wurde ich von den jungen Pilgern Eric und Florian eingeholt. Ich erwähnte, dass man mich in dem Gemeindegebäude gegenüber, das provisorisch als Kirche von Flamarens diente, zum Sonntags-Gottesdienst eingeladen hatte. Ich hatte kein Interesse daran, aber die beiden Jungs schienen über das Angebot nachzudenken.

Ich zog weiter und machte kurz vor Miradoux bei einer verlassenen Hütte Mittagspause. Ich hatte mir mal wieder die restlichen Nudeln vom Vorabend sichern können, dazu Tomaten und Mozzarella gekauft, sodass ich mir in meiner Tupperdose einen großen Nudelsalat zubereiten konnte. Während meiner Pause wurde ich von Florian eingeholt, Eric war alleine zur Messe in Flamarens geblieben. Florian war auch so ein Pilger, der mit hängendem Kopf vor sich hin trottete. Er hätte mich nicht bemerkt, obwohl er keine fünf Meter an mir vorbeiging, wenn ich ihn nicht angesprochen hätte. Er war aber vermutlich zu schüchtern, um sich zu mir zu gesellen und zog alleine nach Miradoux weiter, wo er auf Eric warten wollte.

Dort holte ich ihn nach meiner Mittagspause ein und während ich mir die Kirche ansah, stieß auch Eric wieder zu uns. Von weitem sah ich einen jungen Pilger kommen und war mir relativ sicher, Christophe zu erkennen, der mit Leo in Vincents Gîte geblieben war. Ich hätte gerne mit ihm über die Erfahrung in Vincents Gîte gesprochen und winkte ihm freudig zu. Als er näherkam, stellte ich fest, dass ich den jungen Mann noch nie vorher gesehen hatte. Benjamin kam aus Deutschland und schien ganz froh, mal mit jemandem deutsch sprechen zu können. Er blieb aber nur kurz stehen und erzählte, dass er seit einem Monat unterwegs sei und 1'500 Kilometer hinter sich habe. Wie er diese Leistung schaffe, wisse er auch nicht, aber seine Motivation sei eine rein sportliche, er habe weder Interesse an Kirchen noch an Besinnung, fühle sich aber körperlich und kopfmäßig ausgezeichnet mit seinem Pensum. Das war ohne Einschränkung glaubwürdig, er strahlte förmlich.

Ich ließ Eric und Florian an der Kirche zurück und machte mich auf den Weg nach Castet-Arrouy. Als ich dort um eine Straßenecke zur Kirche kam, fragte mich eine Dame mit Handzeichen, ob sie ein Foto von mir machen dürfe. Das war mir noch nie passiert, aber ich posierte gerne als Pilgerin. Die Dame und ihr Mann stellten sich als Italiener heraus, die gar nicht weit vom Heimatort meines Mannes lebten. Dass mein Mann als Italiener mich hier alleine rumlaufen ließ, konnten sie sich kaum vorstellen. Ich wollte einen Blick in die Kirche werfen, aber die beiden wollten mir klarmachen, dass die Kirche geschlossen sei. Mich wunderte das, denn bisher waren fast alle Kirchen in Frankreich offen gewesen. So ließ sich auch das große Portal dieser Kirche ohne Probleme öffnen und die beiden Italiener waren ganz entzückt, doch noch in den Genuss einer Besichtigung zu kommen. Ich fühlte mich wie üblich etwas verloren in dem Gotteshaus, drehte eine kurze Runde, suchte ein Pilgerbuch, in dem ich mich gerne verewigt hätte, fand aber keins und war auf dem Weg nach draußen, als der Italiener mich zurückrief. Er war mit seiner Frau vor dem Altar niedergekniet und bat mich, mit ihnen das Padre Nostre, das Vaterunser zu beten. Obwohl ich ihnen noch vor der Kirche leichtfertig das Versprechen gegeben hatte, in Santiago für sie zu beten, musste ich nun zugeben, dass ich vom Beten überhaupt keine Ahnung hatte und auch kein Interesse daran. So schwächte ich mein Versprechen auf einen Gedanken ab, den ich ihnen in Santiago widmen würde, und verließ fluchtartig die Kirche. Obwohl ich ursprünglich in Castet-Arrouy einen Kaffee trinken wollte, hatte ich nunmehr nur das Bedürfnis, so schnell wie möglich weit weg zu kommen. Das falsche Versprechen und die damit verursachte Enttäuschung taten mir leid und es wäre zu oberflächlich zu behaupten, ich hätte meine Position nur aufgrund sprachlicher Schwierigkeiten nicht von vorne herein klar mitgeteilt.

Kurz vor meiner Herberge wurde ich nochmals von Leo eingeholt. Er sprach nur kurz über seine Nacht bei Vincent, es schien ihm gut gefallen zu haben. Ich sagte ihm zum wiederholten Male Tschüß für immer, da ich bei jedem Abschied davon ausgehen musste, ihn nie wieder zu sehen. Immerhin war er viel schneller als ich. Ich bog links vom Jakobsweg ab und hatte noch ein paar Minuten zu gehen, bevor ich vor dem

Bauernhof stand, wo ich reserviert hatte. Es war niemand zu
sehen und ich lief ein wenig planlos hin und her, bevor ich eine
Tür fand, an der ein kleines Schild „Gîte" angebracht war. Sie
war unverschlossen und ich richtete mich ein, hörte dann aber
Stimmen und fand endlich einen älteren Mann, der wohl der
Herbergsbesitzer war. Ich fühlte mich ein wenig rau von ihm
behandelt und war froh, dass Eric und Florian noch kommen
würden und ich nicht alleine in dieser herben Atmosphäre zu
Abend essen musste, denn das Essen hatte ich ebenfalls bei
den Herbergsbesitzern reserviert. Alles an der kleinen Gîte
war rustikal und einfach. Die Dusche war im Stall, die Toilette
über den Hof. Eric und Florian ließen auf sich warten und ich
befürchtete schon, dass es meine erste Nacht alleine seit Le
Puy werden würde, aber pünktlich zum Abendessen waren sie
da. Das Essen mit den Herbergsbesitzern war ebenso einfach
wie alles andere und wurde doch eine der authentischsten
Erfahrungen auf meinem Weg. Auf diesem Bauernhof wurden
seit drei Generationen Pilger beherbergt und das aus Tradition,
nicht um damit Geld zu verdienen. Die Erfahrungsberichte der
Herbergsbesitzer, wie sich das Pilgern und die Pilger im Laufe
der Jahrzehnte verändert hatten, waren hochinteressant.

Tag 35:

FERME DE BARRACHIN – LA ROMIEU (28.5 KM)

Auch für ein Bier muss man sich nicht alles antun

Ich war wieder einmal vor acht Uhr unterwegs und bereits zu dieser frühen Stunde strahlte die Sonne vom blauen Himmel, der nur vereinzelt mit weißen Wolkenflecken besprenkelt war.

Im ersten Ort, Lectoure, stach die enorme Kathedrale als sehenswerte Attraktion hervor. Ich hatte mir mittlerweile angewöhnt, in fast jede Kirche unterwegs wenigstens kurz einen Blick zu werfen. Wenn ich ein Pilgerbuch fand, trug ich mich meistens ein, als kurze Besinnung für mich selbst, aber auch um nachfolgenden Pilgern einen Gruß oder eine Motivation zu hinterlassen. Meistens waren die Besuche kurz und oft fühlte ich mich fehl am Platz in diesen Gotteshäusern. In der Kathedrale von Lectoure allerdings überkam mich Ruhe und Frieden und ich nahm mir Zeit. In einem der Seitenschiffe fand ich die Statue vom Heiligen Jakobus, eine der wenigen Heiligenfiguren, die ich mittlerweile spontan erkannte. Ich grüßte ihn wie einen alten Freund, zündete in Erinnerung an eine verstorbene Freundin eine Kerze vor ihm an und war von diesen Handlungen und den Gefühlen, die sie in mir auslösten, überwältigt.

Zu meinem emotionalen Zustand trug sicher auch die sms von Stéphane bei, die er mir am Morgen geschickt hatte. Er hatte einige Zeilen von dem Liebeslied, das er mir vorgesungen hatte, so zusammmen geschrieben, dass sie für meinen Weg eine ganz persönliche Bedeutung bekamen. Eine so berührende Liebeserklärung, die wie ich annahm rein platonisch gemeint war, hatte ich noch nie bekommen. Gleichzeitig hatte ich begonnen, mir etwas zu interessierte Blicke von meinem jungen Begleiter Florian einzubilden, der aber eindeutig zu schüchtern war, um jemals mehr daraus entstehen zu lassen. Vor allem aber vermisste ich meinen Mann.

Der Tag war heiß und der Weg schien kein Ende zu nehmen. Ich traf wenige Pilger und nur Menschen, die ich noch nie vorher gesehen hatte. Die letzten zwei Stunden bis La Romieu musste ich mich zusammenreißen, den Kopf nicht bis zum Boden hängen zu lassen oder mit den Füßen zu schlurfen. Dafür war die Silhouette dieser riesigen Kirche, das erste was man von La Romieu sah, ein Augenschmaus. Zwar war es vom ersten Anblick bis zum Erreichen des Ortes, der aus nicht viel mehr als der Kirche und dem Kirchplatz mit einer Bar zu bestehen schien, immer noch wesentlich weiter als es schien, aber irgendwann stand ich ziemlich abgekämpft vor meiner privaten Herberge im ehemaligen Konvent. Ich bekam ein Bett in einem großen Schlafsaal, der aussah wie ein Krankenhauszimmer und in dem bisher nur ein Deutscher namens Thomas untergebracht war. Diesen Thomas kannte ich noch nicht, hatte aber auch Schwierigkeiten mit ihm ins Gespräch zu kommen. So ging ich nach Dusche und Wäschewaschen alleine Richtung Dorfzentrum, um mir die Kathedrale anzusehen. Ein imposanter Komplex mit Kreuzgang und verschiedenen Türmchen, die man ersteigen konnte. Ich traf den französischen Vater mit Tochter wieder, der mir hilfsbereit anbot, mit meiner Kamera Fotos von mir zu machen. Ein sehr zuvorkommender und kultivierter Herr scheinbar, die Tochter zwar freundlich, aber sehr zurückhaltend.

La Romieu als Örtchen gefiel mir schon alleine wegen seiner Legende gut, denn es war die Stadt der Katzen. Diese hatten laut der Legende die Stadt einmal vor einer Rattenplage gerettet und wurden seitdem regelrecht verehrt. Überall fand ich kleinere oder größere Statuen oder Bilder von Katzen in jeglicher Art und Form.

Ich begann mir Sorgen um die Jungs zu machen. Oder eher Sorgen darum, dass diese es nicht bis La Romieu schaffen würden oder die Abzweigung nach rechts nichts gesehen hatten und auf der Abkürzung nach Condom geblieben waren, die sie nicht durch La Romieu führen würde. Ich entschied, mir mein Abendessen im Supermarkt zu besorgen. Bei meinem anschließenden Bier vor der Kathedrale trafen die beiden Jungs aber doch noch ein und gesellten sich zu mir. Auch der französische Vater mit Tochter fand sich an unserem Tisch ein. Er begann eine ausschweifende Diskussion mit sich selbst, in der er unter anderem von seinem Leben als Chef erzählte und unterstellte, dass jeder Chef immer nur auf das Wohl seiner Angestellten bedacht sei, denn diese würden ja immerhin für ihn arbeiten. Ich konnte diesen Vortrag von Allgemeinplätzen nach meiner letzten Berufserfahrung schlecht ertragen. Als er kurz darauf mit Politik anfing und tatsächlich Aussagen wie: „Jeder muss in seinem Land bleiben und dort Verantwortung übernehmen!" in die Runde warf, entschied ich zu gehen. Eric, dessen Freundin Vietnamesin war und deren Eltern im Vietnam politisch und religiös verfolgt worden waren, versuchte eine Diskussion mit dem französischen Vater, aber mir schienen die Menschen dieser alten Garde unverbesserlich. Ich ging in die Bar, um mein Bier zu bezahlen und erfuhr dann, dass ausgerechnet der großspurige Franzose die Runde bezahlt hatte. Kurz dachte ich aus Höflichkeit daran, an den Tisch zurückzukehren und für eine weitere Runde zu bleiben, aber dann war mein Selbstschutz doch stärker. Bestimmt ging ich zum Tisch zurück, bedankte mich knapp mit: „Das war nicht nötig" bei dem französischen Vater und verabschiedete mich.

Bald darauf kamen meine Jungs in die Herberge nach. Sie hatten sich nicht getraut, die Diskussion wie ich einfach zu verlassen, fanden aber die Art des Franzosen genauso unerträglich. Gemeinsam kochten wir die von mir gekauften Spaghetti mit Tomatensauce und verbrachten in der kleinen Küche der Herberge einen lustigen Abend mit Magnesium-Cocktails und Schokolade zum Nachtisch.

Tag 36:

LA ROMIEU – MONTRÉAL-DU-GERS (31 KM)

Symbolische Halbzeit

Wieder sehr früh und wieder im strahlenden Sonnenschein zog ich morgens los. Ich war beim Frühstück noch dem Vater mit seiner Tochter über den Weg gelaufen, die auch im ehemaligen Konvent in einem Doppelzimmer übernachtet hatten und hatte ihnen nur kurz zunicken müssen, bevor ich aufgebrochen war.

Die kleine Gänsefamilie mit fünf kleinen gelben Gänsekindern, die mitten auf dem Weg saß, reichte schon aus, um mir für den Tag das Herz aufgehen zu lassen. Kurz darauf kam ich an der Kapelle Sainte-Germaine vorbei und hatte das Bedürfnis, Stéphanes Gedicht vom Vortag dort zu hinterlassen. Er würde seinen Weg eines Tages weitergehen, vielleicht diese Nachricht finden und sich an unsere Verbundenheit erinnern.

Im ersten größeren Ort, Condom, machte ich eine Kaffeepause und lief Peter, dem Australier, über den Weg. Er und Wendy gingen mittlerweile getrennte Wege, Wendy ging mit den von ihm abgeschriebenen Informationen voraus, er folgte soweit er es schaffte und nahm dann einen Bus oder ein Taxi: Sie trafen sich alle zwei bis drei Tage an verabredeten Orten. Peter würde vorerst bis Saint-Jean-Pied-de-Port gehen, dort zwei Wochen Hospitalero-Dienst im Pilgerbüro machen und dann seine Reise auf dem Camino Francés fortsetzen. Er war schon mehrfach in seinem Leben auf verschiedenen Jakobswegen unterwegs gewesen, aber er wirkte auf mich, als ob er es nicht mehr weit schaffen würde. Er schien körperlich ziemlich mitgenommen und war auch, als wir uns trafen, gerade auf dem Weg zum Busbahnhof, da er sein Limit schon vor Mittag erreicht hatte.

Am Ende meiner Pause hatten die beiden Jungs mich eingeholt. Ich hatte ein wenig das Gefühl, die beiden würden mir hinterherlaufen, es bewusst darauf anlegen, dass wir uns ständig begegneten. Ich hatte an den Abenden mit ihnen viel Spaß, genoss den Austausch mit ihnen und fand sie nicht nur für ihr Alter, sondern überhaupt sehr reife und interessante Persönlichkeiten. Meine Unabhängigkeit und Einsamkeit den Tag hindurch wollte ich aber nicht aufgeben. Zusammen schauten wir uns die Kathedrale von Condom an und machten lustige Touristenbilder mit der Figurengruppe von D'Artagnan und den drei Musketieren. Florian sah in seinem weißen, halb offenen Hemd tatsächlich wie einer der Musketiere aus und wurde einer von ihnen, als er tapfer mit seinem Walkingstock in die Runde der vereinten Schwerter trat. In der Kirche wurde aber deutlich, dass mich viel von meinen beiden Pilgerfreunden unterschied. Florian bekreuzigte sich beim Eintreten und Eric ging dabei sogar leicht in die Knie. Vor allem Eric ließ sich auch regelmäßig zum Beten in einer der Kirchenbänke nieder. Das war mir alles zu viel und ich verabschiedete mich recht schnell, um meinen Weg alleine fortzusetzen. Wir hatten uns für den Abend wieder locker in einer Herberge verabredet.

Alleine erreichte ich die Brücke Pont d'Artigues, einen symbolischen Punkt auf meinem Weg. Laut Legende waren es von dort noch genau 1'000 Kilometer bis Santiago. Da ich schon lange entschieden hatte, den Küstenweg und nicht den offiziellen Camino Francés durch das Landesinnere zu gehen, würden es für mich ein paar Kilometer mehr sein. Trotzdem schien ich die Hälfte meines Weges geschafft zu haben.

Mein Weg ging weiter durch scheinbar unendliche Sonnenblumenfelder. Ich dachte an Evelyn, und wie sehr sie von den Sonnenblumen geschwärmt hatte. Sie musste dann aber zwei Tage zu früh von Moissac abreisen, bevor alle Blüten gleichzeitig über Nacht entschieden hatten, sich zu öffnen. Die Sonnenblumen weckten in mir, trotz der intensiven Lebensfreude, die sie ausstrahlen, regelmäßig melancholische

Erinnerungen an eine Freundin, die sich das Leben genommen hatte. So war ich emotional wieder einmal ziemlich gefordert, als ich die Hälfte des Tages im schönsten Sonnenschein durch diese gelben Felder wanderte.

Zum ersten Mal in meinem Leben war ich mit einer solchen inneren Ruhe und natürlichen Verbundenheit mit meiner Umwelt unterwegs, dass ich sogar das Rauschen der Weizenähren wahrnahm.

In Montréal-du-Gers, meinem Etappenziel, hatte ich in einer laut Pilgerbuch ganz neu eröffneten privaten Gîte reserviert. Ich war freudig überrascht, als Besitzerin eine Deutsche namens Anita anzutreffen und als Hospitalera eine junge Deutschschweizerin namens Rahel. Anita gehörte auch zu den Menschen, die ihr Leben nach dem Jakobsweg umgekrempelt hatten. Sie war mit ihrer Gîte in der ersten Saison. Eric und Florian trafen pünktlich zum von Anita angebotenen Abendessen ein. Es herrschte eine lockere, familiäre Atmosphäre in dieser Gîte, die wir soweit nur mit Colette teilten. Colette machte ihren Jakobsweg auf eine ganz besondere Art: Sie wanderte, ihr Mann fuhr mit Wohnmobil und Hund entweder vor oder hinter ihr und alle paar Tage trafen sie sich für eine Nacht auf Campingplätzen, dazwischen lebte Colette das normale Pilgerleben in Herbergen. Ich fand das eine geniale Idee, um das Pilgern mit einem nicht pilgernden Mann zu verbinden.

Nach dem Essen zogen Florian, Eric und ich noch auf ein Bier im Dorf los. Es war ein lauer Sommerabend, wir saßen auf der Terrasse eines Restaurants und erzählten. Ich gab zu, das Pilgerlied Ultreia noch immer nicht gelernt zu haben und die beiden Jungs sangen es mir mehrfach vor. Für die anderen Gäste auf der Terrasse war das bestimmt ein lustiger Anblick, wie die beiden jungen Männer mir immer und immer wieder dasselbe Ständchen hielten. Am Ende glaubte ich immerhin, zumindest den Refrain im Kopf zu haben. Relativ spät am Abend sahen wir einen Pilger an uns vorbeiziehen, der noch mit seinem

Rucksack beladen war und offensichtlich durch die Nacht wandern wollte. Es war eine klare und warme Vollmondnacht, und obwohl ich ihn ein wenig um diese Erfahrung beneidete, traute ich mir weder die Kraft noch den Mut zu, nachts einfach weiterzugehen.

Rahel hatte uns zugesichert, aufzubleiben und uns zu öffnen, auch wenn wir nach den regulären Öffnungszeiten der Gîte zurückkämen, aber wir wollten es nicht übertreiben. Als wir kurz nach 23 Uhr unseren Schlafsaal betraten, mussten wir uns allerdings keine Sorgen machen, Colette zu wecken. Ein weiterer Pilger war im Bett über mir einquartiert und schnarchte so erbarmungslos, dass an Schlafen für alle anderen nicht zu denken war. Mitten in der Nacht stand er auf, öffnete weit das kleine Fenster des muffigen Raums und gab anschließend keinen Ton mehr von sich.

Tag 37:

MONTRÉAL-DU-GERS – SAUBOIRES (26.5 KM)

Wettkampf-Pilgern

Der schnarchende Pilger stellte sich als derselbe Pilger heraus, den Florian, Eric und ich am späten Abend durch Montréal-du-Gers hatten laufen sehen. Anita hatte ihn abgefangen und ihm davon abgeraten, in der Nacht weiterzulaufen und ihn – wie ich annahm, kostenlos – zu sich eingeladen. Werner war aus Deutschland und ein ähnliches Pilger-Unikum wie Patrick, der Urpilger. Er war mit Zelt und Kochgeschirr unterwegs und versuchte, seine Ausgaben gegen Null zu halten.

Für den Abend hatte ich für Florian, Eric und mich in einer Kommunalen Gîte etwas abseits des Weges reserviert. Wir entschieden, den Tag über zusammen zu pilgern, vordergründig damit wir für das Abendessen gemeinsam einkaufen gehen konnten. Ich hatte aber das Gefühl, dass die Jungs, obwohl schon zu zweit, Begleitung suchten. Irgendwie freute ich mich auch, mal wieder einen Tag mit Gesprächen zu verbringen.

Wir kamen an abgeernteten Getreidefeldern vorbei, gingen an einer ehemaligen Bahntrasse entlang, an Weinbergen und Höfen. Wir liefen und liefen. Ich hatte an meinen Tagen in Eigenregie regelmäßig alle maximal acht Kilometer eine Pause, wenn auch meist nur kurz, eingelegt. Die Schuhe ausziehen, die Muskeln dehnen, vielleicht einen Müsliriegel essen, eventuell einen kurzen Eintrag in mein Tagebuch, und weiter. Aber die jungen Franzosen schienen keine Pause zu benötigen und ich wollte nicht die lahme Ente sein, nachdem ich mit meinen 37 Tagen Pilgererfahrung ja immerhin so etwas wie die Gruppenanführerin war. Bis Eauze waren es rund 16 Kilometer und irgendwann sah es so aus, als würden meine Begleiter bis dahin durchhalten. Ich aber sicher nicht und auf einer alten Eisenbahnbrücke nicht weit vor Eauze warf ich meinen Rucksack ab und verkündete, dass ich eine Pause benötige, aber durchaus verstünde, wenn sie weiterlaufen wollten. Zu meiner Überraschungen warfen die beiden genauso erleichtert ihre Rucksäcke auf den Boden. Sie hätten schon seit Kilometern darauf gehofft, dass ich endlich Pause machen wolle, konnten sich aber als starke Kerle nicht die Blöße geben, die Pause vor ihrer weiblichen Begleiterin zu brauchen. Wir lachten herzhaft über uns selbst und packten unsere Pausenverpflegung aus.

Nur wenig später erreichten wir den Ort Eauze, der uns mit einem Gewerbegebiet begrüßte. Die Jungs stürmten den Supermarkt, während ich auf die Rucksäcke aufpasste. Eric hatte verkündet, er habe genug von Spaghetti mit Tomatensauce und würde Ratatouille machen. Gleichzeitig kauften die Jungs für das Mittagessen ein Picknick, das wir gemeinsam unter einem Vordach der Kirche in Eauze verspeisten, unter dem wir vor dem einsetzenden Regen geschützt waren. Das waren für mich schon fast zu viele Pausen am Stück. Die Einkaufspause hätte ich kürzer gehalten und die Mittagspause schien mir übertrieben. Es drängte mich weiterzugehen.

Als sich die Sonne erneut blicken ließ, überholte uns Werner. Die beiden Franzosen wirkten auf mich einige Male ziemlich verklemmt oder total verängstigt. So erzählte ich beispielsweise von FKK-Urlauben, die ich mit meinem Mann in Frankreich gemacht hatte, woraufhin die beiden mich entgeistert ansahen. Eric hielt immerhin mit dem ein oder anderen anzüglichen Witz mit, Florian aber hielt sich ziemlich zurück, selbst wenn Eric nicht dabei war.

Unsere Gîte in Sauboires lag fast einen Kilometer vom Jakobsweg entfernt. Wir durften den großen Aufenthaltsraum und den für rund zehn Personen ausgerichteten Schlafsaal zu dritt belegen. Einzig die sanitären Anlagen waren zu klein geraten, zwei Toiletten, zwei Waschbecken und zwei Duschen waren in einem kleinen Raum ohne weitere Abtrennung. Eric musste unbedingt Wäsche waschen, ich wollte gerne duschen. Es war theoretisch möglich, dass der, der am Waschbecken steht, in die Dusche spannte oder der Duschende sich nackt zeigte, allerdings war das auch durchaus zu vermeiden, wenn beide Beteiligten dies eben nicht wollten. Insofern fand ich nichts dabei, meine Dusche parallel zu Erics Wäsche zu nehmen. Aber als Eric aus dem Raum rannte und ich sein panisches Lachen aus dem Aufenthaltsraum hörte, wurde mir klar, dass ich wohl seine Pietätsgrenze überschritten hatte. Ich trat den Raum also an ihn und seine Wäsche ab und duschte erst im Anschluss.

Die Zubereitung des Ratatouille fand unter Erics strenger Aufsicht statt, der sich großartig gespielt darüber aufregen konnte, dass es kein Olivenöl in der Gîte gab. Bald nach dem Essen entschied ich, mich in den Schlafsaal zurückzuziehen, während die Jungs noch lange wachblieben. Der Tag zusammen mit den anderen hatte mich ermüdet. Körperlich, da die Jungen doch ein anderes Tempo vorlegten, aber auch im Kopf, die Konzentration auf Gespräche, das Sich-Anpassen und Kompromisse eingehen. So richtig konnte ich meine schlechte Laune nicht einordnen, denn gleichzeitig genoss ich den Austausch mit den beiden. Ich hätte gerne in den nächsten Tagen mal wieder eine Gîte wie in Auvillar gefunden, wo man sich mit anderen Pilgern austauschen konnte, aber dieses Stück der Via Podiensis schien ziemlich verlassen. Außer Werner hatten wir den ganzen Tag keine anderen Pilger getroffen.

In der Nacht hatte ich eine Art Panikattacke. Ich wachte mit pochendem Herzen und zittrigen Gliedern auf und fühlte plötzlich Angst vor dem Moment, in Santiago anzukommen. Ich musste aufstehen und an die frische Luft gehen und beruhigte mich nur langsam wieder.

Tag 38:

SAUBOIRES – FERME DUBARRY (29 KM)

Vorlaufen und Einholen lassen

Eric meinte beim Frühstück scherzhaft, dass das zusammen Gehen an diesem Tag wohl sicher besser harmonieren würde, wo ja jetzt jeder sein Recht auf Pause anmelden würde. Florian hingegen schien etwas sensibler zu spüren, dass ich alleine aufbrechen wollte. Er schien bewusst langsamer in seinen Vorbereitungen zu werden, schickte mich sogar ausdrücklich vor, da er sicher noch eine Weile mit Rucksack-Packen beschäftigt sei.

Der Tag war grau, regnerisch und kühl, die Wege voll Pfützen, teilweise überschwemmt und aufgeweicht. Sogar die Sonnenblumen ließen ihre gelben Köpfe hängen. Doch auch an diesem Tag brauchte es nur eine kleine Entenfamilie am Wegrand, um meine Stimmung merklich zu heben.

In die kleine, im Wald versteckte Kirche Sainte-Christine ging ich hauptsächlich, weil mein Pilgerbuch mir dort ein Pilgerbuch zum Eintragen versprach. Ich fühlte mich von der Atmosphäre in diesem verlassenen, friedvollen Gotteshaus ganz gefangen und warm willkommen. Begeistert war ich, als ich im Kirchenpilgerbuch einen Eintrag von Antoine fand, der in der Kirche vor zwei Tagen übernachtet hatte und offensichtlich eine Begleiterin namens Zoé gefunden hatte. Während ich vor der Kirche eine kurze Pause machte, kam Colette aus der Herberge in Montréal-sur-Gers den Weg entlang. Wir grüßten uns kurz, bevor Colette die Kirche betrat und in der Kirche mit einer klaren, hellen Stimme zu singen begann. Es schien so natürlich und passend und war für mich doch gleichzeitig so fremd. Ich brach auf, bevor Colette mir anmerken konnte, wie aufgewühlt ich wegen ihres einfachen Liedes war.

In Nogaro war es Zeit für eine Pause. Hinter der Kirche fand ich einen halbwegs trockenen Platz, wo ich mein Sandwich essen konnte. Am Ende meiner Pause hatten die beiden Jungs mich eingeholt und ließen sich bei mir nieder. Es war interessant, sich über den bisherigen Tagesablauf auszutauschen, denn die beiden hatten den matschigen Feldweg gemieden und waren auf der Asphaltstraße geblieben. So hatten sie zwar trockenere und sauberere Schuhe, hatten aber die kleine Kirche verpasst, die mich so berührte hatte.

Ich wanderte alleine weiter und wie zur Bestätigung, dass dies die für mich richtige Art und Weise war, den Jakobsweg zu gehen, lief mir auf einem Pfad zwischen Wald und Feldern mein zweites Reh über den Weg. Wieder war ich in Regenkleidung gehüllt und hatte den Fotoapparat, um ihn vor dem Regen zu schützen, sicher verpackt, so dass ich auch diese Begegnung nicht in einem Schnappschuss festhalten konnte. An der Gîte Labarbe, in der Colette an diesem Abend unterkommen würde, wartete eine Schmusekatze auf meine Streicheleinheiten. Aber ich hatte für mich und die beiden jungen Männer in einer Gîte noch rund sechs Kilometer weiter reserviert.

Einerseits fühlte ich mich meinem nächsten großen Etappenziel Saint-Jean-Pied-de-Port so nah, dass ich es so schnell wie möglich und auf jeden Fall vor dem 14. Juli erreichen wollte, um vor dem großen französischen Nationalfeiertag Frankreich verlassen zu haben. Andererseits taten mir einfach nach 26 bis 27 Kilometern die Füße so weh, dass ich nichts mehr genießen konnte.

Kurz vor unserer Gîte lief ich an Werner vorbei, der alle seine Habseligkeiten auf dem Weg ausgebreitet hatte. Er war am Morgen in seinem Zelt ordentlich nass geworden und versuchte, die wenigen Sonnenstrahlen des Tages zu nutzen, um seine Sachen zu trocknen.

Nach fast 30 Kilometern an diesem Tag war ich froh, endlich den Bauernhof erreicht zu haben, dem unsere Gîte angeschlossen war. Der Empfang durch den jungen, dynamischen Herbergsbesitzer war herzlicher und professioneller als in der Ferme du Barrachin und die Gîte war wesentlich heller, moderner und komfortabler. Nach meiner heißen, langen Dusche trafen auch meine Begleiter ein. Nach einem Tag Trennung war es richtig nett, sich abends wiederzutreffen und den Tag, der sich draußen mit einem bunten Regenbogen verabschiedete, bei einer großen Portion Spaghetti mit Tomatensauce Revue passieren zu lassen. Die Gîte für 12 Pilger hatten wir ganz für uns alleine.

Tag 39:

FERME DUBARRY – MIRAMONT-SENSACQ (32.5 KM)

Erics Entscheidung

A m Morgen zog ich wieder alleine los. Nach einer Teilstrecke auf einer alten, nicht mehr genutzten Bahntrasse erreichte ich eine liebevoll hergerichtete, private Pilgerstation. Eine Bank zum Ausruhen, Nüsse und eine Wasserflasche, sogar ein Stempel für meinen Pilgerpass, all dies umrahmt von handgemachten Schriftzügen aus Metall, die uns Pilger mit Worten wie „Ultreia", „Bienvenue, Gardez le moral" ermutigten. Orte wie dieser hoben meine Stimmung und motivierten mich, weiterzugehen und mit meinem Auftreten den Menschen entlang des Weges zu zeigen, dass Pilgern eine bereichernde Erfahrung ist. Besonders erfreut war ich, im ausliegenden Pilgerbuch wieder einen Eintrag von Antoine und seiner Begleiterin Zoé zu finden, denen ich mich offensichtlich näherte.

Schon im nächsten Ort, Barcelonne-du-Gers, holten meine beiden jungen Freunde mich ein, als ich beim Bäcker eine kurze Proviantpause einlegte. Zu dritt setzten wir den Weg fort und erreichten Aire-sur-l'Adour, ein Städtchen, das mit seinem Flussufer eine wunderbare Rastmöglichkeit abgegeben hätte, wenn es nicht so gestunken hätte. Gemeinsam erreichten wir die Kirche von Aire-sur-l'Adour, die ich innerhalb weniger Minuten gesehen hatte, in der Eric aber in meinen Augen extrem lange verweilte. Eric war überhaupt über den Tag sehr introvertiert und schweigsam gewesen. Ich konnte nicht abschätzen, ob es mit mir zu tun hatte und damit, dass ich nicht ununterbrochen mit den beiden zusammensein mochte. Erst viel später erzählte Florian mir, dass Eric an diesem Tag eine folgenschwere Entscheidung getroffen hatte. Die beiden waren von Le Puy-en-Velay mit dem klaren Ziel aufgebrochen, Santiago de Compostela zu erreichen.

Die einzige Beschränkung war ihre verfügbare Zeit. Da Eric Mitte August zu einem freiwilligen sozialen Jahr aufbrechen würde und vorher mit seiner Freundin und sonst in seinem Leben noch einiges zu regeln hatte, würde ihre Pilgerschaft Anfang August zwangsläufig enden. Es war ziemlich ausgeschlossen, Santiago bis dahin auf regulärem Fußweg zu erreichen. Eric alleine, der körperlich stärker als Florian war und mehr Motivation mitbrachte, hätte es vielleicht mit einigen Extremtagen gerade so schaffen können, mit Florian im Schlepptau aber sicher nicht. So hatten die beiden sich überlegt, auf dem Camino Francés Teilstrecken von rund 200 Kilometern mit dem Bus zu überspringen. In den letzten Tagen hatte Eric mit mir über diese Zwickmühle gesprochen und ich hatte ihn zusätzlich verunsichert, weil ich versuchte ihm klarzumachen, dass er nur einmal im Leben zum ersten Mal in Santiago ankommen würde. Ich fand es wichtiger, dass er seinen Weg weitergehen und es genießen würde, auch auf die Gefahr hin, es dieses Mal nicht bis Santiago zu schaffen. Ich war sicher, dass er den Weg ein anderes Mal fortsetzen würde, wie so viele andere Menschen auch; wenn er aber 200 Kilometer mit dem Bus schummelte, würde er eher nicht mehr zurückkommen, um diese Teilstrecke nachträglich zu machen. Ich war überzeugt, dass er sich darüber noch lange ärgern würde. Ich hatte ihm wohl auch klargemacht, dass Santiago mit Schummeln zu erreichen ihm wohl nicht die Befriedigung bringen würde, die er sich erhoffte. Florian erzählte mir viele Wochen später, dass Eric auf der Ferme Dubarry entschieden hatte, sich am nächsten Tag von Florian und mir zu trennen, um mit vollem Tempo, aber alleine, innerhalb seines Zeitlimits in Santiago anzukommen. Im Laufe des Tages hatte er sich aber dazu nicht durchringen können und schlussendlich hatte er realisiert, dass er bis Anfang August Santiago entweder gar nicht oder zumindest nicht als echter Pilger, der den ganzen Weg gegangen ist, erreichen würde.

Davon ahnte ich allerdings nichts, als ich vor der Kirche von Aire-sur-l'Adour saß und etwas genervt auf die beiden wartete. Zu dritt fielen wir in der Gemeindeverwaltung ein, um uns einen Stempel in unsere Pilgerpässe geben zu lassen. Alles dauerte zu dritt dreimal so lange und ich wurde nervös bei dem Gedanken, dass noch rund 18 Kilometer vor uns lagen. Kurz nach Aire-sur-l'Adour fanden wir an einem See einen richtig schönen Picknickplatz für die Mittagspause. Ich hatte mein Sandwich relativ schnell aufgegessen und da ich mich mit regelmäßigen, aber kurzen Pausen wohler fühlte, als mit einer langen Mittagspause, trennte ich mich vorübergehend wieder.

Der weitere Weg war ziemlich öde. Nichts als Felder und Schotterwege und vereinzelte Baumgruppen und einsame Höfe. Weit vor mir sah ich einen Pilger. Beim Versuch, ihn auf diese Entfernung mit Fernblick zu erkennen, strengten sich meine Augen so an, dass mir anschließend schummerig war. Die Tatsache, dass ich in der prallen Sonne ging, spielte dabei sicher auch eine Rolle. Irgendwann hatte ich den weit entfernten Pilger eingeholt, es war Werner. Wir gingen ein Stück zusammen und ich beneidete Werner erneut um die Freiheit, die ich mir nicht zugetraut hätte. Er hatte sein Zelt dabei, lief bis zur Dämmerung, suchte sich dann ein Maisfeld oder ein Waldstück und hoffte, nicht erwischt zu werden oder wenn, dann von einem gutmütigen Bauern. Andererseits freute ich mich aber jeden Tag unglaublich auf eine Dusche und hatte auch das Gefühl, ein ausreichendes Abendessen zu benötigen, um bei Kräften zu bleiben.

Unsere Gîte in Miramont-Sensacq war ausgebucht, und das, nachdem ich seit Tagen kaum Pilger getroffen hatte und abends nur mit meinen beiden Gefährten zusammen gewesen war. Glücklicherweise hatte ich für mich und die beiden reserviert. Ich wurde von Michel, dem Hospitalero, mit den Worten: „Ah ja, die drei Esthers" und einem breiten Lachen begrüßt und hatte nicht zum ersten Mal das Gefühl, dass meine kleine Gruppe zum Gesprächsthema auf dem Jakobsweg geworden war. Wir hatten drei Betten in einem Schlafsaal für sechs, die anderen drei Pilger waren ältere Herren. Nachdem die Jungs eingetroffen waren, gingen wir noch eine Runde durch den Ort. Eric setzte sich an der Kirche von uns ab und ließ Florian und mich alleine zur Gîte zurückkehren. Florian klagte über Rückenschmerzen und deutete sogar an, dass er wegen dieser Beschwerden manchmal überlege, aufzugeben, da er mit den Schmerzen wenig Spaß beim Gehen habe. Das wollte ich nicht zulassen, dafür waren mir die Jungs in der Zweierkombination einfach zu sehr ans Herz gewachsen. Ich bot Florian also eine Rückenmassage auf der Terrasse der Gîte an und er bestätigte, dass sie ihm sehr geholfen habe. Durch das gemeinsame Unterwegssein und die lustigen Abende waren wir uns näher gekommen und Florian begann langsam, sich zu öffnen. Er erzählte mir, welche Beweggründe er für sein Medizinstudium hatte und ließ mich ein wenig in sein Leben blicken. Seine Sicherheit in Bezug auf sein Studium und somit auch auf den Rest seines Lebens hatte er als Jugendlicher in einer Kirche gewonnen, als er wie in einer Eingebung begriffen hatte, dass das seine Berufung sei. Zwar ließ der religiöse Hintergrund mich ein wenig schaudern, aber wer war ich denn, eine solche Erfahrung zu beurteilen. Immerhin war ich selbst einer Art Vision auf den Jakobsweg gefolgt. Ich beneidete ihn um diese Gewissheit, was er mit seinem Leben machen wollte. Ich fühlte mich noch immer weit entfernt davon.

In der Gîte trafen sich einige neue Pilger, die irgendwie nicht wirklich zusammenfanden. Beim Abendessen saß Florian neben Clemence, einer Numerologin aus Paris, die aber so gar nicht pariserisch wirkte und gerade dabei war, ihr Leben in Paris gegen eine Art Zigeunerleben einzutauschen. Dafür saßen uns gegenüber zwei typische Pariserinnen, Caroline und ihre Mutter, zu denen ich an diesem Abend schwer Zugang fand. Ich war einerseits einfach ziemlich müde, hatte andererseits aber auch das Gefühl, Caroline würde gerne mit Florian flirten. Da sie aber wohl nicht so recht zuordnen konnte, wie ich zu ihm stand, fühlte ich mich von ihr diskret beobachtet.

Nach dem Essen, das der Hospitalero Michel mit seiner Frau gegen Spende angeboten hatte, löste sich die Gesellschaft auch schnell auf und ich schlief sehr bald sehr tief.

Tag 40:

MIRAMONT-SENSACQ – UZAN (32 KM)

Totale Erschöpfung

An diesem Morgen waren wir alle drei zur selben Zeit startklar und es gab keinen plausiblen Grund, nicht gemeinsam loszulaufen. Schon kurz darauf bot uns die Natur ein eindrucksvolles Schauspiel: Wir kamen an einer Kuh vorbei, die offensichtlich soeben ihr Kalb auf die Welt gebracht hatte. Dem Kleinen hing noch die Nabelschnur am Bauch und wir konnten beobachten, wie es versuchte, sich an die Welt zu gewöhnen, sich mit aller Kraft auf alle vier Beine stellte und die ersten wackeligen Schritte machte. Wir standen lange am Zaun und waren fasziniert, wie die Kuhmama ihr Kind abschleckte, ermunterte und unterstützte.

Als wir den kleinen Ort Pimbo erreichten, war Florian plötzlich verschwunden. Er war als letzter der Gruppe auf dem schmalen Pfad hinter uns gegangen und Eric und ich konnten uns nicht erklären, wie wir ihn verloren haben konnten. Während ich an der Kirche von Pimbo wartete, lief Eric zurück, um Florian zu suchen. In der Zwischenzeit kam dieser über einen Seitenweg zur Kirche, er hatte eine Pinkelpause gebraucht und dann einen Parallelweg genommen. Per Handy riefen wir also Eric zurück. Die beiden besichtigten wie üblich ausführlich die Kirche, während ich gerne weitergegangen wäre. Wir machten nach der Kirchenbesichtigung eine kurze Rast vor der Kirche, als Clemence uns einholte. Ich fand sie merkwürdig und kraftraubend und war bereit, die Jungs mit ihr zurückzulassen. Aber Florian entschied, mit mir aufzubrechen. Eric blieb mit Clemence zurück.

In Arzacq-Arraziguet war an diesem Wochenende Dorffest. Florian und ich wurden schon am frühen Vormittag am Dorfrand von betrunkenen Jugendlichen angepöbelt. An der Kirche von Arzacq-Arraziguet wollten wir Mittagspause machen und auf Eric warten. Mit ihm hatte auch Clemence uns wieder eingeholt, die an diesem Tag auch noch Geburtstag hatte. Ich begann, ein schlechtes Gewissen zu bekommen, weil ich mich partout nicht um sie kümmern wollte. Clemence schien körperlich ziemlich überfordert und irgendwie verloren, hatte keine Batterie mehr in ihrem Handy und wartete doch auf Anrufe ihrer Freunde. Für mein Verständnis war sie einfach zu chaotisch und umständlich. Wieder entschied ich aufzubrechen und sie zurückzulassen. Dieses Mal schlossen sich die beiden jungen Männer mir an.

Am Weg aus dem Dorf heraus fand an einem Seeufer ein alternatives Dorffest statt. Hunderte Punks aller Altersklassen und Nationen hatten sich versammelt und es war ein äußerst merkwürdiges Gefühl, als Pilger durch dieses Gelage zu ziehen.

Der Weg bot an diesem Tag viele kleine, privat hergerichtete Pilgerattraktionen, handgemalte Schilder mit motivierenden Worten, handgezimmerte Wegweiser und plötzlich einen „Pilgerbaum". Hier hatte jemand einen Baum mit kleinen Gedichtzetteln und aufmunternden Worten, mit Muscheln und Wanderstöcken aus Holz, mit Blumen und Fähnchen geschmückt. Mitten in dieser kreativen Kombination hing eine Schiefertafel mit der philosophischen Sentenz: „AVOIR L'audace d'y croire et le courage de faire", „Die Kühnheit HABEN daran zu glauben und den Mut HABEN es zu tun", unterzeichnet von „Alchemist". Der Satz auf der Schiefertafel schien mir aus einem Buch von Paulo Coelho zitiert, das ich in der Phase zwischen meinem ersten und zweiten Aufbruch gelesen hatte und für eine hervorragende mentale Vorbereitung auf die Pilgerschaft gehalten hatte. Immer wieder sollten uns in den nächsten Tag diese Schiefertafeln auf dem Weg begegnen, in Bäumen aufgehängt oder auf Pflöcken am Wegesrand, mit teilweise sehr denkwürdigen Aussagen, immer signiert mit „L'alchimiste".

An der Mühle von Louvigny war ich noch gut aufgestellt, wir machten lustige Touristenfotos und genossen den sonnigen Tag. Auch nachdem wir eine Hügelkette hinaufgewandert waren, konnte ich die Aussicht über die grüne Landschaft des Departements Landes genießen. Mein Pilgerbuch warnte ausdrücklich, dass es vom Ortschild Uzan, bis zum Ortskern, wo ich unsere Herberge reserviert hatte, noch zwei Kilometer Fußweg seien. Trotz der Warnung war ich an diesem Tag körperlich und mental kaum in der Lage, unser Etappenziel zu erreichen. Der Weg schien kein Ende zu nehmen und selbst als wir die ersten Häuser des Dorfes erreicht hatten und unser Ziel nur noch ein paar Straßen entfernt sein konnte, kam es mir vor, als ob ich dort niemals ankommen würde. Ich war den ganzen Tag mit den beiden jungen Männern unterwegs gewesen, was einfach nicht meinem Rhythmus bezüglich Pausen und Tempo entsprach, auch wenn es vom Unterhaltungsfaktor her recht amüsant war.

Endlich in der Herberge angekommen, wurden wir von einer Pilgerin namens Martina empfangen, die mit der Hospitalera zusammen ein großes Büffet vorbereitete. Irgendjemand hatte heimlich eine Geburtstagsparty für Clemence organisiert und Freunde von woher auch immer eingeladen. Diese Party würde ausgerechnet in dieser Gîte und ausgerechnet an diesem Tag stattfinden. Ich war vollkommen fertig und müde, wurde in der Dusche fast ohnmächtig und wäre am liebsten direkt ins Bett gegangen. Die Verteilung der Zimmer war aber noch ungeklärt. Es stand ein Doppelzimmer mit zwei Einzelbetten, ein Doppelzimmer mit großem Doppelbett und ein Bett in einem Zweier-Zimmer mit Martina zur Verfügung. Irgendwann im Laufe des Tages hatten Florian und ich scherzhaft vereinbart, dass wir uns bei nächster Gelegenheit ein Doppelzimmer teilen würden. Da Eric aber nur ungern mit Martina in ein Doppelzimmer ziehen wollte und auch nicht ein Doppelbett für sich alleine belegen konnte, hätten Florian und ich das Doppelbett nehmen müssen, damit Eric eventuell einen anderen männlichen Pilger in sein Doppelzimmer mit zwei Einzelbetten hätte aufnehmen können. Das war Florian dann aber doch nicht geheuer und so zog ich zu Martina. Meine Begleiter nahmen das Doppelzimmer mit zwei Einzelbetten. Trotzdem bekam ich die Rückenmassage, die ich Florian am Vortag gegeben hatte, als Belohnung für den langen Tag von ihm zurück.

Von der Party bekam ich nichts mehr mit. Ich wagte es, das Büffet zu stürmen, bevor es eröffnet war, zwang mich, einen Teller Reissalat und Brot zu essen, um meine Kraftreserven wenigstens ein wenig wieder aufzufüllen. Neben der Müdigkeit nahm ich auch Fieber wahr. Ich fühlte mich hundeelend. Clemence ließ auf sich warten und wurde später scheinbar sogar per Auto von jemandem abgeholt, weil sie es sonst nicht bis in die Herberge geschafft hätte. All dies verschlief ich.

Tag 41:

UZAN – FAST MASLACQ (23 KM)

Ein Tag voll Musik

Am Morgen, nach rund 12 Stunden Schlaf, war ich wieder fit und der Tag versprach, schön zu werden. Wir zogen wieder zu dritt los. Nachdem die Jungs am Vorabend meine Anmeldung bei der Herbergsleitung vorgenommen, für mich bezahlt und das Frühstück für mich organisiert hatten, konnte ich sie ja schlecht vor den Kopf stoßen und allein losgehen. Ich hatte das Gefühl, dass es für die beiden wichtig war, dass ich mit ihnen ging. Ich konnte schwer beurteilen, ob es daran lag, dass die beiden sich zu zweit langweilten oder ob sie tatsächlich von meiner Lebenserfahrung profitierten. Und ob sie mich einfach als Pilgerfreundin ins Herz geschlossen hatten oder ob es um etwas ganz anderes ging. Jedenfalls war mir auch bei den beiden jungen Begleitern, ähnlich wie bei Christian, klar, dass ich eine Art Einverständnis gegeben hatte, gemeinsam mit ihnen bis Saint-Jean-Pied-de-Port zu laufen. Dort würden sich unsere Wege trennen, denn die Jungs wollten über den Camino Francés und ich über die Nordroute Santiago erreichen.

Da die Wegstrecke relativ ereignislos war, spielte Florian über sein Handy Musik. Bei „Yesterday" von den Beatles kamen in mir Kindheitserinnerungen auf, denn es war eines der Lieder, das mein Vater beim Packen vor seinem Auszug gespielt hatte. Überhaupt hatten die beiden einen Musikgeschmack, den ich für ihr Alter ungewöhnlich fand. Ich konnte mich mit der Auswahl von „Hey Jude" über „Knocking on Heaven's Door" bis zu AC/DC anfreunden, obwohl ich nicht fand, dass zum Pilgern laute Musik wirklich angebracht war. Richtig lustig wurde es aber erst, wenn die Jungs mit ihren französischen Gassenhauern, Seemanns- und Lagerfeuer-Liedern loslegten, die sie entweder vom Handy vorgespielt mitsangen oder auswendig aus dem Kopf ohne Handy-Begleitung trällerten.

In Momenten wie der Mittagspause in Arthez-de-Béarn schätzte ich meine Begleiter sehr. Wir kauften im Supermarkt, der auch an diesem Sonntag geöffnet hatte, groß ein, auch Früchte und Yoghurt, saßen auf einer Bank in der Sonne und ließen es uns gut gehen. Wir lachten viel, scherzten, flirteten, hatten aber auch viele persönliche, intime, ehrliche und tiefgründige Gespräche. Ich hatte das Gefühl, mit zwei ganz alten Bekannten zusammen zu sein, obwohl wir uns erst vor einer Woche wirklich kennengelernt hatten und uns außerhalb des Jakobsweges wahrscheinlich niemals begegnet wären. Oft spürte ich, dass die beiden jungen Menschen mit ihrer Energie mir gut taten, mich entschleunigten, wenn ich zulassen konnte, dass sich mein Rhythmus ihrem anpasste. Entschleunigen war an einem Tag mit nur 23 Kilometern Tagessoll relativ einfach.

Der letzte Kilometer bis zu unserer privaten Gîte auf einem Bauernhof kam mir trotzdem lang vor. Vor allem weil wir den Jakobsweg verlassen mussten und ich das Gefühl hatte, durch den Wald zu irren. An die rot-weiße Wegmarkierung hatte ich mich dermaßen gewöhnt, dass ich sofort bemerkte, wenn sie fehlte und mir dann vollkommen orientierungslos vorkam. Die Gîte war ein herrlich gepflegter Landsitz, der Empfang professionell. Den Jungs wurde ein Vierer-Zimmer mit eigenem Bad zugeteilt, das sie zu zweit belegen würden, mir wurde ein Wohnwagen im Garten angeboten. Nach der Wohnwagen-Erfahrung in Frangy war ich zuerst ein wenig skeptisch. Nachdem ich den handgezimmerten, liebevoll angemalten und indisch dekorierten Wohnwagen aber erst gesehen hatte, ließ ich mich schnell von seinem Charme einnehmen.

Da der Tag recht kurz gewesen war, blieb uns ein schöner, sonniger Nachmittag zum Entspannen im Garten, zum Tagebuch schreiben, Tee trinken und Katzen kraulen. Zum Abendessen wollten meine Begleiter aus Budgetgründen selbst kochen und mir war das recht. Die anderen Gästen der Gîte, Martina, die uns am Vorabend in der Gîte in Uzan begrüßt hatte, und eine Dreier-Gruppe aus einem britischen Paar und einer Französin, die ich „Richard und seine Frauen" nannte, hatten das Abendessen in der Herberge reserviert. Als wir alle gemeinsam aßen, kam der Herbergsleiter mit dem ersten Höhepunkt des Abends, nämlich seinem Banjo, und spielte für uns. Der zweite Höhepunkt des Abends war die Herbergsleiterin, die jedem Pilger einen handgemachten Stempel im Pilgerbuch hinterließ.

Ich hatte in meinem Wohnwagen zwar ein wenig Angst vor Ungeziefer, genoss aber hauptsächlich die Ruhe und Einsamkeit meiner Unterkunft.

Tag 42:

FAST MASLACQ – NAVARRENX (24.5 KM)

Der Alchemist

Wir wanderten den ganzen Tag zu dritt. Ich wusste, dass wir in drei Tagen Saint-Jean-Pied-de Port erreicht haben würden und hatte entschieden, dass es früh genug sein würde, wenn ich in Spanien allein und einsam eine neue Wegstrecke beginnen würde. Bis dahin würde ich die Gesellschaft der beiden Studenten auskosten. Das Gehen in der Gruppe war zwar gegen meine Überzeugung, dass ich alleine laufen müsse, aber ich hatte enorm viel Spaß und genoss jede Minute. Tatsächlich war das Zusammensein auch den beiden jungen Männern wichtig und ich hätte das Gefühl gehabt, sie zu enttäuschen, wenn ich mich abgeseilt hätte. Vor allem die Freundschaft zu Florian wurde für mich immer spannender. Er flirtete mit mir, stellte unzählige Fragen über mein Leben, interessierte sich ernsthaft für alles, was ich erzählte, und zuckte doch bei jeder Berührung, bei jeder freundschaftlichen Umarmung, bei jedem kumpelhaften Knuffen zurück. Die Freundschaft zu Eric war auf einer ganz anderen Ebene interessant. Er erinnerte mich an mich selbst in diesem Alter und in dieser Phase des Lebens, in der alles möglich und doch unerreichbar weit weg schien. Er hatte sehr konkrete und ambitionierte Vorstellungen für sein Leben, ließ sich aber viel zu sehr von anderen Menschen und deren Bedenken beeinflussen und entmutigen. Was mir schmerzhaft meine eigenen unerfüllten Lebensträume vor Augen führte. Ich wollte ihm aus meinen Erfahrungen heraus Mut machen, jeden Traum wenigstens einmal anzugehen. Träume aufgeben dürfe nur die letzte Alternative sein, niemals bereits die erste!

Unterwegs wurden wir in einer Pause von Richard, dem Briten vom Vorabend, und seinen beiden Frauen eingeholt.

Sie erzählten uns eine haarsträubende Geschichte von einem wilden Pilgerpaar, die als Pilger getarnt unterwegs seien und dabei nichts anderes planten, als andere Pilger zu beklauen und die Kühlschränke der Herbergen auszuräumen. Obwohl Richard mir bis dahin sehr sympathisch gewesen war, hatte ich mit dieser Geschichte meine Schwierigkeiten. Ich konnte mir partout nicht vorstellen, dass zwei Menschen mit Rucksack beladen losziehen und den ganzen Tag wandern, um dann abends die wenigen Habseligkeiten anderer Pilger zu klauen, nachdem sie tagsüber erlebt hatten, wie materiell einfach und körperlich anstrengend das Leben auf dem Jakobswegs war. Ich war von Anfang an überzeugt, dass da wohl eher zwei Pilger unterwegs waren, die dem typischen Bild des Pilgers wenig entsprachen und denen aus Unverständnis heraus Geschichten angedichtet wurden.

Der Weg führte uns an der Abtei von Sauvelade vorbei. Ohne Grund schien mir dieser Ort beim Durchblättern des Pilgerbuchs wichtig und ich freute mich darauf. Auf den ersten Blick schien diese alte und imposante Klosteranlage ziemlich verlassen. Die Kirche allerdings bot allerlei Attraktionen für mich. Man konnte auf Holzstufen bis unter das Dach steigen und dabei Glocken läuten lassen. Seit Conques hatte ich keine Kirchenglocke ausgelassen, an deren Seil ich ziehen durfte. Im Kirchenschiff stand eine große Statue von meinem neuen Freund, dem Heiligen Jakobus. Viele Pilger hatten kleine Zettel vor ihn gelegt und auch ich hatte das Bedürfnis, meine Gedanken über den bisherigen und meine Hoffnungen für den zukünftigen Weg niederzuschreiben und dort zu hinterlassen. Eric empfand meinen Nicht-Glauben einerseits und religiöse Handlungen wie diese andererseits widersprüchlich und hielt mit seiner Kritik darüber nicht zurück. Damit konnte ich aber umgehen, ich konnte es mir ja selbst nicht rational erklären und nur auf meinen Vorsatz, Bedürfnisse und Empfindungen dieser Art auf dem Jakobsweg einfach zuzulassen, zurückführen.

In der kleinen Bar neben der Abtei machten wir Mittagspause. Dabei trafen wir ein junges Pilgerpaar, Luc und Manon, die nicht nur so aussahen, als seien sie vom Punkfestival in Arzacq-Arraziguet auf den Jakobsweg übergelaufen. Es war offensichtlich, dass es sich hier um das „klauende Pilgerpaar" handelte. Im Gespräch mit ihnen ergab sich aber umgehend und zufällig die Erklärung, warum sie am Morgen am Kühlschrank ihrer Herberge so geschäftig gewesen waren: Sie hatten kaum Erfahrung, was an Lebensmitteln sinnvoll und notwendig einzukaufen und zu tragen ist. Im Kühlschrank ihrer Herberge hatten sie über Nacht ihre Joghurts und Getränke deponiert und diese am Morgen wieder eingepackt. Als meine Jungs und ich kurz darauf auch Richard und seine Frauen wiedertrafen, war es Richard wichtig, seine Verleumdungen zu korrigieren, denn auch sie hatten das junge Paar zwischenzeitlich getroffen und festgestellt, dass es sich um ganz bodenständige, ehrliche Menschen handelte, auch wenn sie vom Aussehen her nicht dem entsprachen, was ein „echter Pilger" unter einem echten Pilger versteht.

Wir näherten uns Navarrenx, dem Etappenziel des Tages. Ein Kilometerstein am Wegrand zeigte bis Santiago de Compostela noch 873 km. Für mich auf der Nordroute würde es ein wenig mehr werden, aber ich konnte mir bereits wieder vorstellen, den Weg in einem Rutsch durchgehen zu können. Ich wartete noch immer sehnsüchtig auf die Antwort meines Mannes, ob er die letzten Tage von Santiago bis zum Kap Finisterre mit mir gehen würde, darauf freute ich mich schon. Wir sahen bei klarem Wetter und wolkenlosem Himmel die Pyrenäen von Weitem und die Jungs fieberten ehrfürchtig dieser ersten Etappe auf dem Camino Francés entgegen, von Saint-Jean-Pied-de-Port nach Spanien.

In Navarrenx hatte ich durchgesetzt, dass wir in einer Donativo-Gîte übernachten würden. Keinem von uns waren diese Donativo-Unterkünfte wirklich geheuer, wir waren alle eher bereit, einen festen Preis für eine vereinbarte Leistung zu zahlen, als sich moralisch oder sonst wie verpflichtet zu fühlen. In Navarrenx allerdings wollte ich auf jeden Fall bei „l'alchimiste" einkehren und dessen Herberge wurde als Donativo geführt. Ich hatte mich von vielen seiner Schiefertafeln unterwegs inspirieren lassen und bald gemerkt, dass dahinter ein Philosoph mit eigenen Ideen steckte, die wenig mit dem Buch von Paulo Coelho zu tun hatten. Sätze wie „L'impossible reste à faire", „Das Unmögliche bleibt noch zu tun" oder „Ce qui est très dur rend très fort", „Was sehr hart ist macht sehr stark" sollten uns, mit teilweise zweideutiger oder lustiger Konnotation, noch lange begleiten.

Der Empfang beim Alchemisten war bereits so merkwürdig, wie unser ganzer Aufenthalt dort. Wir wurden von einer jungen Frau eingelassen, die sich als Isabelle, die Géostationnaire vorstellte, was auch immer damit gemeint war. Sie war als Extrem-Sport-Pilgerin mit ziemlich ausgeprägtem christlichen Hintergrund gestartet und war dann beim Alchemisten hängengeblieben, wo sie nun seit mehreren Tagen gegen Dienste wie Kochen, Putzen und Pilgerempfangen kostenlos untergekommen war. Gleichzeitig lief eine Hospitalera durch die Flure, die diese Aufgaben eigentlich hätte übernehmen sollen, aber es war ihr erster Tag und sie konnte sich offensichtlich nicht gegen die Géostationnaire durchsetzen. Uns wurde ein romantisches, im indischen Stil dekoriertes Vier-Bett-Zimmer zugewiesen, das mit dunklen Holzregalen unterteilt und mit Mandala-bedruckten Stofftüchern an den Wänden dekoriert war. Im Badezimmer fand ich zum ersten Mal auf meinem Weg einen Zahnputzbecher, in dem eine Ansammlung Zahnbürsten davon zeugte, dass scheinbar mehrere Pilger hier dauerhaft untergekommen waren. Die Flure waren gespickt mit philosophischen Sentenzen. Der Alchemist hatte sogar ein philosophisches Spiel entworfen, das allerdings mittlerweile gerahmt und somit nicht mehr spielbar, an der Wand hing. An der Tür zum Schlafzimmer des Alchemisten, den ich ja noch immer nicht als lebendige Person kennengelernt hatte, hing eine Mitteilung, dass das Betreten nur nach vorheriger Terminvereinbarung erlaubt war. Der Zettel führte auch die verschiedenen Qualifikationen des Alchemisten auf, er sei Philosoph, Psychologe, ehemaliger Insasse einer psychiatrischen Einrichtung in Paris und vor allem ein echter und praktizierender Alchemist.

Nach Dusche und Wäschewaschen flohen wir erst einmal aus der Herberge, um im Ort ein Bier zu trinken. Wir versuchten, mit dem Barbesitzer über den Alchemisten zu plaudern, aber dieser verweigerte jede Aussage. Trotzdem war es offensichtlich, dass er gar nicht gut auf diesen zugezogenen Dorfbewohner zu sprechen war. Wir führten dies auf die Tatsache zurück, dass der Barbesitzer gleichzeitig der Leiter der kommunalen Herberge war. Eric trennte sich von Florian und mir, da er zum Pilgerempfang mit anschließendem Verre d'amitié in die Kirche gehen wollte. Dort wurde er, wie er später berichtete, eindringlich vor dem Alchemisten gewarnt, es handele sich um einen Seelenfänger für eine in der Nähe von Navarrenx ansässige große Sekte. Viel gab ich auf Dorfgerede dieser Art nicht, aber eine gewisse Vorsicht im Umgang mit der bunten Truppe im Haus dort konnte sicher auch nicht schaden.

Zurück in der Herberge trafen wir die alternativen Pilger Luc und Manon wieder und überraschenderweise war als Vierter in unserem Zimmer Leo wieder aufgetaucht, den ich seit einer Woche nicht mehr gesehen und weit vor mir geglaubt hatte. Er hatte in einer Donativo-Gîte zwischen Eauze und Nogaro mehrere Tage Pause gemacht. Außerdem war ein weiteres Paar schon für eine zweite Nacht beim Alchemisten, zwei ganz sympathische junge Menschen. Als die junge Frau sich mit Zoé vorstellte, war mir klar, dass ich ihr und ihrem Begleiter Antoine seit Tagen hinterherlief, obwohl er nicht der Antoine aus Avignon war, den ich gehofft hatte, wiederzusehen.

Ein charismatischer Mann mit graumelierten Haaren und stechend blauen Augen war mit Vorbereitungen für das Abendessen beschäftigt. Er stellte sich mir kurz darauf mit den Worten vor: „Ich heiße Gaétan, aber man nennt mich den Alchemisten". Dank der Warnung der Dorfbewohner waren meine Alarmsensoren ausreichend sensibel, um mich nicht vollständig vom Blick und der Selbstinszenierung dieses enigmatischen Menschen einnehmen zu lassen. Das Abendessen, vom Alchemisten und seinen weiblichen Helferinnen zubereitet, wurde im Innenhof in Form eines Büffets für eine große Runde hergerichtet. Offenbar half Alchemie beim Kochen, denn es war ausgesprochen schmackhaft. Nur Isabelle die Géostationnaire, die sowieso nur aus Haut und Knochen bestand, aß nicht wirklich mit, sondern pickte nur hier und da einzelne Gemüsestreifen heraus und war ansonsten ausführlich um das Wohl der Gäste besorgt. Bei den spirituell-abgehobenen Diskussionen der Tischrunde fand ich keinen Anschluss. Neben mir unterhielt sich Isabelle mit Eric über die verschiedenen Formen, Religion zu praktizieren und selbst Eric schien nicht wirklich mitzubekommen, worauf Isabelle hinauswollte. Gaétan und Leo waren in eine Diskussion über das Praktizieren von Alchemie, Reiki und Medizin verstrickt, wobei Leo sicher war, dass er sich selbst Reiki beigebracht hatte und damit Menschen wesentlich besser helfen könne, als ein Mediziner mit seiner Schulmedizin. Gleichzeitig hielt er es aber für ausgeschlossen, dass Gaétan die Alchemie ohne rituelle Initiierung beherrschen könne. Spätestens bei der Diskussion über die bevorstehende Apokalypse stieg ich gedanklich aus, ich fand sie so überhaupt nicht passend für diesen Pilgerweg.

Als der Großteil der Tischrunde sich zum Joint-Rauchen in den hinteren Teil des Gartens verzog, entschieden die Jungs und ich, ins Bett zu gehen. Es war schon eine besondere Erfahrung und das erste Mal auf meinem Weg, dass mir Drogen, vollkommen abgehobene Diskussionen und ein offenes Pärchenverhalten mit Umarmen und Schmusen, begegneten. So war ich nicht weiter überrascht, in der Nacht von rhythmischen Geräuschen geweckt zu werden, die meiner Ansicht nach aus dem Zimmer des Alchemisten kamen. Ich war allerdings zu müde, um mich wirklich dafür zu interessieren, ob er diese Geräusche mit der Géostationnaire oder der Hospitalera oder sonst jemandem machte.

Tag 43:

NAVARRENX – AROUE (17.5 KM)

Die längste Pizza
unseres Lebens

An diesem kurzen Tag auf relativ flacher Strecke gingen wir meist zu dritt, wobei Eric hin und wieder vorpreschte oder zurückfiel, je nachdem, ob er seinen Gedanken nachhing, die offensichtlich schneller waren als Florian und ich, oder ob er mit seiner Freundin simste, was ihn vom Laufen abhielt. Den ganzen Tag nieselte es immer wieder und war ziemlich frisch.

Ich war nachdenklich mit den Erinnerungen an unseren Aufenthalt beim Alchemisten beschäftigt. Eric hatte meine Empfindungen sehr passend ausgedrückt, als er meinte, man hätte einerseits Lust, sich in diese harmonisch-friedvolle Atmosphäre fallenzulassen, gleichzeitig aber ein Instinkt davor warne. Eine natürliche Furcht ließe einen spüren, das etwas nicht stimme. Überhaupt hatte Eric manch guten Denkansatz, der auch für meinen Weg wichtig war. So hatten wir darüber nachgedacht, dass man mit Ankunft in Santiago sicher nicht plötzlich die eine Antwort und Erleuchtung finden werde, sondern dass der Weg vielmehr Hinweise hinterlassen werde, die einen das ganze Leben lang begleiten werden.

Das Gehen zu dritt machte mir an diesem Tag wenig Spaß. Es war mehr ein Vor-Sich-Hin-Tapsen als ein echtes Erleben der Umgebung. Die Handymusik, die regelmäßig gespielt wurde, begann mich zu nerven. In meinem normalen Leben lief praktisch den ganzen Tag Musik und war ein wichtiger Bestandteil meines Wohlbefindens, aber für mich gehörte diese Art moderner Unterhaltung nicht auf den Jakobsweg. Ich wollte die Vögel und die Natur hören und erleben und Musik lenkte mich dabei viel zu sehr ab. Außerdem quasselten die jungen Männer, wenn sie zusammen waren, ununterbrochen. Abgesehen davon, dass mich das Zuhören auf Französisch anstrengte, waren es hauptsächlich Unterhaltungen, die sich um gemeinsame Bekannte drehten und wie jeder sich verhielt und wer welche Freundin und warum hatte. Ich schaltete dann oft total ab, versuchte, überhaupt nicht mehr zuzuhören und möglichst ein wenig Vorsprung zu gewinnen.

Gleichzeitig gab es so viele schöne Momente zusammen, wie die Mittagspause, in der wir uns im Heu in einem einsamen Heuschuppen niederließen, um einen Moment in relativ trockener Umgebung sitzen zu können. Die Jungs hatten mir am Morgen gestanden, dass sie sich auf dem Camino Francés ohne mich langweilen würden. Also würde ich ihnen die zwei Tage bis dahin noch Gesellschaft leisten.

Unterwegs kamen wir an einer Art Heim vorbei, in dem ein lautes Geschrei und Getöse herrschte. Scheinbar hatte eine der Bewohnerinnen einen hysterischen Anfall, es wurden Gegenstände geworfen und es herrschte eine Stimmung von absolutem Chaos und explosiver Energie. Mich nahm das richtig mit, warum konnte ich mir selbst nicht so ganz erklären, aber ich hatte noch lange an diesem Vorfall zu knabbern.

Unsere private Gîte lag mitten im Grünen, hoch über dem Dorf Aroue. Wir bekamen ein Zweier-Zimmer, in das ein drittes Bett gestellt wurde. Ziemlich eng für eine Frau und zwei junge Männer mit Rucksäcken und frisch gewaschener Wäsche. Eric schien größere Probleme mit seiner Freundin ausdiskutieren zu müssen und war immer wieder für lange Zeiten verschwunden. Florian und ich ruhten im Zimmer aus, trotz des kurzen Tages tat es gut, einfach die Füße hochzulegen. Als es an der Tür klopfte, war ich überzeugt, es könne nur Eric sein. Ich wollte die Witzeleien des Tages fortsetzen und gab Geräusche von mir, als ob ich gerade den wildesten Sex mit Florian hätte. Aber dann wurde die Tür zögerlich geöffnet und nicht Eric, sondern der Herbergsleiter steckte vorsichtig den Kopf herein, um die Formalitäten für die Übernachtung abzuklären.

Die Pariserinnen Caroline und ihre Mutter, die wir in der Gîte in Miramont-Sensacq zum ersten Mal getroffen hatten, waren auch in unserer Gîte, ebenso eine Gruppe von Pilgern, die ich noch nie gesehen hatte. All diese Pilger wurden am Abend per Kleinbus für das Pilgermenü in ein Restaurant gefahren. Wir hatten entschieden, das Pilgermenü gegen eine Pizza einzutauschen, die einzige Alternative, die es im Ort gab. Wir gingen den steilen, langen Weg in den Ort hinunter. Vor der kommunalen Herberge trafen wir Martina und Richard mit seinen beiden Frauen wieder, die auch auf dem Weg ins einzige Restaurant waren. Unsere Pizzeria stellte sich als Mini-Supermarkt mit Pizzaofen heraus, der aber noch geschlossen war. Laut Öffnungszeiten hätte der Laden vor einer halben Stunde aufmachen sollen. Wir warteten noch einen Moment, sahen zwei weitere Pilger ungeduldig vor dem Laden auf und ab gehen und entschieden dann, die angeschlagene Telefonnummer anzurufen. Die Pizza-Dame hatte den Wecker verschlafen, der sie daran erinnern sollte, dass sie um 19 Uhr ihren Laden aufzumachen hatte. Dasselbe sei ihr schon am Vortag passiert und da habe sie auch niemand geweckt. So bedankte sie sich herzlich am Telefon bei Eric, dass er sie geweckt habe, sie sei in zehn Minuten im Laden. Ein wenig später erschien sie und behauptete überzeugt, die beste Pizza zu machen, die wir im Leben je gegessen hätten. Es dauere nur ein wenig, bis der Ofen aufgeheizt sei. Florian, Eric, ich und die anderen beiden Pilger hinterließen unsere Bestellungen und wurden auf dreißig Minuten später vertröstet. Ich spendierte zur Überbrückung der Wartezeit drei Flaschen Bier aus dem Mini-Supermarkt. Im 260 Einwohner-Dorf Aroue gab es wirklich nicht viel zu tun, vor allem weil wir ja schon vor der Ladenöffnung durch den Ort gestreift waren. Wir hatten sogar den Pelota-Platz gesehen, wo die Basken ihr typisches Ballspiel austragen. So saßen wir mit unserem Bier eine halbe Stunde und anschließend noch einmal zehn Minuten neben dem einzigen Kreisel des Ortes und warteten auf unsere Pizza. Da diese leider nicht die beste

Pizza unseres Lebens war, hätten wir wohl das Recht gehabt, sie zurückzugeben, aber dafür waren wir zu hungrig.

Auf dem Rückweg hatten wir das Glück, dass der Fahrer des Kleinbusses unserer Herberge uns erkannte, als er an uns vorbeifuhr und noch drei Plätze frei waren. Wir waren mehr als zufrieden, uns den steilen Aufstieg zur Herberge ersparen zu können.

Eric zog sich wieder einmal für weitere Textnachrichten und Telefonate zurück und ließ Florian und mich alleine. Florian jammerte erneut über Rückenschmerzen, wobei ich dieses Mal eher das Gefühl hatte, dass er einfach gerne massiert werden wollte. Auch ich hatte nach über sechs Wochen unterwegs Lust auf eine feste Umarmung, ein unschuldiges, oberflächliches Streicheln, auf menschliche Wärme. Ich war selbst bereits im Schlafanzug, Florian legte sich in seinem Bett mit nacktem Oberkörper auf den Bauch. Ich massierte ihm lange und gründlich die Rückenmuskulatur und er schlief dabei ein. Ich selbst konnte kaum einschlafen, wartete im Halbschlaf auf Eric und selbst nachdem dieser in seinem Bett lag und nach etlichen weiteren Textnachrichten auch sein Handy nicht mehr ständig leuchtete, kam der Schlaf nicht über mich. Ich hatte ein ähnliches Gefühl wie in Sauboires: Mein Herz war einfach zu aufgeregt, die Muskeln wollten nicht zur Ruhe kommen, ein unangenehmes Gefühl von innerer Panik. Die Hälfte der Nacht verbrachte ich im Aufenthaltsraum der Gîte.

Tag 44:

AROUE – OSTABAT-ASME (27.5 KM)

Zu Gast beim
singenden Basken

Die Jungs hatten wohl gemerkt, dass ich gerne alleine losgehen würde und fragten mich am Morgen, ob sie mich vorlaufen lassen sollten. Ich brachte es nicht übers Herz, vertagte das Angebot aber ausdrücklich auf den nächsten Tag, denn es schien mir wichtig, das große Etappenziel Saint-Jean-Pied-de-Port alleine zu erreichen.

Über den Tag hinweg wurden wir bis auf die Knochen nass. Irgendwann regnete es so in Strömen, dass wir keine andere Möglichkeit mehr sahen, als uns in einem Stall unterzustellen, der allerdings mitten auf einer abgezäunten Wiese stand. Die Wiese schien aber nicht als Weide genutzt zu werden. Wir öffneten die Umzäunung in der Hoffnung, dass keine Kühe oder Stiere oder sonstigen wilden Tiere ihr Revier verteidigen würden und verbrachten eine ganze Zeit im Stall. Von Kopf bis Fuß in Regenkleidung gehüllt entschieden wir irgendwann, trotz Regen weiterzugehen, denn 28 Kilometer schaffen sich nicht von alleine.

Das Wetter war allerdings ideal, um die örtlichen Riesen-Regenwürmer zu sehen, die tatsächlich länger waren als Erics Riesenfüße Ferse an Ferse. Pünktlich zu unserer Mittagspause im kleinen Dorf Larribar-Sorhapuru hörte es auf zu regnen und wir konnten uns auf die kleine Steinmauer vor dem Gemeindehaus zum Essen niederlassen. Ein Hund gesellte sich zu uns und ich merkte, dass Florian Angst vor Hunden hatte. Den Hund interessierte das nicht, er liebte Florian und sein Schinkenbaguette. Die Mittagspause wurde mir einmal mehr zu lange und ich entschied, alleine weiterziehen.

Doch nur wenig später, am Stein von Gibraltar, holten die beiden mich wieder ein. Der Stein von Gibraltar markiert symbolisch die Stelle, an der sich drei große europäische Jakobswege vereinen, der größte davon unsere Via Podiensis aus Le Puy-en-Velay kommend. Zeitgleich kamen zwei Pilger über einen anderen Jakobsweg am Stein von Gibraltar an und ich war sicher, dass sie sich, ähnlich wie ich selbst nachdem ich Le Puy-en-Velay erreicht hatte, an die neuen Gegebenheiten und die vielen Pilger erst noch gewöhnen mussten.

Wir zogen zu dritt weiter und erreichten den langgezogenen, gewundenen Pfad, der uns von Hiriburia aufsteigend zur Kapelle de Soyarza bringen würde. Eine mystische Landschaft, sattgrün und bis auf ein paar Pilger menschenleer, mit Kühen, die ohne Absperrung die Hügel bevölkerten, und einer Schar riesiger Vögel, die über unseren Köpfen kreisten. Diese Vögel schienen etwas Besonderes zu sein, wir trafen Menschen mit Ferngläsern, die scheinbar zur Beobachtung dieser Tiere mit dem Auto vorgefahren waren. Ich sprach eine Vogelbeobachterin an und erfuhr, dass es sich um Geier handele, die regelmäßig aus den spanischen Pyrenäen ins französische Baskenland kämen. Florian spürte eine solche Verbundenheit mit dieser Umgebung, dass er sich von Eric und mir abseilte und für sich alleine die Landschaft auf sich wirken ließ. Eric blieb auf halber Strecke stehen, während ich meinen Weg fortsetze und alleine die Kapelle erreichte. Der Blick von dort oben auf die Pyrenäen und das umliegende, nur spärlich besiedelte und sehr naturbelassene Land war atemberaubend, obwohl die tiefhängenden Wolken vieles verbargen. Leider war es auch noch immer regnerisch und kühl, so dass ich meinem Bedürfnis, dort oben zu verweilen und mich zu besinnen, nicht nachgeben konnte.

Auf dem Weg ins Tal kam ich an einer Kapelle vorbei und entschied spontan, einen Blick hinein zu werfen. Ein Priester war dabei, einem Pilgerpaar die Kapelle und den Altar in Einzelheiten zu erklären und ich hörte interessiert einen

Moment zu. Ich wollte aber die Gelegenheit des Alleinseins nicht dadurch vorzeitig beenden und zog deshalb bald weiter.

Unsere private Herberge lag hinter dem Ort Ostabat-Asme. Vom Fenster einer Herberge aus erspähten mich Richard und seine Frauen und ich musste ihnen eine detaillierte Beschreibung der Nacht beim Alchemisten geben. Noch immer fiel es mir schwer, für die merkwürdige Atmosphäre dort treffende Worte zu finden.

In unserer Herberge wurde ich von einer runden, freundlichen Bauersfrau herzlich begrüßt und in ein Zimmer gebracht, das ich mit den Jungs und Colette aus Montréal-sur-Gers teilen würde. Die Gîte war mit rund 12 Personen ziemlich ausgebucht, auch die Pariserinnen Caroline und ihre Mutter aus Miramont-Sensacq waren eingetroffen. Diese Herberge war für die Abendunterhaltung berüchtigt und wir sollten nicht enttäuscht werden. Der gut genährte, rotwangige Herbergsbesitzer Beñat, ein Baske wie man ihn sich vorstellt, sang mit tiefer und von sich selbst überzeugter Stimme baskische Lieder, das Pilgerlied Ultreia und französische Kanons, und ermunterte uns mit ordentlichem Stupsen zum Mitsingen. Vor allem Caroline, die an der Ecke saß, wo Beñat mit Vorliebe verweilte, hatte schwer unter dem Anstupsen zu leiden, denn wie zufällig war es immer ihre Brust, die gestupst wurde. Trotzdem war es eine sehr lustige Atmosphäre und vor allem Eric und ich amüsierten uns prächtig und hatten Tränen in den Augen vor Lachen. Sogar ich, die sonst sehr empfindlich auf erzwungene Körperlichkeit reagiert, konnte mit einem Augenzwinkern zulassen, dass Beñat auch meinen Hintern ab und an mit einem Pelotaball verwechselte und ihn in seine große Pranke nehmen musste.

In unserem Schlafzimmer hatte Florian das Bett neben mir belegt und bot mir zum Entspannen vor dem Einschlafen noch eine Fußmassage an. Ein wohliger Genuss nach 28 Kilometern Fußmarsch und nicht unbedingt mehr als ein Pilger-Freundschaftsdienst, auch wenn Colette im Bett gegenüber sich wahrscheinlich gefragt hat, was wir zwei veranstalteten. Für mich ein überraschendes Angebot, nachdem ich tagsüber eher das Gefühl gehabt hatte, Florian sei nach der Rückenmassage vom Vortag auf Abstand gegangen.

Tag 45:

OSTABAT-ASME – SAINT-JEAN-PIED-DE-PORT (23.5 KM)

Unerwartete Wiedersehen

Ich würde in Saint-Jean-Pied-de-Port ankommen. Das große Etappenziel, mit dem die meisten Pilger ihren Camino Francés durch das spanische Binnenland erst beginnen. Ich war bereits seit über 1'000 Kilometern unterwegs.

Obwohl ich am Vortag klargestellt hatte, dass ich diese Etappe alleine gehen wollte, konnte ich mich am Morgen wieder mal nicht von meinen beiden männlichen Begleitern trennen. Es würde unser letzter gemeinsamer Tag sein, warum ihn nicht gemeinsam begehen? Ein weiteres Pelota-Spiel des Herbergsleiters mit meiner Pobacke während des Erinnerungsfotos, dann zogen wir zu dritt los, etwas melancholisch, aber durchaus beschwingt. Es wurde ein sonniger, wunderschöner Tag und der Weg, der durch Waldstücke, grüne Landschaften mit friedlich grasenden Schafen und kleine Dörfer führte, war rundum angenehm.

In Saint-Jean-le-Vieux, unmittelbar vor dem großen Etappenziel, machten wir eine Pause mit Eiscreme und kühlen Getränken. Wir trafen Martina aus der Gîte in Uzan wieder. Es war ihr letzter Tag; nach Wochen, in denen sie alleine unterwegs gewesen war, würde nach nur fünf Kilometern ihr Mann auf sie warten. Entgegen aller Erwartung war Martina in Tränen aufgelöst, konnte sich nicht vorstellen, wie sie in ihr Leben zurückfinden sollte, glaubte zwar ihren Mann zu lieben, aber wollte nicht wieder mit ihm in ihren Alltag zurück. Das machte mich ziemlich nachdenklich, obwohl ich das Gefühl hatte, dass mir so etwas nicht passieren könnte. In gewisser Weise konnte ich das Gefühl nachempfinden, nicht ankommen zu wollen. Saint-Jean-Pied-de-Port würde für unsere kleine

Dreier-Gruppe das Ende einer langen gemeinsamen Strecke sein und ich würde auf dem Küstenweg wieder ganz neu anfangen. Wir hatten uns einen Namen gemacht, waren bekannt als „die Esthers", „Esther und die Jungs", „die jungen Pilger". Ich hätte gerne gewusst, was man sich über unsere kleine und besondere Gemeinschaft so erzählte.

Wir erreichten Saint-Jean-Pied-de-Port zu dritt und unspektakulär. Plötzlich standen wir vor dem Torbogen, der Eingang zum kleinen Dorfzentrum. Die erste große Etappe, die ich bei schönem Wetter und nicht alleine erreichte, und es war gut wie es war. Wir machten Erinnerungsfotos in enger freundschaftlicher Umarmung zu dritt im Torbogen und suchten dann das Pilgerbüro, wo Michel, der Hospitalero aus der Gîte in Miramont-Sensacq, seinen neuen Dienst angetreten hatte und die Jungs im Detail über den Camino Francés informierte. Ich wollte keine Details über den Küstenweg erfahren, ich hatte mein Pilgerbuch, das mich schon ohne sonstige Vorbereitung oder Unterstützung bis hierher gebracht hatte, so wollte ich weitermachen. Ich hatte allerdings etwas anderes im Pilgerbüro zu erledigen, denn Patrick, der Urpilger, hatte mir telefonisch zugesichert, dass er die in Moissac geliehenen 50 Euro dort hinterlegen würde – nachdem ich ihn darauf angesprochen und ihm auf die Füße getreten hatte. Hier schien aber niemand davon zu wissen und ich fühlte mich schon in meinem Argwohn bestätigt, als eine Hospitalera aus dem Nebenzimmer kam mit einem Umschlag für mich. Auch dieses vorab geschenkte Vertrauen in einen so gut wie unbekannten Menschen war also zu einer guten Erfahrung geworden.

Michel bot uns auch an, ein Zimmer zu reservieren. Florian und ich hatten den Scherz von einem gemeinsamen Doppelzimmer bis hierhin mit uns getragen, fragten dann aber doch nach einem Dreibett-Zimmer. Es würde unsere letzte Nacht werden, wir wollten feiern und dabei unter uns sein und niemanden stören. Die private Gîte hatte telefonisch ein Dreibett-Zimmer zugesagt, es wurde uns aber ein Vierbett-

Zimmer mit einem deutschen Radpilger zugewiesen. Da der Ort sich scheinbar schnell mit Pilgern füllte, behielten wir das Zimmer trotzdem.

Bei der Ortsbegehung trafen wir Patrick wieder. Er war die Etappe über die Pyrenäen am Vortag gegangen und nun wieder zurückgekommen. Seine Reise war für dieses Mal zu Ende. Ich war überrascht, dass meine Jungs Patrick kannten und meine Jungs ahnten das Schlimmste, als er mich so ausgesprochen herzlich umarmte. Für ihr Verständnis war er auf dem Camino vor allem auf Frauensuche gewesen und sie erzählten mir von der Frau, von der sie wussten, dass er eine Nacht mit ihr verbracht hatte; ob ich Ophélie kenne, es handele sich um ihre Mutter. Ein Puzzleteil fand spät und überraschend seinen Platz und mir war schlagartig klar, was es mit der mysteriösen Erscheinung in meinem Schlafsaal in Saint-Côme-d'Olt auf sich gehabt hatte.

Wir trafen Wendy, die sich bis hierher alleine durchgeschlagen hatte, Peter[9] würde erst am nächsten Tag eintreffen. Wir trafen Colette und ihren Mann, wir lernten den Mann von Martina kennen. Wir besichtigten die große Kirche und ich wurde wieder einmal von meinen Emotionen überwältigt und kämpfte mit den Tränen, als ich die Kerze für meinen Schutzengel anzündete. Dieses Mal hatte Florian mich beobachtet und bemühte sich vor der Kirche, mich zu beruhigen und zu verstehen, was passiert war. Ich wusste es selbst nicht, ich war einfach emotional ziemlich überfordert. Außerdem hatte, seit wir in Saint-Jean-Pied-de-Port angekommen waren, ein Gefühl von mir Besitz ergriffen, dass wir jemanden ganz Unerwartetes treffen würden, dass etwas Besonderes bevorstand. Das half meiner Gemütsverfassung nicht.

Wir aßen mit Colette baskischen Kuchen, tranken mit Richard und seinen Frauen Cidre und genossen den letzten gemeinsamen Nachmittag. Eric betonte mehrfach, dass er eine ganz tolle Zeit mit mir verbracht habe, ansonsten redeten wir wenig über die Tatsache, dass wir uns nach zwei Wochen intensiven Zusammenseins wahrscheinlich nie mehr wiedersehen würden. Während des gemeinsamen Abendessens in einem baskischen Restaurant glaubte Eric, Dominique, den Pilger mit Parkinson, der mit seiner Solex unterwegs war, im vorbeiziehenden Menschenstrom gesehen zu haben. Obwohl es fast ausgeschlossen war, dass er mit seiner Solex von Auvillar solange wie wir zu Fuß gebraucht hatte, stand ich auf und rief durch die ganze Gasse seinen Namen. Ich wusste intuitiv, dass er die Person war, auf die meine Vorahnung hingedeutet hatte. Dominique gesellte sich zu uns und wir verbrachten einen intensiven Abend in warmer Freundschaft, mit viel Lachen. Als es zu kühl wurde, um in T-Shirts draußen zu sitzen, eilte Florian zurück in die Gîte und schleppte für uns alle Jacken an. Das war einer der Gründe, warum ich Florian so ins Herz geschlossen hatte, diese absolute Selbstverständlichkeit, etwas für andere zu tun, ohne dies als etwas Besonderes zu empfinden oder Dank dafür zu erwarten. Am Ende des Abends brachten wir Dominique in seine private Gîte und verabredeten uns für den nächsten Morgen, bevor mein Zug nach Hendaye ging. Dominique war auf meinem Weg eine der beeindruckendsten Begegnungen, dieser von seiner unheilbaren Krankheit gezeichnete Mensch, der einen solchen Willen zum Leben und Erleben in sich trug. Ich würde niemals seine Augen vergessen, voller Geduld und Akzeptanz, und doch sah man, dass einmal so viel mehr Leben in ihnen gewesen war.

Es war ein emotional höchst aufgeladener Tag und ein alkoholseliger Abend gewesen. Als wir in unser Vierer-Zimmer zurückkehrten, schlief der deutsche Fahrradpilger schon oder tat zumindest so. Während Eric im Bad war, krabbelte ich zu Florian ins Hochbett und gab ihm einen langen, warmen Abschiedskuss. Ich hatte fast zwei Wochen mit diesem schüchternen, liebevollen und liebenswerten jungen Mann geflirtet, gelacht, geredet und sogar Tränen vergossen, hatte mich geöffnet, viel von ihm gelernt, ihn an meinen Erfahrungen teilhaben lassen. Ich hatte das Bedürfnis, dies mit einem Kuss zu besiegeln.

Tag 46 bis 79

DER KÜSTENWEG

(Saint-Jean-Pied-de-Port)

Hendaye – Santiago de Compostela

Tag 46:

SAINT-JEAN-PIED-DE-PORT – JAIZUBIA (9 KM)

Ein magisches Erlebnis, das alles verändern sollte

Ich nahm nicht den ersten Zug, so dass wir den Morgen in Ruhe angehen konnten. Ich würde mit dem Zug über Bayonne nach Hendaye fahren und dort den spanischen Küstenweg beginnen. Der kleine Jacques hatte mir zwar ausführlich erklärt, dass es auch französische Wanderwege von Saint-Jean-Pied-de-Port nach Hendaye gäbe und gerne hätte ich die rund 100 Kilometer zu Fuß zurückgelegt, aber alleine außerhalb des Jakobswegs, ohne zu wissen, wo ich übernachten, essen, einkaufen könnte und sehr wahrscheinlich drei bis vier Tage mutterseelenalleine auf dem Weg, das traute ich mir nicht zu.

Dominique kam uns in der Gîte abholen. Ich dachte, wir würden gemeinsam frühstücken gehen, aber Florian regte an, gemeinsam noch einmal in die Kirche zu gehen. Ich fand das ein wenig überflüssig, immerhin war ich dort gestern schon gewesen. Ich hätte die unbeschwertere Atmosphäre eines Cafés vorgezogen. Aber zwischen Florian und Dominique schien das bereits abgesprochen, so dass ich mich anschloss. Während ich mich im Eingangsbereich der Kirche herumdrückte, gingen die Jungs mit Dominique langsam nach vorne, dorthin, wo ich am Vortag die Kerze für meinen Schutzengel angezündet hatte. Dominique begann zu singen und ich beeilte mich, den Anschluss an die kleine Gruppe zu finden. Alle Besucher der Kirche an diesem Freitagmorgen hielten inne und lauschten. Es gab kein anderes Geräusch und keine Bewegung in der Kirche, während Dominique umringt von Opferkerzen vor der Madonna stand und mit tiefer, einfühlender, fast trauriger Stimme sang. Er sang Kirchenlieder und „A long way from home", „All the trouble I've seen" und „Halleluja". Ich war schon nach wenigen Sekunden in mich zusammengefallen und ließ meinen Tränen freien Lauf. Eric einige Meter vor mir brauchte nur ein paar Minuten länger. Es war für mich der bewegendste Moment auf meinem Weg, wie dieser außergewöhnliche Mann die ganze Kirche mit seiner Stimme und seiner Präsenz ausfüllte. Wir umarmten uns anschließend lange, Eric und ich tränenüberströmt, Florian und Dominique ruhig und gefasst, und zwischen uns war eine Wärme, eine Freundschaft, ein gegenseitiges Verstehen und bedingungsloses Annehmen, so intensiv, wie ich es vielleicht noch nie in meinem Leben gespürt hatte.

Dominique[10] löste die Umarmung, mahnte mich, zum Zug zu gehen und stieg alleine und langsam die schmale Gasse von Saint-Jean-Pied-de-Port hoch, nicht ohne sich dabei mehrmals nach uns drei Pilgern umzudrehen, die vor der Kirche standen und ihm nachsahen.

Die Jungs begleiteten mich, aufgelöst und tief bewegt, zum kleinen Bahnhof. Jeder ging für sich, noch ganz in dem Erlebten gefangen und doch waren wir eine ganz neue Einheit geworden, die gemeinsam etwas Wunderbares erleben durfte. Mir kamen immer wieder die Tränen. Am Bahnhof angekommen, während ich mich seelisch auf die nächste emotionale Herausforderung vorbereitete, nämlich den Abschied von meinen beiden Jungs, standen diese etwas abseits und schienen eine Art Abschiedsszene zu besprechen. Doch dann kam Eric, noch immer mit glasigen Augen, mit einem breiten Grinsen auf mich zu und fragte mich ganz direkt: „Und wenn wir mitkommen?" Ich verstand die Frage zunächst gar nicht. Was sollte das bringen, mit nach Hendaye zu kommen, nur um den nächsten Zug zurück zu nehmen? Nein, sie wollten nicht den nächsten Zug zurück nehmen, sie wollten mit mir auf dem Küstenweg weiter Richtung Santiago wandern. Ohne ein Zögern wurde unsere kleine, besondere Gemeinschaft um gute zwei Wochen verlängert. Es würde ein ganz anderer Weg werden, als ich ihn mir vorgestellt hatte und ich entschied, dass auch dies Teil meines Weges sein würde.

Noch am Bahnhof trafen wir Richard und seine Frauen wieder, die es ganz süß von den Jungs fanden, dass sie mich zum Zug brachten und dann sehr überrascht über die neue Entwicklung waren. Aus dem Zug machte die französische Transportgesellschaft spontan einen Bus und so zuckelten wir bis nach Bayonne auf Landstraßen. Von dort ging es mit dem Zug zum Grenzort Hendaye, den nur noch eine Brücke von Spanien trennte. Direkt am Zielbahnhof kam für mich die erste große Geduldsprobe in unserer nun fest vereinten Dreier-Gruppe. Nach rund zwei Stunden Bus- und Zugfahrt verbrachte Florian nun eine gute halbe Stunde am Bahnhof Hendaye damit, seine unzähligen Postkarten zu schreiben, in Briefumschläge zu stecken, diese säuberlich mit den Adressen von unzähligen Verwandten zu beschriften und sie mit französischen Briefmarken zu bekleben. Denn nach der Brücke würde es ja teurer werden. Ich nutzte die Zeit, um ein kleines Geschenk für Florian zu besorgen, es war sein 21. Geburtstag. Wir verbrachten eine weitere halbe Stunde mit der Suche nach einem Briefkasten und konnten dann endlich über die große Santiago-Brücke nach Spanien wandern. Für Eric war es das erste Mal, dass er Frankreich verließ und auch Florian konnte seine Auslandserfahrungen noch gut an einer Hand abzählen. Für mich war es eine unglaubliche Vorstellung, von der Schweiz aus quer durch Frankreich bis nach Spanien gewandert zu sein.

Hinter der Brücke wartete Irun auf uns, was mit seinen über 50'000 Einwohnern für uns die größte Stadt auf unserem bisherigen Jakobsweg darstellte. Prompt verliefen wir uns hoffnungslos in den kleinen Vororten, wir hatten uns noch nicht an die neue Beschilderung gewöhnt und waren vielleicht auch einfach von der spanischen Umgebung zu abgelenkt gewesen. Ich versuchte mit meinen spärlichen Spanisch-Kenntnissen einen älteren Mann nach dem Weg zu fragen, der mich sehr barsch anfuhr. Er war davon ausgegangen, dass ich ihn um Geld anbetteln würde! Als ich Camino Santiago wiederholte, zeigte er bereitwillig die Richtung an. Ich nutze die Vorteile einer Stadt, um mir eine spanische Handynummer zu besorgen. Wir waren aber alle drei ganz froh, die Stadt hinter uns zu lassen.

Mein Pilgerbuch führte nicht nur den offiziellen Küstenweg auf, sondern auch empfehlenswerte Umwege. Ich hatte entschieden, der ersten Empfehlung für einen Besuch des Küstenortes Hondarribia zu folgen. Da meine beiden Begleiter verständlicherweise keinerlei eigenes Karten- oder Informationsmaterial dabei hatten, waren sie vollkommen auf mich und meine Planung angewiesen. Ein wenig gewöhnungsbedürftig war das für uns alle. Der kleine Abstecher in das bunte, baskische Dorf lohnte sich aber in unser aller Augen und war ein schöner Einstieg in unseren spanischen Weg.

Unsere nun fest vereinte Dreier-Kombi musste sich erst noch an die neuen Voraussetzungen gewöhnen. Ich hatte manchmal das Gefühl, die Jungs bereuten ihren Vorschlag schon. Ich selbst konnte noch nicht so recht beurteilen, ob ich von der Idee schlussendlich begeistert sein würde oder nicht. Es wäre ohne Begleitung ein anderer Weg, intensiver vom Erleben, aber sicher einsamer und schwieriger.

Kurz nach Hondarribia hatten wir eine touristische Herberge reserviert, in der nicht nur Pilger aufgenommen wurden. Eine alte Mühle, ganz ruhig im Nirgendwo gelegen, interessant zu einer Herberge umgebaut. Wir wurden von einem jungen, alternativ angehauchten Mädchen empfangen. Überhaupt schien die Herberge von einer Gruppe alternativer Jugendlicher geführt zu werden, es schien keine verantwortlichen Erwachsenen zu geben. Die Herberge war aufgrund eines Festivals in Hondarribia ausgebucht. Florian, Eric und mir wurde ein offener Schlafsaal mit über zehn Etagenbetten gezeigt, in dem wir drei Betten belegten. Da es frisch geworden war und nach Regen aussah, fragte ich nach einer Wolldecke, denn mein Seidenschlafsack würde diese Nacht kaum reichen. Das Mädchen kramte hilfsbereit eine

Daunendecke aus einem Schrank. Ich machte die Erfahrung, dass in Spanien, im Gegensatz zu Frankreich, die wenigsten Herbergen automatisch und ausreichend Wolldecken zur Verfügung stellten und ich würde meinen Schlafsack noch so manches Mal schmerzlich vermissen. Von den Jungs angeregt hatten wir unser Abendessen unterwegs gekauft und konnten uns mit Sandwiches und Salat versorgen. Von der in meinem Pilgerbuch beschriebenen Möglichkeit, Abendessen über die Herberge zu buchen, schien entweder niemand Gebrauch zu machen oder es gab sie nicht mehr. Die Küche blieb dunkel und schien auch nicht durch Gäste benutzt zu werden. Die ganze Atmosphäre wirkte chaotisch, als wären die Jugendlichen von Erwachsenen im Stich gelassen worden und ich war zum ersten Mal richtig froh, hier nicht alleine sitzen zu müssen. Niemand sprach mit uns, niemand sprach eine Sprache, in der wir uns hätten unterhalten können.

Wir lagen relativ früh im Bett, wobei ich mitten in der Nacht aufstand, um den feiernden Gästen, die ohne Unterlass an unserem offenen Schlafsaal vorbeizogen, klarzumachen, dass manche Menschen gerne schlafen würden. In dieser Nacht begannen außerdem meine Zahnschmerzen. Ich hatte schon seit Monaten zum Zahnarzt gehen wollen und nun begann der Zahn zu pochen.

Tag 47:

JAIZUBIA – SAN SEBASTIAN (25 KM)

Bikini-Zeit!

Auch in Spanien regnete es gleich am Morgen. In Plastik eingepackt zogen wir los. Der Weg versprach, anstrengend zu werden, wir würden einen der heftigsten Aufstiege auf unserem gesamten Weg bisher bewältigen müssen. Dank eines wunderschönen natürlichen Weges durch grüne Wälder und Wiesen empfand ich die Anstrengung allerdings als nebensächlich, ich genoss es sehr, durch diese spanische Landschaft zu wandern, die mit Ausblicken auf die Bucht von Irun und den Bäumen und Pflanzen ganz anders auf mich wirkte als in Frankreich. Von einer Kirche hoch oben auf einem Plateau konnten wir Frankreich in der Ferne sehen. Florian und Eric wirkten manchmal auf mich, als würden sie am liebsten auf direktem Weg dorthin zurückkehren.

Wir sahen freilaufende schwarze Pferde und immer wieder Kühe, die hier mit großartigem Meerblick grasten. Die Ausblicke auf das Meer und der grüne Weg, der sich ziemlich einsam durch die Landschaft schlängelte, waren atemberaubend. Ich war froh, dies teilen zu können und erinnerte mich oft an die Weisheit von Christopher Supertramp McCandless aus „Into the Wild": Happiness [is] only real when shared, „Glück [ist] nur echt wenn man es teilt".

Mein Pilgerbuch schlug eine empfehlenswerte Alternative über den Berg vor, aber aufgrund von Nebel und Nieselregen ließ ich mich überzeugen, dass es wenig Sinn mache, den Berg zu besteigen wenn wir doch keine bessere Aussicht von dort hätten. Es würde von nun an auch Teil meines Weges sein, mich auf die anderen einzustellen und nicht nur meinen Kopf durchzusetzen. So auch als wir Pasaia erreicht und mit der kleinen Fähre über die Bucht gesetzt hatten. Die Jungs hatten Hunger und wollten Mittagspause machen. Ich hatte meine Vorräte an Müsliriegeln bereits am Vormittag mit ihnen geteilt und war weder in der Lage noch bereit, mehr aus meinem Rucksack zu zaubern. So gingen wir in Richtung Zentrum dieses Ortes, der immerhin so groß wie Le Puy-en-Velay war. Die erste Bar, die wir kreuzten, wirkte nicht einladend, so zogen wir weiter. Der Supermarkt auf dem Weg war auch nicht das, was meine Begleiter sich vorgestellt hatten. Wir erreichten einen Platz, auf dem ein Jahrmarkt stattfand, der auch baskische Männerspiele zur Schau stellte. Schwere Muskelpakete hackten auf verschiedenste Weisen dicke Holzstämme um die Wette oder trieben Keile in Pfähle. Florian und Eric waren verzaubert von dieser Zurschaustellung von Manneskraft, ich wäre gerne weiter unserem Tagesziel entgegen gegangen. Nach vielen Runden dieser Wettkämpfe konnten sich Eric und Florian von dem Schauspiel lösen, nur um sich wieder auf ihren Hunger zu konzentrieren. Wir stürmten die nächste Bar, die sich als Tapas-Bar herausstellte. Im Norden Spanien sind Tapas leicht abgewandelt und heißen Pintxos. Vor allem für Florian eröffnete sich ein Paradies, er musste nicht mehr lange zwischen zwei Angeboten abwägen, sondern konnte einfach beide nehmen.

So gestärkt zogen wir weiter. Der natürliche Weg, oft sogar sandig, verlief immer mit Blick von hoch oben aufs Meer rechts und durch leuchtend grüne Farnhaine mit niedrigen grünen Büschen und Bäumchen. Es war außer uns niemand zu sehen und der Weg gehörte nur uns. Die zerfurchten Steilklippen an dieser Küste kannte ich schon von einem Urlaub mit meinem Mann vor vielen Jahren, aber diese zu Fuß zu erwandern, war gefühlsmäßig völlig anders, als mit dem Auto daran vorbeizufahren. Sie waren aber einer der Gründe, warum ich mich auf diesen Teil meines Weges gefreut hatte und auch die Jungs, vor allem Eric, konnten sich an den Ausblicken kaum sattsehen.

Wir erreichten San Sebastian, mit fast 180'000 Einwohner bei Weitem die größte Stadt unseres bisherigen Weges. Der Weg folgte aber, simpel genug, der Strandpromenade und so gingen wir am Kursaal, am Theater und am Rathaus vorbei und fanden unsere Pilgerherberge einigermaßen problemlos. Sie befand sich in einem großen Raum im Erdgeschoss einer alten Schule, bot Duschen und Wäscheleinen und 25 Etagenbetten. Spanische Hospitaleras empfingen uns und wir mussten die erste spanische Einschreibung über uns ergehen lassen. Da meine ersten zwei Pilgerausweise voll mit Stempeln gewesen waren, hatte ich sie zurück nach Hause geschickt. Nun wollte man mir kaum glauben, dass ich nicht nur in Lausanne wohnte, sondern von dort auch losgelaufen war, auch wenn mein letzter Pilgerausweis erst in Saint-Jean-Pied-de-Port begann. Dass jemand den ganzen Weg tatsächlich zu Fuß zurückgelegt haben könnte, schien den Damen ausgeschlossen.

Nach Dusche und Wäsche machten Florian und ich uns auf den Weg Richtung Zentrum. Ich hatte bei meinem zweiten Start auf den Jakobsweg bewusst auf den Bikini verzichtet, um mich nicht selbst unter Druck zu setzen. Endlich am Atlantik angekommen, war es mir aber wichtig, mir mit dem Kauf eines Bikinis zu beweisen, dass ich es tatsächlich soweit geschafft hatte. Auch wenn die Auswahl im ersten Geschäft etwas zu teuer und nicht wirklich mein Geschmack war, schien der erste anprobierte Bikini Florian ausgesprochen gut zu gefallen und ich wollte ans Meer. Da wir noch einen kurzen Halt im Supermarkt einlegten, um Bier und Proviant für den nächsten Tag einzukaufen, war es allerdings für den Bikini bereits zu kühl, als wir endlich am Strand ankamen. Ich genoss mein Feierabend-Bier am Strand, lief barfuß durch den Sand und hielt meine Füße ins Salzwasser. Leider begann Florian mich mit seiner oft negativen Haltung langsam zu nerven. Er hatte die Tendenz, das Glas eher halbleer als halbvoll zu sehen. Eric kannte ihn gut genug, um ihn hin und wieder anzustoßen und auf seine negative Denkweise aufmerksam zu machen. Florian war auch bereit, sich zu verändern. Aber in manchen Momenten, und gerade wenn ich mit ihm alleine war, kam seine pessimistische Art noch deutlich zum Vorschein und raubte mir Kraft.

Zum Abendessen trafen wir Eric wieder und die Diskussionen wurden kompliziert. Der Döner für zehn Euro war den Jungs zu teuer. Ich konnte nicht verstehen, welches Budget sie sich vorgestellt hatten, wo doch die Herberge schon Donativo war. Wir landeten in der zweiten Tapas-Bar des Tages und ich freundete mich mit dieser Wahl an. Mir war durchaus bewusst, dass ich alleine weniger Spaß beim Pintxos-Essen gehabt hätte.

Das Schlafen in einem voll belegten Raum mit 49 anderen Pilgern war wesentlich ruhiger als ich mir das vorgestellt hatte. Ich war vor der Nachtruhe um 22 Uhr eingeschlafen und wachte erst auf, als die ersten Stirnlampen-Pilger gegen fünf Uhr ihre Sachen packten.

Tag 48:

SAN SEBASTIAN – ASKIZU (28 KM)

Badepause!

Im Sonnenschein ging es immer wieder anstrengend bergauf und bergab. Wenn der Weg einmal gerade keinen atemberaubenden Ausblick aufs Meer nach rechts bot, führte er uns durch Weinberge und grüne Wiesen, oftmals ging es an abgelegenen Waldwegen, Weiden und einsamen Bauernhöfen entlang. Unmittelbar nach der Einsamkeit kamen wir aber immer in Städte mit zehntausend und mehr Einwohnern. Der Küstenweg war genau so, wie ich ihn mir erhofft hatte. Obwohl ich die Beschilderung teilweise schwierig fand und trotz meines Pilgerbuchs nicht immer weiterwusste. Dies bewegte mich dazu, immer wieder Menschen nach dem Weg zu fragen. Genau diese Erfahrung genoss ich.

Die Stimmung in unserer kleinen Gruppe schwankte. Eric gab zu, ans Aufgeben zu denken. Er konnte sich nur schwer an Spanien gewöhnen. Florian ging am liebsten hinter mir her, vermutlich, um mich von hinten diskret zu beobachten, traute sich aber nur einmal indirekt, mich auf den Kuss in Saint-Jean-Pied-de-Port anzusprechen. Es war nicht so, dass ich diesen Kuss bereute, aber er war als Abschiedskuss gedacht gewesen und hätte eher nicht stattgefunden, wenn ich geahnt hätte, dass ich nun zwei Wochen lang große Fragezeichen in Florians Augen sehen würde, wann immer sich unsere Blicke begegneten. Ich konnte ihn oft nur in Gesellschaft von Eric ertragen, seine schwermütige und negative Stimmung zog mich runter.

Am Strand von Zarautz, nur noch wenige Kilometer von unserer privaten Herberge entfernt, machten wir Pause. Es war ein ganz besonderes Erlebnis, mit dicken Wanderschuhen und schweren Rucksäcken an der Strandpromenade entlang zu pilgern, auf der nackte Kinder spielten und Touristen Eis aßen. Noch spezieller wurde es, als wir rechts zum Strand abbogen, unsere Rucksäcke in den Sand warfen und unsere dünnen, schnell trocknenden Outdoor-Handtücher ausbreiteten. Nach einem fast erreichten Tagespensum tat es den glühenden Füßen gut, im Meer abzukühlen und für den verspannten Rücken war es optimal, eine Runde zu schwimmen. Ich packte meinen funkelnagelneuen Bikini aus und wagte mich ins Wasser, während meine beiden Begleiter, die keine Badehosen hatten, es genossen, sich mit freiem Oberkörper am Strand von der Sonne braten zu lassen.

Ich beobachtete die Touristen. Besonders ein Vater mit seinen zwei Kindern, Sohn und Tochter, fiel mir dabei auf. Sie hatten alle drei Surfbretter dabei und der Vater spornte seine Kinder immer wieder an, ermutigte sie, ging mit ihnen ins Wasser, half ihnen, unterstützte sie. Ich dachte an Christian, der mit mir bis Bach gegangen war und mir oft voll Stolz von seiner Tochter erzählt hatte, die gerade ihr Tiermedizin-Studium erfolgreich beenden konnte. Leider hatte ich selbst kaum Erinnerungen daran, eine so bedingungslose Unterstützung und natürlichen Rückhalt von meinen Eltern erfahren zu haben.

Die letzten sechs Kilometer ging es noch einmal bergauf. Der Küstenweg nach Santiago de Compostela ist der ursprünglichere Weg, auch wenn er heutzutage weniger begangen wird. An vielen Stellen wurden wir über die uralte Route geführt, was wir am groben historischen Pflaster erkennen konnten. Von hoch oben hatten wir einen schönen Blick auf den Küstenort Getaria, wo ich vor Jahren mit meinem Mann einmal Urlaub gemacht hatte. Von nun an würde die Küste auch für mich neu sein.

Unsere private Herberge in Askizu stellte sich als ein Hotel heraus, das Übernachtung und Essen für Pilger günstiger anbot. Man zeigte uns unser Zimmer, das eindeutig ein Doppelzimmer war, zwischen die beiden Einzelbetten hatte man ein drittes Bett geschoben, so dass das Zimmer praktisch aus einer großen

Matratze bestand. Die Jungs und ich scherzten darüber, wer wohl am besten die Mitte des Sandwiches einnehmen würde, die Rolle fiel auf Florian. Nach dem Pilgermenü in der kleinen Bar waren wir aber alle drei zu müde, um uns weitere Gedanken über die Möglichkeiten dieses Arrangements zu machen.

Tag 49:

ASKIZU – DEBA (16.5 KM)

Ein verlorener Nachmittag

Für mich, aber auch für die beiden Jungs, war es eine unbeschreibliche Erfahrung, den ganzen Tag im spanischen Sonnenschein mit Meerblick und größtenteils auf wunderschönen Wegen zu pilgern. Ich genoss jeden Augenblick, obwohl die Spannungen in unserer kleinen Gruppe wuchsen. Irgendwie hatte die Tatsache, dass wir nun zusammenbleiben mussten und keine freie Wahl mehr hatten, unser Verhältnis zueinander geändert. Für mich ging es immer noch darum anzukommen, ruhig und auf meine Weise, aber doch immer mit dem klaren Ziel Kap Finisterre vor Augen, für Eric ging es darum bereits nicht mehr und Florian musste wohl einsehen, dass es auf den einen Kuss keine Fortsetzung geben würde. Immer wieder führte jedoch die Schönheit der Umgebung dazu, dass in unserem Miteinander Gleichgewicht und Harmonie entstanden, die mich dazu veranlassten, meinen Jungs eine platonische Liebeserklärung zu machen, die diese gerührt erwiderten.

Nachdem wir hinter dem Küstenort Zumaia wieder einmal eine Anhöhe erklommen hatten und auf die grün bewachsenen Steilklippen und die Bucht von Zumaia zurückschauten, wurde mir bewusst, dass in meinem Geist eine Wahrheit entstanden war, nach der ich nicht gesucht hatte. Ein großes Schlagwort, und ein christliches noch dazu, hatte in meinem Kopf Gestalt angenommen: das Wort Vergeben. Mir war klar geworden, dass ich in meinem Leben nur dann weiterkommen würde, wenn ich anfangen könnte, zu vergeben. In erster Linie meinem Vater, aber sicher auch mir selbst. Dass ich dafür lernen müsste, mir meine eigenen Fehler einzugestehen und Menschen in meinem

Umfeld um Vergebung zu bitten, wenn ich sie bewusst oder unbewusst verletzt hatte. Ich spürte, dass diese Erkenntnis eine der wichtigsten sein würde, die der Jakobsweg mir geben würde. Meine Jungs spürten, dass ich sehr bewegt war und ließen mich, um mir Abstand und Ruhe zu gönnen, weit vorziehen. Innerlich getragen von meiner Erkenntnis erlebte ich die Aussichten, sowohl auf das Meer als auch auf die Berge und selbst auf die Wiesen und Weinberge neu und intensiver. Der süßliche Geruch von in Plastikfolie eingepackten Heuballen stieg mir in die Nase.

An einem wunderschön gelegenen Rastplatz hoch über dem Meer wartete ich auf Eric und Florian. Ich kam dabei kurz mit einem jungen amerikanischen Pilger ins Gespräch und mir wurde bewusst, dass ich seit Tagen niemanden mehr kennengelernt hatte. Pilger in einer Gruppe schreckten Einzelpilger offensichtlich von der Kontaktaufnahme ab. Auf dem Weg nach Deba wurden wir allerdings von einer jungen Pilgerin angesprochen. Lala war seit Wochen unterwegs, sie war von Nantes losgelaufen, anfangs ohne die Infrastruktur des Jakobsweges, und hatte dabei einiges an Erfahrung gesammelt. Sie zeigte sich als eine robuste Person, redete für meinen Geschmack aber eindeutig zu viel und dabei vor allem über sich selbst. Lala gehörte zu jenen Pilgern, die glaubten, die einzigen zu sein, die wissen, wie man den Jakobsweg zu gehen habe. Ich war ganz froh, als sie sich recht schnell nach vorne absetzte.

Wir erreichten den kleinen Küstenort Deba am Nachmittag. Luxuriöserweise konnten wir auf der Höhe über Deba einen gläsernen Aufzug besteigen, der uns ins Stadtzentrum hinunter brachte. Dort begegneten wir als erstes Lala, die mit Rune, einem jungen Pilger aus Dänemark, auf dem Weg in die Pilgerherberge war. In Deba musste sich jeder Pilger in der Touristeninformation melden, um eine Bescheinigung zu bekommen. Nur mit dieser konnte man sich zur Herberge begeben. Die Touristeninfo hatte soeben die Mittagspause begonnen und würde erst um 16 Uhr wieder öffnen. Lala erklärte uns ausführlich, dass sie sicher sei, mit ihrem Begleiter Rune so ziemlich die letzten Plätze bekommen zu haben, da die Liste, in die man sie eingetragen habe, fast voll gewesen sei. Sie riet mir und den Jungs eindringlich, uns gleich bei der Touristeninfo anzustellen, damit wir nach der Mittagspause auch sicher noch die wenigen Plätze ergattern könnten. So verbrachten wir die Zeit über Mittag nicht am Strand, sondern in der Schlange vor der Touristeninformation, wo wir uns mit Anstehen abwechselten. Bis 16 Uhr hatten sich tatsächlich einige Pilger vor dem kleinen Büro versammelt, aber alle erhielten problemlos einen Platz in der großen Herberge. Die Jungs hatten darüber hinaus endlich die Gelegenheit, sich Informationsmaterial über den Küstenweg in Form eines kostenlosen Pilgerbuches zu beschaffen.

Die Herberge in Deba war oberhalb der Stadt in einer alten Schule untergebracht, so dass wir über den gläsernen Aufzug dankbar waren, der uns den beträchtlichen Höhenunterschied leicht machte. Wir erhielten drei Betten in einem von vielen Schlafsälen und ich hatte das Glück, ein Etagenbett zu bekommen, von dessen oberem Bett ich Meerblick hatte. Trotzdem hielt mich in dieser großen, unpersönlichen, chaotischen Herberge nach meiner Dusche und dem Wäschewaschen nichts, und ich war etwas irritiert und enttäuscht, dass die Jungs es vorzogen, auf ihren Etagenbetten zu entspannen, statt mit mir zurück in den Ort und an den Strand zu gehen. In manchen Momenten glaubte ich – und wünschte es mir fast –, die beiden würden bald aufgeben und mich neu anfangen lassen.

Ich schlenderte etwas lustlos an der Strandpromenade entlang, trank alleine ein Bier, sah Lala von Weitem, die umgeben von jungen männlichen Pilgern eine Selbstinszenierung veranstaltete, an der ich nicht teilnehmen wollte. Der Weg in Spanien war ganz anders als der bisherige. Ich verstand die hauptsächlich spanischen Mitpilger nicht, war als Ausländerin ständig in der Minderheit, die Herbergen waren groß, unpersönlich und schnell voll, Reservierungen waren generell nicht möglich. Abendessen gab es in den Herbergen selten und meine Begleiter hätten sich am liebsten aus Kostengründen von Sandwiches ernährt. Trotzdem trafen wir uns zum Abendessen in einem Restaurant, das uns wie so viele auf dem Weg ein ordentliches Pilgermenü zu einem akzeptablen Preis servierte.

Ich schlief zwar mit Blick auf das Meer ein, das in den roten Farben des Sonnenunterganges leuchtete, war dabei aber nicht halb so glücklich, wie ich es von anderen Tagen auf dem Jakobsweg gewohnt war. Ich war mit mir und der Welt nicht im Einklang.

Tag 50:

DEBA – CENARRUZA (31 KM)

Messe auf Spanisch

Am Morgen weckte ich meine Jungs liebevoll, damit wir gemeinsam aufbrechen konnten. Es versprach erneut, ein sonniger, wunderschöner Tag zu werden. Das Grün der Umgebung, die hügelige Landschaft, das Meer als krönender Abschluss des Blickes, die natürlichen Wege durch die Wälder – es war herrlich. Ich liebte den Küstenweg. Es gab auch viele Streckenabschnitte, wo der Weg mit Beton zugepflastert war und die Jungs scherzten gerne, dass sich die Betonmafia in Spanien noch rigoroser als in Frankreich durchgesetzt hatte, aber für mich standen diese Abschnitte weit im Hintergrund.

Ich hielt mich oft an der Seite von Eric, während Florian sich immer öfter absetzte. Ich genoss nach wie vor unsere Dreier-Gruppe, aber wenn wir zu zweit waren, empfand ich Eric als sehr nachdenklich und Florian oft als zu negativ. Trotzdem tat es mir gut, dass meine jüngeren Begleiter mich immer wieder an diese unbeschwerte Lebenszeit erinnerten, in der noch alles möglich scheint. Andersherum hoffte ich, dass ich sie ermutigen konnte, ihre Unbeschwertheit und jugendliche Planungsfreiheit länger in ihrem Leben zu erhalten, als ich selbst es geschafft hatte. Die Gesprächsthemen zwischen uns wurden immer persönlicher, ich erzählte sogar ein wenig von meiner chaotischen Familiengeschichte.

Während einer Pause in einem kleinen Unterstand mit Wasserstelle trafen wir eine Pilgergruppe, in der sich Lala, ihr dänischer Begleiter Rune und ein junges Paar aus Belgien zusammengetan hatten. Wieder fand ich den Kontakt zu den jungen Pilgern und vor allem zu den Frauen schwieriger, als ich es von den Begegnungen mit älteren Pilgern gewohnt war.

Ich bildete mir vor allem Lala gegenüber ein, mich beweisen, behaupten zu müssen und verlor dabei meine Lockerheit und Natürlichkeit. So war ich froh, dass meine Jungs und ich nur zu dritt weiterzogen und uns nicht einer neuen Gruppe anschlossen.

Wir erreichten die Kirche San Miguel de Aretxinaga, eine der wenigen Kirchen in Spanien, die wir betreten durften. Sogar ich stand sprachlos und beeindruckt vor dem Altar, der aus drei gigantischen Felsblöcken bestand. Die Felsblöcke waren größer als die Eingangstür, die Kirche war wohl um den Altar herumgebaut worden.

Kurz hinter der Kirche erreichten wir den kleinen Ort Markina-Xemein, der für die meisten Pilger auf dieser Etappe das Tagesziel war. Meine Jungs und ich hatten allerdings noch gut sieben Kilometer nach Cenarruza vor uns, wo wir in einer privaten Herberge reserviert hatten. Mir war es immer noch wichtig, morgens zu wissen, wie weit ich zu laufen hatte und wo ich am Abend unterkommen würde. In den meisten Pilgerherbergen konnte man nicht reservieren und regelmäßig mussten müde Pilger weiterziehen, weil die Herbergen schnell belegt waren. Die letzten Kilometer nach Cenarruza führte der Weg uns wunderschön auf schattenspendenden Waldwegen entlang eines Baches, aber auch recht anstrengend bergauf, was mich bei einem Tagespensum von 30 Kilometern an meine körperliche Grenze brachte. Eric begann über Knieprobleme zu klagen. Ich war mir sicher, dass es sich bei ihm nur um eine Kopfangelegenheit handelte, da er einfach keine richtige Motivation mehr für solche Tagesetappen aufbringen konnte. Trotzdem machte ich mir Sorgen.

Wir erreichten unsere private Herberge und wurden etwas kühl und desinteressiert empfangen. Obwohl ich auf Englisch telefonisch reserviert hatte, wollte nun niemand mehr ein Wort Englisch verstehen, man ließ uns eine ganze Weile an der Bar stehen, bevor sich jemand erbarmte, uns den Schlafsaal zu zeigen. Wir bekamen einen Schlafsaal mit drei Etagenbetten, in dem wir mit dem jungen dänischen Pilger Rune untergebracht waren. Rune, ein sympathischer, blonder Hüne, war offenbar noch unfreundlicher empfangen worden, da er gewagt hatte, ohne Voranmeldung nach einem Bett zu fragen. Dafür waren die sanitären Anlagen groß, sauber und nach Geschlechtern getrennt, ein fast vergessener Luxus.

Nach gemeinsamem Feierabend-Bierchen brachen wir zusammen mit Rune auf, um das uralte Kloster in Cenarruza zu besichtigen. Das junge belgische Paar, das wir aus der Pause mit Lala kannten, hatte dort eine Unterkunft gefunden und Eric war ein wenig missmutig, weil er in der privaten Herberge einen festen Preis zahlen musste, während er hier im Kloster gegen Spende hätte unterkommen können. Ich hatte am Vorabend zwar versucht, im Kloster für uns zu reservieren, aber da Reservierungen dort nicht angenommen wurden, hatte mein Sicherheitsdenken zu der privaten Herberge geführt. Die Mönche bereiteten eine Messe vor und Eric wollte an dieser teilnehmen. So nahmen auch wir in der Kirche Platz, Rune hinter mir, meine Franzosen neben mir. Ich genoss die friedliche Atmosphäre und die Gesänge der Mönche. Ich konnte mich so fallenlassen, dass ich es am Ende der Messe zum ersten Mal richtig und gut fand, wie meine Jungs meine Arme weit zu öffnen.

Tag 51:

CENARRUZA – GERNIKA (18 KM)

In der Stadt der Vergebung

A m Morgen brachen wir nun zu viert auf, Rune hatte sich uns spontan angeschlossen. An diesem sonnig warmen Tag würden wir nach einer kurzen Etappe im Städtchen Gernika Halt machen. Für mich war dieser Ort seit der Entdeckung meines Schlagwortes „Vergeben" vor ein paar Tagen wichtig geworden. Im zweiten Weltkrieg bombardierten die Nazis Gernika, offiziell um die spanische Militärherrschaft zu unterstützen, inoffiziell ging es den Deutschen aber hauptsächlich um die Erprobung ihrer neuesten Kriegswaffen. Diese bewiesen ihr Zerstörungspotential und Gernika wurde innerhalb weniger Stunden durch den Bombenangriff der Deutschen dem Erdboden gleichgemacht. Pablo Picassos Bild „Guernica" war mir ein Begriff, aber dass die Geschichte dahinter mich als Deutsche so unmittelbar betraf, hatte ich erst durch mein Pilgerbuch erfahren. Dass es in Gernika ein Friedensmuseum gab und die Bewohner dieser schicksalsträchtigen Stadt damit bewusst den Willen zur Versöhnung und Vergebung ausdrückten, bewegte mich sehr. Ich wollte meine Achtung durch den Besuch dieses Ortes bekunden. In Frankreich war mir aufgefallen, dass selbst die junge Generation meiner beiden Pilgerfreunde ständig mit der Erinnerung an die beiden Weltkriege konfrontiert wurde, denn in jedem französischen Ort stand ein Denkmal für die Gefallenen. Als Deutsche war mir bewusst geworden, dass Versöhnung und Verständigung nicht bei der Elterngeneration aufhört und plötzlich eine Selbstverständlichkeit ist, sondern dass ein jeder jederzeit seinen Beitrag dazu leisten muss.

Die Kilometer bis zu unserem Ziel legten wir zu viert zurück, wir tauschten uns interessiert mit dem Neuen in der

Gruppe aus. Rune studierte Natur-Management in Kopenhagen und obwohl ich nicht wirklich daran glaubte, dass die Menschen das Recht oder die Fähigkeit haben, die Natur zu managen, fand ich seine Ansätze und Erklärungen sehr interessant. In den Pausen veränderte Runes Anwesenheit die Atmosphäre und ich spürte, dass er mich und die anderen entspannte.

In Gernika angekommen erlebten wir das reinste Pilgerchaos. Am Eingang der Jugendherberge, in der ich nicht hatte reservieren können, hing ein Schild, dass nur noch sechs Plätze zur Verfügung standen. Es standen bereits einige Pilger davor und waren offensichtlich bereit, die zwei Stunden bis zur Eröffnung nach der Mittagspause dort auszuharren. Für mich war klar, dass für unsere Gruppe von nunmehr vier Pilgern nicht genügend Platz sein würde. Ich schlug vor, Richtung Zentrum und Touristeninformation zu gehen, statt zwei Stunden vor einer verschlossenen Tür zu vertrödeln. Die Touristeninformation war wenig hilfreich, bestätigte, dass die Jugendherberge aufgrund eines Festivals von Musikern ausgebucht sei und gab uns eine Liste mit Pensionen und Hotels. Selbst die billigste Alternative lag deutlich über dem vorgesehenen Budget der Jungs, aber wir hatten keine Wahl. Wir entschieden, in der günstigsten Pension so schnell wie möglich zu reservieren, bevor auch diese ausgebucht war. Man gab uns zwei Doppelzimmer. Florian und ich zwinkerten uns kurz zu bei dem Gedanken, dass unsere uralte Idee, ein Doppelzimmer zu teilen, umgesetzt werden könnte, aber die Logik der Situation bestimmte, dass Florian mit seinem Freund Eric zusammenblieb. Ich hatte kein Problem damit, das Zimmer mit zwei Einzelbetten mit Rune zu teilen.

Ich konnte kaum erwarten, mir das Friedensmuseum und die Stadt anzusehen. Eric begleitete mich. Wir liefen am Heiligen Baum und an Picassos überdimensional großem Bild vorbei. Das Friedensmuseum beeindruckte mich wie erwartet, viel mehr noch beeindruckte mich aber Eric, der sich mit einem kleinen Notizbuch und voller Enthusiasmus und Lerneifer in die Ausstellung stürzte. Ich hatte noch niemals einen jungen Menschen erlebt, der sich so intensiv mit dem Inhalt eines Museums auseinandergesetzt hatte. Mir blieb vor allem eine Aussage dauerhaft im Gedächtnis, ein Zitat von Mahatma Gandhi: „Es gibt keinen Weg zum Frieden, Frieden ist der Weg".

Für den Abend hatte Florian ein tolles Angebot ausfindig gemacht, das wir alle wahrnahmen. Wir kauften uns ein Gutschein-Büchlein in der Touristeninformation und zogen los, um in verschiedenen Tapas-Bars unsere Gutscheine in Pintxos einzulösen. Ich dachte nicht zum ersten Mal darüber nach, wie leicht man die Sorgen des „Pilgeralltags" mit ein paar Cervezas, Rotwein und Unmengen von Fisch vergessen konnte. Mir taten plötzlich die Füße nicht mehr weh und ich verdrängte gerne den Gedanken daran, früh ins Bett müssen. Als Rune den Arm um meine Schulter legte, fühlte ich mich im siebten Pilgerhimmel.

Tag 52:

GERNIKA – LEZAMA (22 KM)

Irrwege und ihre Folgen

Am Morgen zogen wir zu viert durch Gernika weiter. Wir hatten die Küste in Deba verlassen und würden für ein paar Tage ohne Meerblick auskommen müssen, aber auch die Waldwege durch die hochgeschossenen Eukalyptusbäume und gesäumt von Farn gefielen mir ausgesprochen gut.

Wir wanderten lange durch einen Wald, überholten andere Pilger und wechselten im Vorbeigehen die magischen spanischen Worte, die wir alle kannten: „Buen Camino". Eric seilte sich irgendwann nach hinten ab, er schob eine Pippipause als Grund vor und bat uns, weiterzulaufen, er würde uns später einholen. Auf einer Anhöhe fand ich die Markierung irreführend und wäre dem breiteren Weg folgend rechts abgebogen. Nur dank Runes gutem Auge und seinen 30 cm mehr an Körpergröße sahen wir den gelben Pfeil, der uns nach links und dann rechts in den Wald führte. Als ob eine böse Vorahnung sich ankündigte, schlug ich vor, hier auf Eric zu warten, aber Florian und Rune waren sich sicher, dass er den Pfeil sehen würde und außerdem seien ja genügend andere Pilger unterwegs, an die er sich wenden könne. So bogen wir nach links ab und verschwanden dann rechts im Wald. Wir gingen bewusst langsam, um Eric das Aufholen zu ermöglichen, aber er ließ auf sich warten. Florian entschied auf einer Lichtung, dass er nicht weitergehen wolle, er würde auf Eric warten. Rune und ich schlossen uns an. Wir warteten. Die Pilgergruppen, die wir im Laufe des Vormittags überholt hatten, holten auf. Wir fragten jeden einzelnen, ob man Eric irgendwo unterwegs gesehen oder überholt habe, aber er schien wie vom Erdboden verschwunden zu sein. Wir riefen seinen Namen in den Wald, keine Antwort. Florian packte die Unruhe und er entschied, zurückzugehen, um Eric zu suchen. Seinen Rucksack hinterließ er bei Rune und mir, um sich wenigstens das Gewicht zu sparen. Ein nobles Vorhaben, wie ich anfangs fand, aber nachdem Florian für mehr als eine halbe Stunde verschwunden war, in der Rune und ich tatenlos auf der Lichtung saßen, Florian sein Handy im Rucksack hatte, der neben uns stand, ich Erics Handynummer nicht kannte und auch davon ausging, dass wie üblich entweder seine Batterie leer sei oder sein Kreditlimit überzogen, wurde ich nervös und ängstlich, gleichzeitig aber auch ärgerlich. Dass Eric sich verlaufen hatte, konnte ja passieren und wäre ja als solches nicht weiter tragisch gewesen. Nur dass wir nicht in der Lage waren, miteinander per Handy zu kommunizieren, dass Eric keinerlei Kartenmaterial dabei hatte und wahrscheinlich noch nicht mal wusste, in welche Richtung er laufen musste oder wo er wieder auf den richtigen Weg stoßen würde, das machte mich rasend. Ich fühlte mich für die beiden verantwortlich. Schließlich waren sie meine Freunde geworden, meine besten noch dazu, und sie waren wegen mir auf diesem Weg, aber ich wollte wegen ihnen nicht stundenlang untätig und ohne helfen zu können im Wald sitzen. So entschied ich mit Runes drängender Zustimmung, nach über einer Stunde Wartezeit, Florians Rucksack im Stich zu lassen und weiterzugehen. Es schien mir das einzig Sinnvolle, auch wenn ich mich schämte, meinen Wachposten zu verlassen.

Nur wenige Minuten später erreichten wir eine Asphaltstraße und kurz darauf kam uns ein Auto entgegen, in dem Florian als Beifahrer saß! Er war über den ganzen Berg gelaufen, querfeldein über Bauernhöfe, war über Weidezäune gestiegen, hatte sich mit Wachhunden angelegt und hatte doch Eric nicht gefunden. Unten im Ort hatte ein Bauer, ein großartiger Engel des Jakobsweges, ihn atemlos und völlig fertig aufgegabelt und ihm angeboten, ihn den Berg hochzufahren, um wenigstens Rune und mich wiederzufinden und seinen Rucksack abzuholen. Rune und ich gingen langsam weiter, während der hilfsbereite Mann Florian bis zur Stelle fuhr, an der Florian den Waldweg hinauf musste, um seinen Rucksack zu holen, dort auf ihn wartete und ihn anschließend wieder zu uns brachte. Nach den vielen Stunden Zeit zum rationalen Überlegen ließ ich mir nun als erstes Erics Handynummer geben. Ich versuchte ihn anzurufen, aber es klingelte ins Leere. Kurz darauf rief er mich jedoch zurück. Er hatte mehrfach versucht auf Florians Handy anzurufen, aber Florian hatte es ausgeschaltet, da er sein Kreditlimit überzogen hatte und sowieso nicht in der Lage gewesen wäre, Anrufe entgegenzunehmen oder zu machen. Eric hatte sich ordentlich verlaufen, aber dank seines ausgeprägten Orientierungssinnes hatte er es geschafft, ohne Markierung oder Kartenmaterial in das Dorf zu kommen, das unser nächstes Dorf auf dem Jakobsweg sein würde. Er wollte dort auf uns warten. Die Wiedersehensfreude dort war dann auch groß.

Eric und seine drei Freunde waren von diesem Zeitpunkt an berühmt, jeder auf dem Weg kannte seine Geschichte. Mehrere Tage lang wurden wir überall mit der scherzhaften Frage begrüßt: „Habt ihr euren Freund wiedergefunden?". Nach der ersten Euphorie musste ich aber meinen Frust loswerden und bestand darauf, dass jeder von uns sich ein funktionierendes Handy zulegen und dieses auch immer dabei haben sollte. Ich drohte an, dass ich ansonsten bei einer nächsten Situation dieser Art keine Rücksicht mehr nehmen würde.

Wir kamen am Nachmittag in der Pilgerherberge von Lezama an und standen vor einer Rucksackschlange. Solange die Herbergen noch geschlossen sind, stellen die ankommenden Pilger ihre Rucksäcke in der Reihenfolge ihres Eintreffens vor der Herberge ab, ein Ehrenkodex verhindert Vordrängeln oder Stehlen, selbst wenn man den Rucksack unbeaufsichtigt zurücklässt. Die Herberge sollte laut Pilgerbuch 20 Plätze haben, wir waren der 18., 19., 20. und 21. Rucksack. Bisher waren aber meist ein paar Betten mehr verfügbar gewesen, als mein Buch angegeben hatte, so dass wir entschieden, uns in die Schlange einzureihen und auf die Öffnung zu warten, in der

Hoffnung für alle ein Bett zu bekommen. Als der Herbergsvater die Türen öffnete, erklärte er allerdings, er habe nur noch 16 Betten in der Herberge, könne aber fast unbeschränkt Pilger in der Turnhalle aufnehmen. Meine Ausrüstung war aber nicht für Turnhallen geeignet, ich hatte weder eine Isomatte noch eine sonstige Unterlage und der Seidenschlafsack war definitiv zu dünn für eine kühle Nacht in einer zugigen Turnhalle. Während ich also meine Pilger-Unterlagen auspackte und frenetisch begann, alle Pensionen in der näheren Umgebung bezüglich der Preise und Verfügbarkeiten abzutelefonieren, entschied Eric, dass sein Budget kein weiteres Hotel zuließ, er würde hier in der Turnhalle übernachten. Ich war entgeistert. Nachdem sich der ganze Tag um Eric gedreht hatte und man behaupten könnte, dass wir wegen ihm nicht weit genug vorne in der Rucksackschlange standen, wollte er nun sein eigenes Ding durchziehen, mit dem Wissen, dass es für mich unmöglich war in der Turnhalle zu übernachten. Mein aufgestauter Frust explodierte und brachte mich zu der Aussage, dass ich damit voll und ganz einverstanden sei, denn das würde bedeuten, dass wir von nun an wieder jeder für sich unterwegs sein würden und das käme mir nur entgegen. Rune schloss sich Eric an, was für mich nicht weiter tragisch war, denn er hatte ja noch lange nicht unsere Verbundenheit und die gemeinsamen Erfahrungen, er war für sich alleine unterwegs und konnte somit seine Entscheidungen frei treffen. Florian hingegen überraschte mich positiv, denn er beruhigte mich und versicherte mir, dass ich nicht alleine weiterziehen und mir auch kein Einzelzimmer leisten müsse, er würde mich begleiten. Ich wusste, dass seine finanzielle Situation nicht entspannter als Erics war.

In letzter Minute winkte der Herbergsvater mir zu, er habe noch ein letztes Bett frei. Ich durfte in die Herberge einziehen, die Jungs würden mit dem jungen belgischen Paar in der Turnhalle übernachten. Die Herberge war ein besonderes Erlebnis. Klein und vollkommen überfüllt, chaotisch und doch herzlich. Der Herbergsvater, ein älterer Mann, der nur mit einem speziellen Apparat flüsternd und krächzend sprechen konnte, ließ spanische Musik laufen und führte inmitten dieses Chaos aus Pilgern, die in alle Richtungen liefen, eine Unterhaltung über Skype mit einer zukünftigen Pilgerin. Dieser familiären Atmosphäre entsprechend übernahm es eine Pilgerin, für alle das Abendessen zu planen. Sie reservierte in einem Restaurant mit Pilgermenü für uns vier und acht weitere Pilger.

Zuerst zogen meine drei Jungs und ich aber zu unserem Feierabend-Bier aus. Wir sahen uns einige Male tief in die Augen und versöhnten uns ohne Worte. Es war uns bewusst, dass wir alle einen harten Tag hinter uns hatten und unsere Nerven nach alledem etwas blank gelegen hatten. Trotzdem blieb in meinen Hintergedanken die traurige Erkenntnis, dass ich mich für einen Moment sehr über die Vorstellung gefreut hatte, wieder alleine unterwegs sein zu können.

Das Abendessen in großer Runde war amüsant, unzählige verschiedene Sprachen schwirrten durch den Raum, denn zu unseren drei verschiedenen Nationalitäten hatten sich Pilger aus Südafrika, Slowenien, Amerika, Belgien und Spanien gesellt. Es war ein wilder und lustiger Abend. Zurück in der Herberge wollte ich nur noch ins Bett, aber die Jungs wussten noch nicht, wie sie in ihre Turnhalle kommen würden. Der Herbergsvater hatte eine Gute-Nacht-Zeremonie vorbereitet und bestand darauf, dass wir uns alle vor der Herberge versammelten. Er hielt eine Ansprache, die für mich unvergesslich bleiben wird. An dieses Gefühl von Glück und Zufriedenheit, das uns dieser kleine, runde Mann trotz seines eigenartigen Sprachapparates vermitteln konnte, erinnerte ich mich noch lange. Einen Satz aus seiner Rede trug ich bis ans Ende meines Weges und lange darüber hinaus mit mir: „Dieser Weg endet nicht in Santiago, er fängt dort erst an."

Nachdem alle sich umarmt und der Herbergsvater eine dicke Wassermelone aufgeschnitten und verteilt hatte, zog er mit den Jungs und dem belgischen Paar in Richtung Turnhalle, während ich todmüde, aber zufrieden in mein Etagenbett fiel, das mit dem Bett von Loredana aus Slowenien so eng stand, dass es praktisch ein Doppelbett war. Meine Jungs hingegen stellten überrascht fest, dass der Baske offenbar mit Turnhalle sein Pelota-Feld gemeint hatte. Vielleicht war es auch ein Übersetzungs- oder Verständigungsfehler. Zumindest schliefen sie unter freiem Himmel, vom Rest der Welt nur durch eine Umzäunung getrennt.

Tag 53:

LEZAMA – PORTUGALETE (28.5 KM)

Die Verlockungen einer Großstadt

Wir überstanden die Nacht gut und zogen am Morgen gemeinsam los. Es nieselte und die Waldwege wurden schnell rutschig. Auf richtige Pausen hatte bei diesem Wetter keiner von uns Lust, so gingen wir bis Bilbao durch. Das Laufen zu viert begann mir Spaß zu machen. Rune tat der Gruppe gut, er brachte Abwechslung und neue Themen. Während an diesem Tag Rune und Florian lange miteinander gingen, unterhielt ich mich mit Eric und war wieder beeindruckt von der Tiefgründigkeit der Gedanken dieses jungen Mannes. Ich wünschte mir, ihm und auch Florian ein wenig Leichtigkeit mitgeben und ihre Zukunftsangst in Tatendrang umwandeln zu können.

Von einer Anhöhe aus blickten wir auf Bilbao hinunter. Leider war es noch immer neblig und wolkenverhangen, was den spektakulären Anblick ein wenig trübte. Für mich war es eine unglaubliche Vorstellung, von Lausanne bis Bilbao zu Fuß gegangen zu sein. Wir stiegen unzählige Stufen hinab und standen vor einer großen Kirche, die ich spontan als die Santiago-Kathedrale identifizierte. Deshalb war ich einverstanden, einen Abstecher hinein zu machen. Wie üblich war ein Kirchenbesuch mit Eric und Florian eine langwierige Angelegenheit. Auch die Tatsache, dass schon bald klar war, dass es sich nicht um die Santiago-Kathedrale handelte sondern diese erst später auf unserem Weg noch kommen würde, änderte nichts am ausgiebigen Interesse der Jungs.

Doch irgendwann zogen wir weiter Richtung Innenstadt, verabschiedeten uns vom belgischen Pilgerpaar, die uns auf den letzten Kilometern vor Bilbao begleitet hatten und erreichten endlich die echte Santiago-Kathedrale. Dort fand allerdings gerade eine Messe statt, so dass die Kirche nicht besucht werden konnte. Die Jungs und ich setzten uns stattdessen in ein Café und feierten diese Etappe mit Kaffee und baskischem Kuchen. Als wir nur kurze Zeit später an einem Laden mit echtem spanischen Schinken, dem „Jamon Iberico", vorbeikamen, blieben wir alle vier vor den Auslagen stehen, während uns das Wasser im Mund zusammenlief. Ich als Vegetarierin und die Jungs aufgrund ihres eingeschränkten Budgets hätten uns diesen Gaumenschmaus eigentlich nicht leisten dürfen, aber wir wurden magisch in den Laden gezogen, kauften uns jeder ein Baguette mit Schinken und verschlangen dies hemmungslos auf der ersten Bank am Flussufer.

Durch eine Großstadt wie Bilbao zu pilgern war ein ganz spezielles Gefühl. Ich erinnerte mich bewusst an meinen Vorsatz, den Menschen offen und mit einem Lächeln zu begegnen, um ihnen zu zeigen, dass Pilgern etwas Großartiges ist. Die Touristen auf der weißen Brücke Zubizuri, vor dem Guggenheim-Museum, um den Blumenhund herum und entlang des Flusses mit seinen Skulpturen reagierten interessiert, aber distanziert auf uns vier mit unseren enormen Rucksäcken.

Der Weg aus Bilbao hinaus stellte unsere Motivation und unsere gute Laune auf eine harte Probe. Kilometer um Kilometer, Stunde um Stunde, gingen wir, mit Blick auf die alten Industrieanlagen am anderen Flussufer, die heutzutage nur noch rostige Ruinen, Skelette ehemaliger Lagerhallen und Berge von Industrieschrott waren, an einer Hauptstraße am Fluss entlang. Immerhin war mittlerweile die Sonne durchgekommen und strahlte auf unseren schattenlosen Asphaltweg.

Irgendwann erreichten wir mit platten Füßen und hängenden Köpfen die Biskaia-Brücke, unter der eine Plattform entlangging, die uns auf die andere Seite und zu unserem Etappenziel Portugalete bringen würde. Dort mussten wir nur noch die Freiluftrolltreppe finden, die uns zielsicher zur Pilgerherberge brachte. Glücklicherweise bekamen wir alle vier ein Bett in der Herberge. Obwohl ich mit der Unsicherheit, morgens nicht zu wissen, wo ich abends übernachten würde, immer noch Schwierigkeiten hatte, gewöhnte ich mich langsam daran und konnte zunehmend darauf vertrauen, dass sich irgendetwas immer ergeben würde.

Zum Abendessen fanden wir nach einiger Diskussion eine kleine Bar, in der wir uns mit Pintxos vollstopften und diese mit ausreichend Cerveza hinunterspülten.

Tag 54:

PORTUGALETE – CASTRO URDIALES (30 KM)

Zurück ans Meer

Nachdem wir in Deba die Küste verlassen hatten und ein paar Tage durch das Landesinnere gewandert waren, tat es gut, an diesem Tag endlich wieder den Ausblick aufs Meer zu genießen. Wir folgten nicht dem offiziellen Jakobsweg, sondern einer alternativen Route. Diese Route zwang uns zwar mehr über Asphalt als der offizielle Weg, war aber kürzer und vor allem wesentlich schöner. Sie führte uns direkt am Meer entlang, auf einem natürlichen und schmalen Wanderpfad nur wenige Höhenmeter über dem Meeresspiegel. Mit dem strahlenden Sonnenschein und dem Rauschen der Wellen wurde der Tag genau so, wie ich es mir bei der bewussten Entscheidung für den Küstenweg vorgestellt hatte.

Um diese Route gehen zu können, musste ich allerdings mit meinen drei jungen Männern einige Diskussionen führen, da sie - vielleicht zu Recht - einwandten, der relativ gut beschilderten offiziellen Wegführung zu folgen, sei einfacher. Ich schaffte es noch immer, mich durchzusetzen, bemerkte dabei aber zum ersten Mal, dass Florian und Eric mir die ganze Zeit über einfach und ohne Eigeninitiative gefolgt waren, während Rune eine viel klarere Vorstellung davon hatte, wie er den Weg gehen wollte. Ich wusste nicht, inwieweit ich bereit sein würde, von meinen eigenen Vorstellungen abzuweichen, um die Gruppe zusammenzuhalten. Manchmal musste ich mich bei den unzähligen Diskussionen über die bessere Wegführung, die Länge der Pausen, den besten Ort für die Pausen oder ob das Essen im Supermarkt oder im Restaurant gekauft wurde, zurückhalten, um nicht einfach herauszuplatzen, dass doch am besten einfach jeder das machen solle, was er oder sie wolle.

Vor allem auf Florian reagierte ich immer gereizter. Mir war meine eigene Verantwortung in dieser Situation bewusst und ich schämte mich ein wenig, selbst nicht zu wissen, wie ich den Kuss ansprechen und relativieren könnte. Ich konnte durchaus nachvollziehen, dass Florian im Umgang mit mir seit Saint-Jean-Pied-de-Port nicht mehr wusste, woran er war. Die Tatsache, dass ich mich mit Rune genauso gut verstand wie mit ihm und Eric, mit ihm auf gleiche Weise schäkerte und auf lustige Weise flirtete, konnte Florian nur weiter verunsichern. Trotzdem kam ich mit seiner schwermütigen Art immer weniger zurecht. Ich hatte das Gefühl, dass alles was er sah, fühlte und sagte einen negativen Beigeschmack hatte. Sein Glas war immer leerer als das der anderen, seine Entscheidungen gingen immer von den schlechtesten Voraussetzungen aus und die anderen hatten es immer besser als er. Meine Stimmung wurde dadurch spürbar negativ beeinflusst und es schlug schwer auf meine Motivation und meinen Spaß am Pilgern. Oftmals hätte ich ihn gerne darauf hingewiesen, dass und wie er alles auch in einem anderen und positiveren Licht sehen könnte, aber ich wusste nicht, wie ich dies anstellen könnte, ohne ihn weiter zu verunsichern, eventuell persönlich anzugreifen und schlimmstenfalls unsere Freundschaft dabei zu verletzten.

Wie schon vor Saint-Jean-Pied-de-Port konnte ich es manchmal kaum erwarten, dass ich alleine weitergehen würde. Mittlerweile war das Ende der Pilgerschaft von Eric und Florian auf den 1. August festgelegt worden, Erics Mutter würde sie in zehn Tagen abholen kommen. Ich überlegte mir bereits, wie ich es rechtzeitig auch Rune mitteilen würde, dass ich danach nicht mehr mit ihm zusammen weitergehen wollte.

Vorerst kamen wir nach einem langen und heißen Tag endlich im Küstenort Castro Urdiales an. Um die Pilgerherberge zu erreichen, mussten wir das ganze Städtchen durchqueren und in einem Außenbezirk die Stierkampfarena finden, hinter der unsere Herberge lag. Wieder hatten wir Glück, in der Rucksackschlange weit genug vorne zu stehen, um ein Bett für jeden zu bekommen. Die letzten Pilger wurden auf Matratzen im Aufenthaltsraum oder in Zelte im Garten einquartiert. Die Nacht in der Herberge versprach spannend zu werden, da in der Stierkampfarena - keine Hundert Meter entfernt - ein Motocross-Rennen stattfand und wir laut und deutlich das aufbrausende Röhren der Motoren hören konnten. Ich hatte meine Ohrstöpsel in Lezama verloren und befürchtete schon, kein Auge schließen zu können. Wieder war es Florian, der mich mit seiner natürlichen Hilfsbereitschaft regelrecht überrumpelte und mehr als positiv überraschte, indem er mir wie selbstverständlich seine Ohrstöpsel anbot. Er habe sie bisher nicht benutzt und würde sie auch in dieser Nacht sicher weniger benötigen als ich.

Tag 55:

CASTRO URDIALES – LAREDO (25 KM)

Sprachlos im Angesicht der Schönheit der Natur

Sehr früh am Morgen brachen wir zu viert auf. Wir wurden mit einem romantischen Farbenspiel der hinter Morgenwolken aufgehenden Sonne belohnt, die sich auf der glatten Meeresoberfläche funkelnd spiegelte.

Die Stimmung in der Gruppe war locker. Die beiden Franzosen brachten dem Dänen ihre französischen Gassenhauer bei. Ohne dass Rune wirklich verstand, was er da trällerte, ahmte er ihre Worte mit seinem dänischen Akzent nach. In Frankreich kennt angeblich jedes Kind den Text jenes Liedes auswendig, das beschreibt, wie der Camenbert dem Roquefort den Krieg erklärt. Aber vermutlich muss man als Franzose geboren sein, um so vernarrt in diese Grundnahrungsmittel zu sein.

Ich genoss die Landschaft bewusst und intensiv. Wir erreichten einen Aussichtspunkt, von dem aus unser Blick sich in der Weite des Ozeans verlor. Ich fühlte mich wohl in der Gruppe und mir war bewusst, dass die Schönheit dieser Landschaft nur halb so beeindruckend gewesen wäre, wenn ich sie alleine erlebt hätte. Ich hätte mir vermutlich nicht die Zeit genommen, mich ins Gras zu setzen, hätte nicht Minuten damit vertan, unzählige Bilder mit verschiedenen Belichtungen zu schießen, sondern hätte mich vermutlich einsam und emotional instabil gefühlt angesichts der unbeschreiblichen Natur. Es war gut, diese Momente mit meinen Begleitern zu erleben und dadurch Erfahrungen zu machen, die mir inneren Frieden gaben, statt mich zu überfordern, weil ich sie nicht teilen konnte.

Wunderschön ging der Weg weiter. Meist über einsame Feld- und Steinwege, aber auch immer wieder über Asphalt. Mich störten die Asphaltstrecken kaum, war ich doch von den Ausblicken auf das Meer immer wieder überwältigt. Bei einer Pause auf einem Picknickplatz mit Tischen neben der Küstenstraße trafen wir Gilberto. Rune und Gilberto hatten sich bereits kennengelernt und so gesellte sich Gilberto fast selbstverständlich zur Gruppe. Er war Mexikaner, hatte aber in den USA und in Polen Medizin studiert und lebte derzeit in Schweden. Er war in etwa so alt wie ich, schien aber stolz darauf, in seinem Leben noch nie außerhalb der Uni gearbeitet zu haben und war mit seinem Doktorat in der Krebsforschung beschäftigt. Er hatte einer Marienfigur gegen einen Gefallen, den er mir nicht verriet, versprochen, den Jakobsweg zu gehen und schleppte nun sein Übergewicht tapfer und gut gelaunt, wenn auch sichtlich körperlich überfordert, von Küstenort zu Küstenort. Ich fand es interessant, dass ich immer mehr Männer um mich versammelte und keine Frau. Immerhin hatte ich am Vorabend mit einer deutschen Pilgerin ein paar Worte gewechselt.

Ich musste mittlerweile vier Männer überreden, sich mit mir vom offiziellen Jakobsweg zu entfernen und eine weitere alternative Route zu laufen. Laut meinem Pilgerbuch würden wir dadurch an einen der schönsten Küstenabschnitte gelangen und ich war dieses Mal bereit, den Weg alleine zu gehen, falls meine Jungs nicht mitziehen würden. Die Tatsache, dass die Alternativroute sechs Kilometer kürzer war, überzeugte sie dann aber alle vier. Keiner würde es schlussendlich bereuen, wenn auch der Anfang etwas schwierig war und ich die Wegbeschreibung aus meinem Buch Wort für Wort übersetzen musste, damit wir gemeinsam den nicht ausgeschilderten Weg fanden und ihm folgen konnten. Wir machten Pause an einem Gebäude am Wegrand, das einmal als Bar gedient hatte, aber mittlerweile verlassen und dem Vandalismus zum Opfer gefallen war. Auf der ehemals prachtvollen und großen Terrasse packten wir unsere Vorräte aus und träumten davon, einen Ort wie diesen wiederzubeleben und unser Leben für immer an den Jakobsweg zu binden.

Unser Weg ging weiter auf Asphalt mit Auf- und Abstiegen, bis wir wieder die Küste erreichten und auf schmalen, fast nicht erkennbaren Naturpfaden pilgerten. Nach einem anstrengenden Aufstieg erreichten wir atemlos einen Aussichtspunkt, an dem wir uns alle fünf sprachlos niederließen, um in Gedanken versunken den Blick über die blaue Weite des Meeres im strahlenden Sonnenschein schweifen zu lassen. Ich empfand diesen Rundblick über die zerklüftete Küste und ihre grün bewachsene Hügelketten, jenseits aller Zivilisation und menschenleer, als den landschaftlich schönsten Augenblick meines ganzen bisherigen Weges.

Die Route ging spannend weiter, wir mussten über einen Zaun steigen, dicht an den Klippen entlang wandern, durch Gebüsch so hoch wie meine Hüfte, und wussten meistens nicht wirklich, ob wir auf dem richtigen Weg waren. Ich genoss die Einsamkeit und Wildnis dieses Abschnitts. Unser Tagesziel, der Küstenort Laredo, war schon von Weitem zu erkennen und entlang der Küste stimmte zumindest die Richtung immer.

In Laredo hatte ich für mich, Eric und Florian im Kloster reserviert. Rune war nicht sicher gewesen, wo er unterkommen wollte und hatte nicht reserviert, Gilberto ebenso. Meine Franzosen und ich wurden von einer Nonne wortkarg und knapp begrüßt und in ein Zwei-Bett-Zimmer geführt, in dem das Zusatzbett kaum Platz hatte. Dieses Mal bestand ich darauf, dass ich auf dem quietschenden Klappbett schlief, Florian und Eric hatten oft genug den Gentleman für mich gemimt. Rune und Gilberto kamen ebenfalls im Kloster unter, in einem Sechser-Schlafsaal, der sich am Ende mit einer Gruppe italienischer Pilger füllen würde.

Wir trafen uns unmittelbar nach dem Einchecken wieder mit Rune, um in Laredo an den Strand zu gehen. War das ein Pilgerleben! Rune war noch weniger für das Strandleben ausgerüstet als ich, sein schnell trocknendes Reisehandtuch war kaum größer als sein Gesicht und als Strandunterlage vollkommen ungeeignet. Wir lachten übereinander, gingen schwimmen, lasen, schrieben Postkarten und ich ließ mich doch noch von Rune und seiner dänischen Popmusik überzeugen. Strandpause war ja nicht wirklich Jakobsweg und hier passte Musik zu meiner Stimmung, auch wenn die ersten Klänge von Kashmirs „Petite Machine" mich in eine merkwürdige Melancholie versetzten, noch bevor ich den Text verstand.

Das Abendessen wurde zu einer Probe meiner Toleranz. Die Jungs entschieden einstimmig, in diesem touristisch angelegten Küstenort Kebab zu essen, es war die günstigste Alternative. Sie waren stolz, daran gedacht zu haben, dass ich Vegetarierin war, denn der Kebabladen hatte auch Falafel im Angebot. Dass der Kebab-Mann aber Inder und noch nicht einmal Türke war, bedeutete für mich nur den letzten Tropfen für das überlaufende Fass. Wie konnte man denn umgeben von Fischrestaurants und spanischen Tapas am Atlantik Kebab essen wollen! Ich trennte mich von den Jungs und genoss alleine eine gute und ausgesprochen teure Ración „Gambas al ajillo", während ich wieder einmal darüber nachgrübelte, wie viel Sinn es für mich machte, tagsüber die Nachteile der Gruppe zu ertragen, die durch die vielen Pippipausen, das Verlieren und Antreiben entstanden, wenn ich abends dann doch alleine an meinem Tisch saß.

Tag 56:

LAREDO – GÜMES (32.5 KM)

Zu Gast beim „perfekten Großvater" – nur: wo ist er?

Wir waren wieder einmal vor acht Uhr auf unserem Weg, zu viert. Der Tag begann erneut mit der großen Diskussion, welcher Weg der beste sei. Laut meinem Buch gab es drei alternative Wege: den längsten und weniger attraktiven über Colindres und Gama, den kürzesten und weniger attraktiven an der Strandpromenade von Laredo bis zur Fähre nach Santoña, und meinen Favoriten über Colindres zur Fähre. Laut Runes Buch gab es nur die erste und zweite Alternative und er hatte Eric und Florian für die zweite Alternative auf seiner Seite. Ich passte mich an, begann aber immer mehr an der Gruppe zu verzweifeln.

Unterwegs sprach Rune mich auf diese Diskussionen an. Ich musste zugeben, dass es mit Eric und Florian nie abgesprochen worden war, wie die Gruppe sich organisierte, es schien auch bis Spanien nicht nötig, die Abläufe ergaben sich einfach und schienen für jeden zu stimmen. Erst seit Spanien und vor allem seit Rune dabei war, hatte ich immer öfter das Gefühl, meinen Rhythmus zu verlieren, vor lauter Anpassung und Absprache von meinem Weg abzukommen. Dabei gab ich Rune keine Schuld, er hatte unbewusst und sicher unbeabsichtigt einfach ein Rädchen in unserem fragilen System verstellt. Ich traute mich aber endlich, ihm wenigstens zu sagen, dass ich ab Anfang August, wenn die beiden Franzosen abgeholt werden würden, alleine weitergehen wolle. Rune hatte dafür Verständnis und beruhigte mich. Er hatte sich ausgerechnet, dass ihm sowieso nicht genug Zeit bliebe, um bis Santiago und zum Kap Finisterre zu kommen, bevor sein Rückflug ginge, so dass er bereits darüber nachgedacht hatte, unterwegs einige Kilometer mit dem Zug zu überspringen.

Die Fähre nach Santoña war ein speziell spanisches Erlebnis. Am Sandstrand sitzend in einer Gruppe Pilger und ohne den geringsten Schimmer, wo und wann hier eine Fähre anlegen könnte, warteten wir. Aber typisch spanisch und vor allem typisch für den Jakobsweg ging es immer irgendwie weiter. Tatsächlich holte ein kleines Boot uns vom Sandstrand ab und brachte uns auf die andere Seite des Meeresarmes. Gerne wäre ich von Santoña über eine weitere Alternativroute einen großen Umweg gelaufen, der entlang der Küste verlief, statt dem offiziellen Jakobsweg durchs Inland zu folgen. Die zusätzlichen sechs Kilometer wirkten bei einer geplanten Tagesetappe von über 30 Kilometern aber sogar auf mich abschreckend. Viel später würde ich mir erzählen lassen, wie traumhaft diese Wegstrecke war und dass vor allem am Leuchtturm, für den man nochmals einen zusätzlichen Einsatz mit hunderten Treppen zeigen musste, eine mystische und tief friedliche Atmosphäre herrschte, die wohl außergewöhnlich war.

Meine Gruppe zog aber durch Santoña, der Weg führte lange am Gefängnis vorbei und versetzte mich in eine nachdenkliche und angekratzte Stimmung. In Berría erreichten wir wieder die Küste und pilgerten, wie es schien für Ewigkeiten, direkt über den Sandstrand. Das Gehen auf Sand war anfangs sehr angenehm, wurde aber schnell anstrengend und die müden Muskeln wollten sich nicht gerne auf die ungewohnte Belastung einstellen. Eric und Rune hatten ihre Schuhe ausgezogen, ich zog die trittsicheren Wanderschuhe vor, auch wenn meine Füße kochten. Meine Stimmung hatte sich bereits wieder gebessert, ich wanderte ausgelassen und malte mit meinen Wanderstöcken Sonnen und Smileys in den Sand. Es war ein heißer Tag, die Sonne strahlte mit voller Kraft auf unseren schattenlosen Weg und wurde vom Wasser mit viel Funkeln in den Wellen reflektiert.

Nachdem wir eine weitere Steilküste erklommen und auf

der anderen Seite wieder hinabgestiegen waren, erreichten wir einen sehr einsamen, weil abseits von Orten gelegenen Strand. Wie ich es von Spanien kannte, hatten sich FKK-Touristen diese Bucht ausgesucht und wurden ohne Komplikation geduldet. Für Eric und Florian allerdings war es ein Abenteuer, über einen FKK-Strand zu pilgern, an dem nackte Männer mit nackten Frauen Federball spielten und junge Mädchen nackt ihren Weg kreuzten, um ins Meer zu gehen. Den beiden Jungs fielen fast die Augen aus dem Kopf und gleichzeitig wussten sie kaum, wohin sie ihren Blick lenken sollten, um nicht zu starren.

In Noja machten wir eine lange Pause, saßen auf einer Bank im Schatten, wechselten uns mit Trips zur öffentlichen Toilette und zum Wasserspender ab und ruhten uns aus. Es gab erneut eine Diskussion über die Wegführung. Mein Buch schlug lediglich eine alternative Route vor, der offizielle Weg war aber wesentlich klarer ausgeschildert, so dass wir diesem schlussendlich folgten.

Kurz vor der Herberge musste ich eine weitere Pause einlegen. Der heiße Tag, die Sonne über unseren Köpfen, das Tempo der vier jungen Männer, die langen Pausen und die Neustarts hatten mich ausgelaugt. Ich hatte immer mehr das Gefühl, dann Pause zu machen, wenn ich es nicht brauchte, was mich aus meinem Rhythmus brachte. Wenn die Jungs am Nachmittag regelmäßig zu Hochtouren aufliefen, schlurfte ich nur noch hinter ihnen her, bekam von der Umgebung nichts mehr mit und hatte vor allem keinen Spaß mehr am Pilgern. Meine Stimmung sank wieder.

Auf die Herberge hatte ich mich gefreut. Laut Pilgerbuch sollte sie zwar sehr groß sein mit Platz für über 70 Pilger, das schreckte mich ein wenig ab. Gleichzeitig wurde aber der Herbergsleiter Ernesto als Kultfigur des Jakobsweges bezeichnet, er war selbst Pilger, außerdem der Pfarrer des Ortes. Er habe diese Herberge in Erinnerung an seinen geliebten Großvater in seinem Geburtshaus eingerichtet. Darüber hinaus wurde in meinem Pilgerbuch eine Anekdote wiedergegeben von einem

Insassen des Gefängnisses in Santoña, der im Rahmen eines Projektes den Jakobsweg bis zu dieser Herberge pilgern durfte und dort prompt eine Pilgerin traf, mit der die Liebe und Rettung seines Lebens begann. Der junge Hospitalero, der uns empfing, hätte ein Gefängnisinsasse sein können, wenigstens aber ein südamerikanischer Drogenhändler. Wir erfuhren später, dass alle Hospitaleros aus Bolivien und Kolumbien stammten und im Rahmen eines Projektes dort arbeiteten. Florian, Eric und ich wurden in einen Schlafsaal mit dreistöckigen Betten geführt und wieder war es Florian, der freiwillig und wie selbstverständlich die lange Leiter zum Bett in dritter Ebene hochkletterte. Rune hatte einen anderen Schlafsaal zugewiesen bekommen, er hatte nicht auf meinen Namen reserviert.

Die Herberge war durchorganisiert und glich einer Pilgerabfertigung. Man sagte uns eine Uhrzeit, zu der wir im Aufenthaltsraum zu erscheinen hätten und danach würde man gemeinsam zum Abendessen gehen. Nach der Dusche und Wäschewaschen setzte ich mich in den Garten, der rund um die Schlafsäle einen ruhigen Ausgleich zum Trubel der vielen Pilger versprach. Allerdings waren die Diskussionen auch im Garten in vollem Gange. So viele Pilger, vor allem junge Leute und kaum Spanier, hatte ich noch nicht auf dem spanischen Jakobsweg erlebt. Mir kam es wie eine verkehrte Welt vor. Ich fühlte mich schnell wieder fehl am Platz und war dankbar, als Florian sich zu mir gesellte und meinen Eindruck teilte.

Während der fast erzwungenen Versammlung vor dem Abendessen erklärte ein älterer Mann den rund 50 versammelten Pilgern aus allen möglichen Ländern langatmig die Geschichte des Pfarrers Ernesto - wie er in diesem Haus geboren worden war, wie die Familie aber aus finanziellen Gründen die Region verlassen musste, er aber später wiederkam und sein Elternhaus als Herberge herrichtete und so weiter und so fort. Ich döste vor lauter Konzentration auf das Spanische und den Vergleich mit der englischen Übersetzung eines Pilgers irgendwann ein und wurde immer wieder von Eric auf der einen und Florian auf der anderen Seite angeschubst. Ich sah mehrere Pilger, denen der Kopf ähnlich auf die Brust gesunken war wie mir. Lieber hätte ich den berühmten und offenbar so großartigen und gutherzigen Ernesto persönlich kennengelernt, statt mir stundenlang von ihm erzählen zu lassen, aber er war leider nicht anwesend. Ich interessierte mich erst wieder für den Vortrag, als es um die Abkürzung ging, die uns zwei Tage später bevorstand. Ich hatte schon in meinem Pilgerbuch von der Eisenbahnbrücke gelesen, die eine verbotene und nicht ungefährliche Abkürzung von rund acht Kilometern darstellte. Ich konnte und wollte mich noch nicht entscheiden, ob meine natürliche Angst überwog oder meine Faulheit und Abenteuerlust. Die Hospitaleros in der Albergue del Abuelo Peuto fanden es überhaupt kein Problem, diese Abkürzung zu nehmen.

Das anschließende Abendessen fand in einem großen Raum mit unzähligen Tischen statt, das Getöse Dutzender gleichzeitig diskutierender Pilger war ohrenbetäubend. Ich fand mich an einem Tisch mit meinen drei jungen Begleitern, außerdem zwei jungen deutschen Pilgerinnen, Suzanne und Claudia, und einem jungen österreichischen Paar. Ich empfand mich mit meiner Pilgererfahrung wieder einmal als extrem und hatte an dem Erfahrungsaustausch der „Wochenpilger" kein Interesse. Ich wusste, dass das nicht angemessen und gegen den Pilgergedanken war, aber ich konnte nach all den Wochen unterwegs einfach nicht mehr hören, wie viele schon nach ein paar Tagen Pilgerschaft die offenbar einzig wahre Erkenntnis über das richtige Pilgern verkündeten.

Lala, die überaus gesprächige französische Pilgerin, die wir vor Deba getroffen hatten, tauchte hier auch wieder auf. Sie hatte wegen Krankheit pausieren müssen, hatte dann wohl einige Stationen übersprungen und war seit mehreren Tagen in dieser Herberge. Ihre Idee war, sich dort niederzulassen, ihren Beruf als Bäckerin auszuüben und in der Herberge frisches Brot für die Pilger zu backen. Rune schien sich über das Wiedersehen sehr zu freuen, auch Florian verbrachte einige Zeit mir ihr, mich nervte sie noch mehr als bei der ersten Begegnung. Ich begann, an Lalas großartigen Erfahrungsberichten zu zweifeln und fragte mich, wie sie wirklich von Nantes bis Spanien gekommen war. Diese Frau erschien mir einfach nicht authentisch.

Zurück in unserem Schlafsaal lernte ich Sarah aus Kanada kennen, die in einem Bett Fuß an Fuß mit mir schlief. Während ich ins kleine Bad zum Zähneputzen ging, folgte Sarah mir und fragte, ob es OK wäre, wenn sie sich schnell im Bad umziehe. Sie habe zwar schon gehört, dass die europäischen Frauen da offener seien und man sich durchaus auch im Schlafsaal umziehen könne, aber sie sei da doch noch ein wenig prüder und zurückhaltender. Ich musste mir verkneifen ihr zu erklären, dass ich mich auch als europäische Frau nicht unbedingt mit einer Wildfremden in einem winzigen Bad einschließen und bis auf die Unterwäsche ausziehen würde. Gleichzeitig grinste ich breit bei dem Gedanken, wie Florian und Eric es wohl fänden, wenn diese hübsche Blondine sich vor ihnen mal eben ausgezogen hätte.

Tag 57:

GÜEMES – BOO DE PIÉLAGOS (30 KM)

Meine Entscheidung

Der frühe Morgen begrüßte uns mit einem ganz außergewöhnlichen Licht. Die Gebäude und sogar die Wiesen waren in ein tiefrot leuchtendes Sonnenlicht getaucht. Es versprach, ein weiterer sonnendurchfluteter, heißer und schöner Tag zu werden.

Nach dem Frühstück waren Florian, Eric und ich startklar, Rune allerdings war verschwunden. Wir warteten rund zwanzig Minuten auf ihn, bis wir endlich losziehen konnten. Er hatte sich mit Lala[11] verquatscht, die tatsächlich vorhatte, in dieser Herberge ihre Bäckerei zu eröffnen. Ich hatte von einem der Hospitaleros die Adresse einer privaten Gîte in einer optimalen Tagesentfernung bekommen und dort für uns vier reservieren können. Die Übernachtungssituation wäre für diesen Tag sonst etwas schwierig geworden. Es gab lediglich im nur 15 Kilometern entfernten Santander eine kleine Herberge und dann erst wieder rund 30 Kilometern nach Santander. Trotzdem war ich über die morgendliche Verzögerung nicht glücklich.

Unser Weg führte uns auf naturbelassenen Pfaden über weitläufige grüne Wiesen direkt an der Steilküste entlang, wieder einmal folgten wir einer Alternativroute. Die Ausblicke auf die Weite des Ozeans, auf die kleinen verlassenen Buchten und die strahlend weißen Sandstrände faszinierten mich auch nach mittlerweile zehn Tagen auf dem Küstenweg noch immer und ein inneres Gefühl von Dankbarkeit und Zufriedenheit, diese Schönheit so erleben zu dürfen, durchströmte mich. Wir durchstreiften leuchtend grüne Farnhaine, die sogar höher waren als meine überdurchschnittlich großen Pilgerfreunde.

Die Gruppe teilte sich immer wieder in das physisch stärkere Team von Rune und Eric, die generell mit großem Abstand vorausgingen, dabei aber regelmäßig auf mich und Florian warteten, der mich treuherzig begleite. Dadurch ergab sich für mich allerdings kaum die Gelegenheit, die Pausen dann einzulegen, wenn es für mich und meine Kondition sinnvoll gewesen wäre. Ich hätte es in Kauf nehmen müssen, dass Rune und Eric ewig auf uns warten mussten.

In Pedreña bestiegen wir wieder einmal eine kleine Fähre, die uns über einen Meeresarm nach Santander brachte. Florian und Eric zogen mich damit auf, dass ich in Frankreich auf jeden Umweg und jeden originalen Kilometer Jakobsweg bestanden hatte, in Spanien aber jeden größeren Meeresarm mit einer Fähre überwand, statt drum herum zu laufen. Ich verwies auf mein Pilgerbuch: Wenn dieses eine Fähre vorschlug, war das für mich Originalweg genug.

Zur Mittagszeit erreichten wir Santander. Es würde die letzte größere Stadt für die nächsten Tage sein und jeder hatte etwas zu erledigen. Für mich gab es vor allem zwei Probleme, die ich dringend in den Griff bekommen musste. Erstens waren meine zwei Paar Socken, die ich seit Wochen täglich abwechselnd trug, wusch und trocknete, mittlerweile durchgelaufen und der rissige Stoff rieb meine Fersen auf. Noch gravierender aber war die Tatsache, dass an meinem linken Schuh die Sohle an einer Stelle fast durchgelaufen war. Ich fürchtete bei jedem Schritt, mit dem großen Zeh auf Asphalt zu treten. Die Socken waren schnell besorgt, aber ordentliche Wanderschuhe waren nicht zu finden. Wieder verloren wir nach meinem Empfinden endlos viel Zeit, bis jeder einen Geldautomaten, einen Supermarkt, ein Sandwich, Postkarten und und und gefunden hatte und wir uns dann endlich in der Gruppe wiederfanden. Auf dem Weg durch Santander trafen wir einige Pilger vom Vortag wieder, die uns rieten, so schnell wie möglich die Herberge aufzusuchen, diese sei so gut wie voll. Ich war froh, dieses Problem an diesem Tag einmal nicht zu haben. Als wir auf dem Weg die lange

Fußgängerzone durch die Innenstadt hochliefen, wurden wir allerdings mehrfach von Privatpersonen angesprochen, die uns privat eine Unterkunft anboten. Der Jakobsweg sorgtc für jeden, ich hatte das eigentlich schon gelernt.

Wir zogen weiter und schwitzten uns durch den heißen Tag. Glücklicherweise fanden sich immer wieder Wasserspender am Wegrand und regelmäßig begossen wir uns gegenseitig mit kühlem Wasser. Wie auch an den letzten Nachmittagen verließen mich meine Kräfte vor dem Ziel. Ich wusste, dass ich in Frankreich auch an langen und heißen Tagen weniger müde am Etappenziel angekommen war und schob diese körperliche Schwäche immer bewusster auf den Rhythmus meiner Jungs, den ich offensichtlich nicht mithalten konnte.

In der privaten Herberge hatten wir ein Viererzimmer und waren unter uns. Ich besorgte ein paar Dosen Bier, trommelte meine Begleiter zusammen und rang mich schweren Herzens, aber mit dem sicheren Gefühl der Notwendigkeit für meinen eigenen Weg dazu durch, ihnen bei diesem gemeinsamen Bier mitzuteilen, dass ich mich von der Gruppe trennen würde. Ich versicherte ihnen, dass ich die Abende in ihrer Gesellschaft sehr schätze und daran möglichst nichts ändern wolle, ich würde auch weiterhin gerne für uns alle die Unterkunft für den nächsten Tag reservieren, aber das gemeinsame Gehen sei für mich einfach nicht mehr die Erfüllung, die ich mir von meinem Weg erhoffte.

Es schien der ideale Moment für diese Entscheidung, denn für den nächsten Morgen stand uns die verbotene Abkürzung über die Eisenbahnbrücke bevor. Es handelte sich lediglich um 100 Meter, die neben den Gleisen auf einer Eisenbahnbrücke zu überwinden waren. Solange kein Zug kam, gab es - außer der Tatsache, dass dieser Weg für Fußgänger und Pilger grundsätzlich verboten war – kein Problem. Wenn aber ein Zug kam, würde es sehr eng werden auf der Brücke und gerade als Pilger mit dickem Rucksack hatte man nicht viele Ausweichmöglichkeiten. Die Herbergsleiterin riet uns eindringlich von der Abkürzung ab, berichtete sogar von Unfällen und Polizeikontrollen. Es gäbe aber die Möglichkeit, die Brücke in dem Zug, für den sie gebaut worden war, zu überwinden, der Bahnhof sei nur wenige Meter von der Herberge entfernt und der Zug würde im nächsten Ort nach der Brücke wieder halten. Rune tendierte eher zum Abenteuer und wollte trotz der regelmäßig vorbeirauschenden langen Güterzüge die Überquerung wagen, Eric und Florian favorisierten die Überquerung im Zug und ich war bereit, die zusätzlichen acht Kilometer bis zur offiziellen Pilgerbrücke über den Fluss zu gehen. Immerhin mussten wir nun nicht mehr Stunden bis zu einer Einigung diskutieren und jeder konnte machen, was ihm oder ihr am besten erschien.

Ich hatte zwar damit gerechnet, dass meine Entscheidung auf Unverständnis stoßen könnte und hatte mittelfristig auch die vollständige Auflösung der Gruppe in Kauf genommen, dass es aber unmittelbar darauf hinauslief, dass die drei Jungs ihre Planung für die nächsten Tagen miteinander machten und mich dabei vollkommen außen vor ließen, überraschte und schockierte mich nun doch. Glücklicherweise war die Herberge voll belegt, so dass ich den Kontakt zu den anderen Pilgern suchen konnte. Ich lernte Noemi aus Bruges kennen und gesellte mich zu einer fröhlichen Cola-Rotwein-Party mit einem ganzen Haufen spanischer Pilger auf der Terrasse der Herberge. Als ich leicht angetrunken zurück in unser Zimmer kam, hatte ich das Bedürfnis, meine Entscheidung vor allem Florian gegenüber noch einmal zu erklären. Ich fürchtete, dass er sie als persönliche Ablehnung auffassen könnte und obwohl die Tatsache, dass ich oft mit ihm zurückgeblieben war und seine schwere Stimmung meiner Motivation nicht geholfen hatte, wäre es nicht gerecht gewesen, meine Entscheidung auf ihn zu reduzieren. So krabbelte ich in sein Bett und versicherte ihm nochmals, dass ich ihn sehr ins Herz geschlossen und die Zeit mit ihm und Eric sehr genossen habe, dass es mir lediglich um das tägliche Gehen ginge und dass ich es schade fände, wenn wir uns gar nicht mehr absprechen oder wiedersehen würden. Florian verstand mich und gemeinsam machten wir eine Etappenplanung für die letzten gemeinsamen Tage. Die beiden Franzosen würden ja am 1. August abgeholt werden. Anschließend setzte ich mich zu Rune und erklärte auch ihm nochmals meine Gründe. Er war mit der Etappenplanung der nächsten Woche ebenfalls einverstanden und unterstützte mich in meiner Entscheidung, von nun an alleine zu gehen.

Tag 58:

BOO DE PIÉLAGOS – CAMPLENGO (30.5 KM)

Die interessanten Sanitäranlagen des Jakobswegs

Ich stand am Morgen als erste auf und weckte zum ersten Mal seit Wochen die Jungs nicht. Leise machte ich mich fertig, dabei wachten allerdings Eric und Florian auf. Sie begannen ebenfalls, sich auf den Aufbruch vorzubereiten. Rune blieb demonstrativ im Bett. Ich ging alleine los. Die Stimmung des Morgens mit Nebelschwaden und einem gedämpften Licht, das nur langsam den Boden erreichte, passte zu meiner Gefühlslage. Einerseits tat es gut, einfach zu starten, alleine zu sein, keine Rücksicht nehmen, keine Absprachen einhalten zu müssen. Gleichzeitig war es nach den vielen Kilometern in der Gruppe fast ein beunruhigendes Gefühl, alleine durch den Nebel zu wandern. Dazu kam die Vorstellung, vermutlich die einzige Verrückte zu sein, die den Extraweg von acht Kilometern auf sich nahm. Wirklich verlaufen konnte ich mich trotz des Nebels nicht, theoretisch ging die Strecke immer am Fluss entlang, bis zur nächsten Brücke, dann auf der anderen Seite wieder zurück. Ich genoss das Gehen im Nebel, fühlte mich mutterseelenallein auf der Welt, aber wohl. Diese Ruhe und innere Einkehr hatte ich vermisst.

Ich erreichte die uralte Pilgerbrücke, die sich als durchaus sehenswerte Attraktion auf dem Jakobsweg herausstellte und war stolz, den Umweg gegangen zu sein und zu den wenigen Pilgern zu gehören, die diese Brücke gesehen haben. Der Rückweg war leider schwieriger als gedacht, denn es waren an den unmöglichsten Stellen gelbe Pfeile von Hand markiert worden, die in die verschiedensten Richtungen zeigten. Diese handgemalten gelben Pfeile hatten mich auf dem Küstenweg in verschiedenen Formen ständig begleitet. Meistens waren es ortsansässige Pilger oder einfach nette Menschen, die den Pilgern diese hilfreichen Wegweiser malten. Hier war aber offensichtlich, dass sich jemand einen bösen Scherz erlaubt hatte und ich war irritiert, dass das scheinbar niemanden störte und niemand es korrigierte. Nicht zum ersten Mal auf dem spanischen Jakobsweg spürte ich, dass Pilger nicht überall gern gesehen waren. Dank meines Pilgerbuchs fand ich meinen Weg zurück und traf in Mogro wieder auf jenen Weg, den auch die Pilger gehen mussten, die (wie auch immer) über die Eisenbahnbrücke abgekürzt hatten. Rune hatte mir eine sms geschrieben, er war über die Brücke gegangen, ohne dass ein Zug gekommen war. Was die Franzosen gemacht hatten, wusste ich nicht. Ich begann, mir Sorgen um sie zu machen. Ich wusste nicht, ob sie die Brücke zu Fuß oder im Zug überquert hatten, ob sie den Umweg gegangen waren und dann den Rückweg gefunden hatten, ob sie trotz der Sprachbarriere zurechtkamen. Ich war ja nicht verantwortlich für sie, immerhin waren sie starke und erwachsene Kerle, aber ich hatte doch irgendwie eine fürsorgliche Rolle übernommen und musste mich nun schwer zurückhalten, sie nicht mit sms zu bombardieren, um mich zu vergewissern, dass alles in Ordnung war.

Bis zum Mittag war mir noch kein anderer Pilger begegnet. Mir war das recht. Der Weg hatte mir bisher gefallen, obwohl er hier etwas im Landesinneren verlief und ich das Meer nur selten und wenn, dann weit entfernt gesehen hatte. Die Landschaft war sattgrün, Blumenwiesen und Waldabschnitte wechselten sich ab mit vereinzelten Bauernhöfen, der Fluss war an meiner Seite und Berge im Hintergrund. Im Dorf Carablas sollte der wohl hässlichste Abschnitt meines Weges beginnen. Es kam mir wie Stunden vor, die ich neben den Rohren einer Chemiefabrik entlangging, unter sengender Sonne und ohne eine Spur von Schatten. Es wäre Zeit für eine Pause gewesen, aber hier im hässlichen Nirgendwo wollte ich mich nicht in den Dreck setzen. Ich war froh, als ich irgendwann den Ort Requejada erreichte und endlich eine Bar an der Straßenecke auftauchte. Plötzlich erschien hinter mir ein englischer Pilger, Jamie, und gemeinsam lamentierten wir über die eben zurückgelegte Wegstrecke. Jamie wollte aber nicht mit mir Pause machen.

Alleine in der Bar gingen mir meine Franzosen nicht mehr aus dem Kopf und ich fragte per sms nach, wo sie seien und ob alles in Ordnung sei. Florian antwortete mir sofort, sie würden gerade Eis essen, in einer Bar etwas abseits vom Weg, wo wisse er nicht, aber es sei alles in Ordnung. Sie waren ebenfalls den längeren Weg über die alte Pilgerbrücke gegangen und waren somit definitiv noch hinter mir. Ich war beruhigt und glaubte mich zu erinnern, dass ich unmittelbar vor der hässlichen Wegstrecke eine kleine Bar links vom Weg gesehen hatte. Ich bestellte mir ein kühles Getränk und ein Eis und machte mit meinem Tagebuch vor der Bar Pause. Als ich aufbrechen wollte, standen die beiden plötzlich vor mir. Ich freute mich von ganzem Herzen und spontan entschieden wir, zu dritt eine richtige Mittagspause mit etwas Herzhaftem zu machen. Es war fast wie ganz am Anfang, als sich unsere Wege immer wieder kreuzten, ohne Absprachen. Wie am Anfang hatte ich wesentlich schneller als die Jungs genug vom Pausieren und während Florian sich eine zweite Runde Tapas bestellte, zog ich alleine weiter. Das war für alle in Ordnung.

Bis zu unserer Herberge bei Camplengo würde ich noch gut zwei Stunden unterwegs sein und der Weg wurde mir lang. Oftmals suchte ich vergeblich nach wegweisenden Pfeilen, es war kein Mensch auf der Straße und kein Pilger weit und breit, den man hätte fragen können. Hätte ich nicht schon so viele Kilometer auf meinen Pilgerfüßen hinter mich gebracht, wäre ich wohl nervös geworden. So ging ich einfach weiter, im Vertrauen auf den Jakobsweg. Tatsächlich erreichte ich die Kreuzung, an der ich zur privaten Pilgerherberge abbiegen musste und traf kurz darauf in der Herberge Rune wieder. Man hatte uns einen großen Schlafsaal mit vier Etagenbetten zugewiesen, den wir aber ausschließlich mit unserer kleinen Vierergruppe belegen durften. Die Herberge war eine der einfachsten, die ich unterwegs gesehen hatte, und gerade deshalb familiär und warm. Um in unseren Schlafsaal zu kommen, mussten wir durch das Wohnzimmer der alten Herbergsleiter, die dort ununterbrochen vor dem Fernseher saßen. Ihr Sohn kümmerte sich um alles Organisatorische und bewies stolz, dass er ganz viele Sprachen konnte, darunter aber weder deutsch noch dänisch. Englisch weigerte er sich zu sprechen. Das aufregendste an der Herberge waren zweifellos die Sanitäranlagen. Laut meinen Pilgerbuch gab es 48 Betten, aber an diesem Abend fanden sich glücklicherweise nur zehn Pilger ein. Für alle gab es in dem langgezogenen, zum Badezimmer umfunktionierten Raum auf der linken Seite drei Duschen und drei Toiletten und gegenüber in einer Reihe sechs Waschbecken. Alles war lediglich mit selbstgenähten Stoffvorhängen abgetrennt. Ich fragte mich schmunzelnd, ob Eric nach all den gemeinsamen Erfahrungen nun neben mir pinkeln würde, wenn nur ein Textilvorhang dazwischen hängt, oder eher nicht. Die Jungs kamen aber erst nach meiner Dusche in der Herberge an und gesellten sich anschließend zu Rune und mir in den großen Garten. Auf der Hängematte hing ich in Gedanken meinem Traum der letzten Nacht nach, in dem es irgendwie um Florian und mich gegangen war, aber auch um meinen Mann, soweit ich die einzelnen Fetzen meiner Traumerinnerung zusammenpuzzeln konnte.

Beim Abendessen, das von der Herbergsfamilie für alle Pilger angeboten wurde, lernte ich den ersten Pilger kennen, der auf dem Rückweg war. Stewart war mit dem Fahrrad unterwegs, war in England gestartet, hatte ganz Frankreich durchquert, aber einige Wochen Pause bei einem Bekannten gemacht. Dann war er über den Camino Francés bis Santiago geradelt. Nun war er auf dem Küstenweg auf dem Rückweg Richtung Frankreich, würde aber von dort nach Italien radeln, um am Mittelmeer Urlaub zu machen. Ich war begeistert von diesem Projekt und Stewart mit seinen strahlenden Augen und seiner positiven Ausstrahlung beeindruckte mich, auch unabhängig von seiner athletischen Radlerstatur. Mit dem Fahrrad auf dem

Rückweg zu sein bedeutete ja, dass er sicher niemandem von uns jemals wieder begegnen würde. Und doch verhielt er sich, als ob wir seine besten Freunde wären und wir noch unzählige Abende miteinander verbringen würden. Ich nahm mir vor, mich an ihn zu erinnern, wenn ich das nächste Mal in einer neuen Gruppe sitzen würde mit dem Gefühl, es lohne sich sowieso nicht, noch einmal von vorne mit Kontaktknüpfen und Freundschaftaufbauen anzufangen.

Mit den anderen Pilgern in der Herberge kam ich an diesem Abend nicht ins Gespräch. Es handelte sich um Pilgerinnen, die sich zufällig getroffen, dann aber zusammengeschlossen hatten: Sarah aus Kanada, mit der ich schon in Güemes halbnackt im Bad geplaudert hatte, Isi aus Deutschland, Noemi aus Bruges, eine Koreanerin und eine Holländerin. Mir war die Gesellschaft meiner Jungs lieber und wir zogen uns bald in unseren Schlafsaal zurück. Rune taten die Füße weh und ich bot ihm in guter Pilgertradition eine Fußmassage an, die Rune im Anschluss wiederum mir anbot. Ich hatte das Gefühl, dass Florian sich nur schlafend stellte, uns aber in Wirklichkeit aus halbgeöffneten Augen argwöhnisch beobachtete.

Tag 59:

CAMPLENGO – COMILLAS (27.5 KM)

Wenn nur noch für zwei in der Herberge Platz ist...

Am Morgen brach ich mit Eric auf, das war mal eine ganz neue Kombination. Florian hatte sich das Geld für das Frühstück in der Herberge gespart und war zum nächsten Ort vorgelaufen, wo er auf Eric warten würde. Rune war länger im Bett geblieben.

Das Laufen mit Eric machte mir Spaß. Es war ein angenehmer Morgen, die Sonne begrüßte uns, aber es war noch nicht zu heiß. Auf den ersten Metern wurden wir von einer Kuhherde aufgehalten, die von links nach rechts über den Jakobsweg die Weide wechselte, der Bauer grüßte uns freundlich. Wir kamen an einer Kapelle vorbei und waren beide überrascht, dass der andere ebenso gerne an der Kordel zog, um die Glocken zum Läuten zu bringen. Wochenlang gemeinsames Pilgern, unzählige gemeinsam besichtigte Kirchen, aber diese Gemeinsamkeit war uns noch nicht aufgefallen.

Nach nur wenigen Kilometern erreichten wir das wunderschöne Örtchen Santillana del Mar mit einem sehr gut erhaltenen mittelalterlichen Stadtkern. Eric trennte sich von mir, er musste in einem der Cafés Florian wiederfinden. Ich war froh, mir diese Nachteile des Gruppenpilgerns nicht mehr antun zu müssen. Ich streifte ein wenig durch die romantischen Gässchen, bald zog es mich aber weiter. Alleine erklomm ich den Anstieg hinter Santillana del Mar, kreuzte die Südkoreanerin vom Vorabend, kam aber nicht ins Gespräch mit ihr. Ich war zufrieden, wieder in Eigenregie unterwegs zu sein.

Trotzdem breitete sich auf meinem Gesicht ein großes Grinsen aus, als ich kurz nach der Kirche von Arroyo zwei Männerstimmen hinter mir hörte, die aus vollem Hals „Ultreia" sangen und offensichtlich versuchten, meine Aufmerksamkeit zu erregen. Meine Franzosen hatten mich eingeholt. Zu dritt liefen wir auf natürlichen Wegen durch Blumenwiesen und Felder, durch kleine Ortschaften und an den alten verfallenen Adelspalästen von Cigüenza vorbei. In einem der Orte hatten zwei kleine Jungs für die Pilger einen Stand mit Erfrischungen und Gebäck aufgebaut und verkauften alles für einen Euro. Sie hatten Plastikstühle in den Hof gestellt und ich war von dieser Initiative so begeistert, dass ich entschied, hier Pause zu machen. Meine Franzosen schlossen sich mir an. Während wir ausruhten, kam Rune um die Straßenbiegung, wir waren wieder vereint. Auch die Südkoreanerin holte uns ein und setzte sich ebenfalls kurz zu uns.

Meine drei Pilgerfreunde und ich kauften in Cóbreces Mittagessen und machten vor dem eindrucksvollen rosarot gestrichenen Zisternenkloster Pause. Wir hatten noch rund elf Kilometer vor uns, die wir zu viert begannen. Bisher hatte ich an diesem Tag meinem eigenen Rhythmus folgen können. Jetzt bemerkte ich zum ersten Mal bewusst, dass es Runes Schritt war, der mich aus meinem Tempo brachte. Die beiden Franzosen hatten sich mir angepasst, wohingegen Rune die Geschwindigkeit antrieb. Ich ignorierte seinen Rhythmus nun bewusst, ohne Absprache blieben Eric und Florian mit mir zurück, während Rune mit großen Schritten vorzog.

Vor unserem Etappenziel Comillas hatte ich an einer Wiese Lust und das Bedürfnis, noch eine kleine Pause einzulegen und erneut schlossen sich meine Begleiter mir an. Rune war mittlerweile außer Sichtweite. Ich war froh, ihm nicht wie in den letzten Tagen hinterherhetzen zu müssen, immerhin galt die Absprache noch immer, dass grundsätzlich jeder für sich lief und wir keine Rücksicht mehr aufeinander nehmen mussten. Rune meldete sich bald auf meinem Handy, um zu fragen, wo wir seien, es schien aber in Ordnung zu sein, dass wir ohne ihn angehalten hatten. Er würde vorgehen und uns in Comillas wiedersehen.

Als Eric, Florian und ich an der Pilgerherberge in Comillas ankamen und uns in die Rucksackschlange einreihten, war wieder einmal fraglich, ob wir noch ein Bett bekommen würden. Da Rune eine gute Weile vor uns eingetroffen war, schien sein Bett in der Herberge sicher. Als die Herberge endlich öffnete und ich mich als erste aus unserer Dreier-Gruppe nach langem Warten in die Liste eintragen konnte, wies die Hospitalera mich darauf hin, dass ich soeben das letzte Bett bekommen hatte. Für mich kam es nicht in Frage, ohne die anderen zu bleiben. Ich bot mein Bett allerdings einem der beiden an, denn ich hatte mittlerweile verstanden, dass es bei ihnen in den letzten Tagen wirklich um jeden Cent ihres Budgets ging. Sie entschieden aber, zusammen zu bleiben und wir traten das letzte Bett an die Deutsche Isi ab, der vor Erleichterung fast Tränen in den Augen standen. Ich begann also wieder einmal, wie wild herumzutelefonieren, um ein günstiges Bett in einer Pension zu bekommen. Wir entschieden uns für ein Dreibett-Zimmer in einem Hotel und machten uns auf den Weg zurück. Vor dem Hotel trafen wir Sarah, die Kanadiern, und informierten sie, dass die Herberge bereits belegt sei und sie besser mit uns ins Hotel kommen solle. Aus der Reservierung für das Dreier-Zimmer konnten wir ein Vierer-Zimmer machen, so dass wir eine Familiensuite mit einem großen Doppelbett bezogen, das die Jungs an Sarah und mich abtraten. In einem Seitenzimmer für die Kinder kamen Eric und Florian unter. Die Betten im Kinderzimmer hatten allerdings auch nur Kindergröße und es bedurfte einige Improvisation, um die beiden über 1.90 m großen Jungs dort einigermaßen bequem unterzukriegen.

Zum Abendessen in dem kleinen Küstenstädtchen trafen wir im historischen Zentrum Rune wieder und verbrachten einen lustigen gemeinsamen Abend. Ich konnte diese Momente in Gemeinschaft nun mehr genießen, weil ich mich nicht den ganzen Tag an den Nachteilen des Gruppenpilgerns aufreiben musste und es viel mehr zu erzählen gab, wenn man nicht den ganzen Tag nebeneinander her getrottet war.

Zurück im Hotel war Sarah noch nicht wieder eingetroffen. Wir nutzten den ruhigen Moment in unserer alten, vertrauten Dreier-Gruppe. Wir versorgten Eric, der seit einigen Tagen Ohrenschmerzen hatte und jeden Abend mit seitwärts gelegtem Kopf die Ohrentropfen einwirken lassen musste. In dieser Viertelstunde massierte Florian mir den Rücken. Zwischen uns war eine warme, tiefe, fast geschwisterliche Pilgerfreundschaft entstanden und in Momenten wie diesem ahnte ich, wie schwer es werden würde, sich in ein paar Tagen voneinander zu trennen.

Tag 60:

COMILLAS – SAN VICENTE DE LA BARQUERA (15 KM)

Ein Nachmittag am Strand

Der Morgen fing chaotisch an. Die Rezeption unseres Hotels war noch nicht besetzt und meine Franzosen und ich waren nicht die einzigen Pilger, die etwas verzweifelt im Eingangsbereich herumstanden und versuchten, auf sich aufmerksam zu machen, um bezahlen und auschecken zu können. Abgesehen von der Tatsache, dass der Hotelier am Vorabend meinen Pass an sich genommen hatte, war Sarah länger im Bett geblieben, so dass wir nicht einfach verschwinden konnten. Wir riefen, klopften, fanden schließlich eine Handynummer und hatten irgendwann einen Praktikanten vor uns, der mir erst den Pass einer anderen Person geben wollte und dann ewig diskutierte, bis er den Rechenfehler zu seinen Ungunsten in der Rechnung verstand. Wir wollten nicht riskieren, dass wir weniger zahlten und am Ende Sarah den Fehler ausgleichen müsste. Mit fast einer Stunde Verspätung erschienen wir zum Frühstück mit Rune. Wir hatten einen ruhigen Tag vor uns, so dass selbst ich mir von diesen Umständen nicht die Laune verderben ließ. Auch nicht vom Service beim Frühstück, der genauso schlecht und chaotisch wie im Hotel war.

Beim Aufbruch entstanden erneut Diskussionen. Mein Pilgerbuch schlug verschiedene alternative Routen vor, die zwar länger waren als der offizielle Jakobsweg, dafür aber wesentlich schöner. Da der Tag kurz genug war, wollte ich ein paar Kilometer mehr für ein paar schöne Ausblicke in Kauf nehmen. Rune wollte den offiziellen Weg gehen und Eric schloss sich ihm alleine deshalb an, um sich in der Pilgerherberge ein Bett zu sichern. Ich hatte mittlerweile genug von dieser Tagesplanung, die sich hauptsächlich darum drehte, wie und wo man abends ein Bett bekam. Ich entschied, nach Abreise der Franzosen in Pensionen unterzukommen, immerhin konnte man die reservieren und musste nicht den ganzen Tag hetzen, um weit genug vorne in der Rucksackschlange zu stehen.

Mit Florian pilgerte ich durch den schönen Ort Comillas, sah mir den Sobrellano-Palast und die Kirchliche Universität an und wanderte oberhalb der Küste. Später führte unser Weg uns direkt ans Meer, wir gingen über den feinen, weißen Sandstrand, ich zog meine Schuhe aus und watete durch das Wasser. Immer mal wieder hatte ich das Bedürfnis, Florian anzutreiben, da er mehr als gemächlich vor sich hin schlenderte und scheinbar die Zeit, die Welt und mich dabei völlig vergaß. Mir wurde bewusst, dass ich in meinem Leben nur mich selbst als Hauptperson zuließ und allen anderen Menschen nur Nebenrollen zugestand. Ob das gesund und gut oder einfach nur egozentrisch war, konnte ich nicht beurteilen.

Unsere Route würde sich vor der nächsten Bucht in die Alternative bei Ebbe und die Alternative bei Flut teilen. Ich hoffte auf Ebbe, denn dann könnten wir am Strand weitergehen. Florian versicherte mir glaubhaft, dass Ebbe sei. Glücklicherweise trafen wir in einer Bar zufällig auf die beiden deutschen Pilgerinnen Susanne und Claudia aus Güemes, die in der Bar nachgefragt und erfahren hatten, dass gerade Flut war. So mussten Florian und ich auf der asphaltierten Straße bleiben und kamen erst kurz vor San Vicente de la Barquera wieder an den Strand und ans Meer.

Über eine lange, niedrige Brücke ging es in die Stadt, die auf einer Halbinsel lag. Mit meinem Pilgerbuch fanden wir die Pilgerherberge, die als Kultherberge ausgezeichnet war. Nach Güemes war ich allerdings von dieser Klassifizierung nicht mehr wirklich überzeugt. Eine ähnliche Enttäuschung erwartete uns hier. Überfüllte Schlafsäle, Massenabfertigung, Trubel und Lärm - für mich waren diese Herbergen bei weitem nicht die Besten des Weges. Rune und Eric hatten zwei Betten für uns reserviert, so dass wir in dem großen, düsteren Schlafsaal für rund 20 Pilger wenigstens in einem halbwegs abgetrennten Vierer-Abteil etwas unter uns sein konnten.

Es war noch früh am Nachmittag und wir hatten einen halben Strandtrag vorgesehen. Obwohl das Wetter nicht allzu vielversprechend war und der Himmel sich bewölkte, zogen wir zum Strand, kauften unterwegs Früchte und Kekse als Mittagessen und entspannten unter Touristen. Wir waren nicht die einzigen Pilger, die sich von den langen Stränden anziehen ließen. Ich genoss an diesem Nachmittag die Aufmerksam von Rune, ließ mir den Rücken von ihm eincremen und schäkerte mit ihm.

Als Rune sich seinem dänischen Pop widmete, ließ ich meine Gedanken schweifen und hielt in meinem Tagebuch fest, was der Weg mir in den letzten Tagen über mich selbst gelehrt hatte. Ich hatte in den letzten Jahren einige Bücher zum Thema Selbstfindung, Persönlichkeitsbildung und inneren Frieden durchgearbeitet und glaubte, vieles davon auch umgesetzt zu haben. In den letzten Tagen allerdings war mir aufgegangen, dass ich all diese Ratschläge generell zukunftsweisend verstanden hatte, es mir aber mindestens so viel helfen würde, wenn ich bestimmte Sicht- und Verhaltensweisen auch retrospektiv anwenden würde. Ich musste verstehen, dass die Scheidung meiner Eltern und andere Fehlschläge meines Vaters nichts mit mir zu tun hatten und es mir nur schadete, über die Gründe Mutmaßungen anzustellen. Es war wie es war und es war vorbei und ich entschied, es ein für alle Mal hinter mir zu lassen.

Auf dem Weg hatte ich einen alten, aber berührenden Spruch an einer Wand gelesen: „Liebe ist das einzige, das wächst, wenn wir es teilen". Ich vermisste meinen Mann.

Zum Abendessen in der Herberge gab es eine lange Ansprache mit guten Ratschlägen des Herbergsvaters, mit einer mündlichen Liste von ihm empfohlener Unterkünfte am Weg; Ich hatte das Bedürfnis, diese Adressen mit einem roten X zu markieren. Ich fühlte mich an frühere Familienurlaube mit TUI erinnert, wo auch alles durchorganisiert war und die Menschen behandelt worden waren, als ob sie nicht selbst denken und handeln konnten. Ich fand es mit meiner bisherigen Pilgererfahrung völlig überflüssig, Vorträge dieser Art über mich ergehen zu lassen und bedauerte die Pilger, die es nötig hatten.

Tag 61:

SAN VICENTE DE LA BARQUERA – COLOMBRES (21 KM)

Wetter und Stimmung auf dem Tiefpunkt

Der Morgen begann grau und regnerisch. In voller Regenmontur war ich zeitgleich mit Eric und Florian startklar und wir zogen zu dritt los. Es schien albern, auf das Alleine-Gehen zu bestehen, wenn wir zwanglos alle drei zusammen fertig waren. Rune blieb zurück. Wir versuchten, dem Weg zu folgen, den unser Herbergsvater in seiner Rede am Vorabend lang und breit als die bessere Alternative erklärt hatte. Aber entweder war unser Spanisch nicht gut genug gewesen, um ihn zu verstehen oder wir hatten uns einfach verlaufen, denn wir waren weit und breit die einzigen Pilger. Als wir eine Anwohnerin nach dem Weg fragten, hatte sie zwar keine Ahnung, wo genau der Jakobsweg sein könnte, war aber überzeugt, dass er vor ihrer Haustür sicher nicht entlangginge. Wir entschieden also umzudrehen und den offiziellen Weg gemäß Pilgerbuch zu gehen. Wir wussten in diesem Moment nicht, ob Rune vor uns war oder ob er lange in der Herberge geblieben war und noch immer hinter uns war, ob er den Weg des Herbergsvaters gefunden hatte oder auch auf dem regulären Weg unterwegs war.

Im Nieselregen stiegen wir eine Anhöhe hinauf bis zu einer Kapelle, an der Eric und Florian eine Pause machen wollten. Ich entschied weiterzugehen und es war in Ordnung. Man sollte von dort oben eine schöne Aussicht auf die Berge haben, aber die tief hängenden Wolken vernebelten alles, auch meine Stimmung.

Nach einiger Zeit alleine unterwegs kam ich an einem Wegweiser Richtung Santo Toribio de Liébana vorbei. Ich hatte in den letzten Tagen viel von diesem Kloster gehört, das mitten in der sagenhaften Bergwelt der Picos de Europa lag und in dem angeblich die größte Reliquie des Kreuzes Christi aufbewahrt wird. Da ich mich schon auf meinem Pilgerweg in Frankreich gegen den Umweg über das Heiligtum Rocamadour entschieden hatte, dachte ich jetzt ernsthaft darüber nach, einfach nach links abzubiegen und in zwei bis drei Tagen zu diesem Kloster zu pilgern. Meine Jungs würden am Abend per sms nachfragen, wo ich sei und ich würde zugeben müssen, mich klammheimlich abgesetzt zu haben. An einer überdachten Bushaltestelle nur wenige Meter von der Abzweigung entfernt machte ich Pause und zog dieses schnelle und bestürzende Ende meiner Pilgerfreundschaft eine Zeit lang in Erwägung. Doch dann sah ich von Weitem Rune und Eric mit weit ausholenden Schritten ankommen. Sie sahen mich in meinem Häuschen nicht und liefen an mir vorbei. Ich ging davon aus, dass Florian nicht weit hinter ihnen kommen würde und wusste, dass ich ihnen niemals so vor den Kopf stoßen könnte. Ich brach auf und ging in Richtung Santiago weiter.

An diesem Tag hatte ich das Gefühl, der ganze Weg bestehe nur aus Asphaltstraßen. Selbst die Abschnitte durch Wiesen waren für die Pilger betoniert. Zwar war dies bei Regenwetter angenehmer, als durch Matsch zu waten, aber langes Laufen auf Asphalt ermüdete meine Muskeln und Sehnen unnatürlich und meine Füße fühlten sich schnell schmerzhaft platt an.

Mein Pilgerbuch empfahl dann auch noch, entlang der Nationalstraße abzukürzen, statt dem offiziellen Jakobsweg hoch in den Wald zu folgen, da der offizielle Weg zu lang und schlecht ausgezeichnet sei. Die Nationalstraße war jedoch, anders als in meinem Buch beschrieben, ziemlich stark befahren und es machte mir wenig Spaß, neben Autos und LKW auf dem Seitenstreifen zu pilgern. Ich kam an einem Gewerbegebiet vorbei und fühlte mich auf dem großen Parkplatz vor einem Supermarkt und sonstigem Gewerbe mit meinem Rucksack ziemlich fehl am Platz. Immerhin fand ich in einem Baumarkt eine Art Silikonpaste, mit der ich hoffte, meinen Schuh zumindest vorübergehend flicken zu können, denn er war mittlerweile so durch, dass mein linker Fuß an diesem regnerischen Tag durchgängig nass war.

Auf dem Weg zu meinem Etappenziel kam ich an einer Weide vorbei, auf der ein trauriger Bernhardiner angeleint auf die Schafe aufpasste. Es war mir in Spanien schon oft aufgefallen, dass Hunde mit wenig Achtung behandelt und nur als Nutztiere gehalten wurden. Ich hatte Hunde gesehen, die in Industriegebieten alleine auf weiter Flur Fabrikanlagen bewachen sollten. Dagegen waren die Hunde, die an kurzen Ketten vor Privathäusern gehalten wurden, fast noch glücklich zu schätzen. Dieser einsame Bernhardiner, der schutzlos im Regen stehend seine Tage fristete, verkörperte meine Stimmung an diesem Tag und vor Mitleid mit ihm und wohl auch mir selbst traten mir Tränen in die Augen. Das Hinweisschild kurz vor Colombres zeigte 427 Kilometer bis Santiago an.

Ich erreichte Colombres und ging am Ortseingang an der touristischen Herberge vorbei, in der ich am Vorabend vergeblich versucht hatte zu reservieren, da sie ausgebucht war. Als ich die Horden lärmender Jugendlicher auf dem Hof der Herberge sah, war ich froh, dort nicht reserviert zu haben. Die Alternative war allerdings nicht viel verlockender, denn sie bestand in der Notunterkunft in der Sporthalle. Nach meiner Anmeldung und der Bezahlung von drei Euro suchte ich mir zwischen den Kraft- und Fitnessgeräten eine freie Sportmatte neben Eric aus und breitete meinen dünnen Seidenschlafsack darauf aus. Nach diesem kühlen Tag würde ich in der Nacht hier frieren, das war mir klar. Rune hatte seine Matte mir gegenüber, Florian würde erst einige Zeit später eintreffen und sich neben Rune einquartieren. Die Etappe war relativ kurz gewesen und es war erst früher Nachmittag, aber bei uns allen war, nicht nur wetterbedingt, die Luft raus. Eric versuchte, mehr hilfsbereit als fachmännisch, das Loch in meinem Schuh mit der Silikonpaste auszufüllen. Die Paste sollte mindestens 12 Stunden trocknen, so dass ich den Abend trotz des Wetters in Sandalen verbringen musste. Meine Motivation zu diesem Zeitpunkt ging gegen Null.

Doch dann entschieden wir, zu viert ins Dorf zu gehen, um einen Supermarkt ausfindig zu machen und einen Aperitif zu trinken. Zu diesem gesellten sich nach und nach auch unsere Mitpilger, die beiden jungen deutschen Pilgerinnen aus Güemes, Suzanne und Claudia waren wieder aufgetaucht, außerdem zwei sympathische junge Spanierinnen, Elena und Andrea, Isi die Deutsche und Sarah die Kanadierin, außerdem der englische Pilger Jamie, den ich vor ein paar Tagen kurz vor Requejada angesprochen hatte. Es wurde eine lustige Gruppe junger Menschen und ich fühlte mich mit jedem Bier wohler unter ihnen. Nach mehreren Runden Aperitif verlor sich die Gruppe. Florian und Rune entschieden, sich für den Abend aus dem Supermarkt zu versorgen und in die triste Turnhalle zurückzugehen. Mit Isi, Sarah und Andrea leerten Eric und ich Sarahs Drei-Liter-Tetrapack Sangria und spätestens danach fühlte ich keine Kälte oder sonstigen Sorgen mehr. Eric legte mir zum ersten Mal von sich aus und ganz ungezwungen den Arm um die Schulter, ich hatte das Gefühl, einen Meilenstein mit ihm erreicht zu haben.

Zum Abendessen im Restaurant kam ein weiterer Spanier, Javier, zu unserer Gruppe und der Wirt dürfte froh gewesen sein, als er uns allen das Pilgermenü serviert hatte und wir sein Restaurant ohne größere Verwüstung wieder verließen.

Obwohl ich nicht verstand, was Florian und vor allem Rune dazu veranlasst hatte, alleine in der Turnhalle zu bleiben, war ich am Ende des Abends zu ausgelassen um weiter darüber zu grübeln. Sie waren beide bereits in ihre Schlafsäcke gewickelt, als unsere Gruppe zurückkam. Ich strich beiden liebevoll über den Kopf, wünschte ihnen eine gute Nacht und krabbelte, ohne mich auszuziehen in meinen Seiden-Schlafsack. Das schütze mich immerhin ein wenig vor der Kühle dieser Nacht.

Tag 62:

COLOMBRES – POO (30 KM)

Entgegen aller guten Vorsätze

Die Wolken des Vortages hatten sich gehalten, das Wetter war regnerisch und trübe und für Ende Juli in Spanien überraschend frisch.

Entgegen aller guten Vorsätze zogen wir am Morgen wieder einmal zu viert los. Mein Buch schlug eine Route am Meer vor und ohne Diskussion hatten die Jungs entschieden, diese mitzumachen. Sie mussten sich mir somit anschließen, um von meinem Pilgerbuch zu profitieren. Wir machten allerdings den Fehler, einer südkoreanischen Familie, der wir immer mal wieder über den Weg gelaufen waren, blindlings zu folgen. So landeten wir auf dem Wanderweg E-9, der auf Naturpfaden wunderschön durch die grünen Wälder und Farnhaine führte, aber ständig und steil anstieg und ganz offensichtlich nicht der empfohlene Küstenweg war. Wir hatten schöne Ausblicke auf die Küste und konnten wenigstens sicher sein, dass die Richtung stimmte. Ich hatte das schöne Gefühl, dass die drei jungen Männer bewusst Rücksicht auf mich nahmen und sich meinem Rhythmus anpassten.

In einer Pause hoch über der Küste entschieden wir, an der nächsten Möglichkeit den Abstieg zurück zur Küste zu wagen. Laut Buch sollten wir dort das Naturphänomen „bufones de arenillas" antreffen, vom Meer geformte Aushöhlungen im Felsboden, durch die man von einrollenden Brandungswellen verursachte fauchende oder schnarchende Geräusche hören konnte. Mit etwas Glück schossen die Wellen auch durch die Öffnungen wie Geysire. Ich wollte mir dieses Schauspiel nicht entgehen lassen.

Wir hatten keine Ahnung mehr, ob wir auf dem offiziellen Jakobsweg oder auf meiner Variante unterwegs waren oder einfach nur umherliefen. Immerhin erreichten wir die „bufones de arenillas", die dank eines Hinweisschildes und einer Ansammlung von Autos und Touristen nicht zu übersehen waren. Trotz des ungewöhnlich schlechten Wetters war das Meer aber nicht aufgewühlt genug, um uns ein echtes Spektakel zu bieten. Da die Landschaft um die „bufones" interessant und bizarr war, legten wir unsere Rucksäcke ab und kletterten ausgelassen auf den Felsformationen herum.

Ich war wie üblich die erste, die weiterziehen wollte. Florian schloss sich mir spontan an. Per Handzeichen teilten wir unsere Absicht Rune und Eric mit, die weit in die felsige Kraterlandschaft geklettert waren. Die beiden hatten jedoch noch keine Eile zum Aufbruch und so brach ich mit Florian auf. Irgendwie machte mir das Vorauslaufen viel weniger aus als das Hinterherlaufen, denn ich wusste, dass die beiden starken jungen Männer uns irgendwann automatisch einholen würden und ich mich dafür weder beeilen noch sonst wie anpassen müsste. Schon vor dem nächsten Ort, Andrín, waren wir dann auch tatsächlich wieder zu viert.

Wieder folgten wir dem Küstenwanderweg E-9, der sich hier mit dem Jakobsweg zu überschneiden schien. Das uns vertraute wegweisende Symbol, die gelbe Muschel, war nur selten zu sehen. Der Weg stieg erneut steil an und bot die ersten Ausblicke auf unser erstes Etappenziel, die kleine Stadt Llanes. Ich wurde nervös, als wir unendlich lange gegangen waren und uns in einem Halbbogen von der Küste entfernten, so dass die Richtung nach Llanes nicht mehr stimmte. Das letzte Mal, dass wir überhaupt einen Wegweiser gekreuzt hatten, schien lange her und ich befürchtete, seit einigen Kilometern falsch zu gehen. Rune hingegen versuchte, über sein Handy per GPS zu belegen, dass wir auf dem richtigen Weg waren. Aber erst als entgegenkommende Wanderer uns versicherten, dass in wenigen Gehminuten Entfernung die Kapelle Cristo del

Camino auf uns wartete, die in meinem Buch erwähnt wurde, war ich bereit weiterzugehen.

Ab Llanes war wiederum der Küstenweg als Alternative zum schlecht ausgezeichneten Jakobsweg vorgeschlagen. Über die Uferpromenade verließen wir Llanes und erreichten bald darauf unser Tagesziel Póo, wo wir in einer privaten Herberge für die ganze Vierer-Gruppe reserviert hatten. Von Ivan, dem freundlichen Herbergsleiter, wurde uns ein Vierbett-Zimmer mit zwei Etagenbetten zugeteilt. Ich hatte mich nach Anfangsschwierigkeiten an die obere Etage gewöhnt und zog es mittlerweile sogar vor, dort oben fast so etwas wie Privatsphäre zu genießen. In der Herberge lag Kreide aus und die Pilger wurden ermutigt, sich an den Wänden zu verewigen. Ich fand es interessant, wie viele religiöse Hinweise sich darunter befanden, hatte ich doch relativ wenige Pilger getroffen, deren Motivation zum Pilgern wirklich die Religion war. Ich erinnerte mich spontan an die Skulptur vor Aubrac und gerade nach den Wochen des gemeinsamen Pilgerns hatte ich das Bedürfnis, diesen Satz „Dans le silence et la solitude, on n'entend que l'essentiel" („In der Stille und Einsamkeit vernimmt man nur das Wesentliche") wenigstens bis zum nächsten Streichen der Herbergswände zu verewigen. Die Stimmung schien bei uns allen vieren ein wenig gedrückt. Müdigkeit und dadurch bedingte Lustlosigkeit machten sich breit. Ich befürchtete sogar, eine Grippe auszubrüten. Selten nur erwähnte jemand, dass es für die beiden Franzosen der drittletzte Tag war. Vor Wochen hatten wir die Etappen so ausgearbeitet, dass es möglich sein würde, Erics und Florians letzten Tag am Strand zu verbringen und ich hatte vorgehabt, diesen Tag mit ihnen als Ruhetag zu genießen. Je näher der Tag kam und damit die Vorstellung, Erics Mutter zu begegnen, desto mehr wurde mir bewusst, dass ich in dem Moment, in dem die Jungs den Kontakt zu ihrem normalen Leben wieder aufnehmen würden, nicht dabei sein wollte und vielleicht auch nicht sollte. Was wir miteinander erlebt hatten, würde der Welt außerhalb des Jakobswegs nicht verständlich zu machen sein. Ich entschied, meine Franzosen an ihrem Zielort abzusetzen und ohne Pause weiterzuziehen.

Vor dem Abendessen hatten wir noch Zeit und entschlossen, einen entspannten Strandspaziergang zu machen. Wir trafen auf die beiden Spanierinnen Andrea und Elena vom Vorabend und Eric und Florian nutzten die Chance, einmal mit so jungen Pilgern, wie sie selbst es waren, unschuldig zu flirten. Rune schäkerte mit mir und legte seinen Arm um mich, bis die beiden deutschen Pilgerinnen Suzanne und Claudia auftauchten und Runes Aufmerksamkeit sich voll auf Suzanne konzentrierte. Claudia hatte sich zwischenzeitlich offensichtlich mit Jamie aus England liiert. Zu dritt würden sie in Strandnähe wild campen und Jamie zog los, um eine geeignete, wetter- und sichtgeschützte Stelle zu suchen. Claudia und ich kamen ein wenig ins Gespräch, jedoch war uns beiden schnell klar, dass uns wenig verband und wir unterschiedlicher kaum sein konnten. Obwohl ich Claudia ein wenig um die Erfahrung der Nächte im Freien, ganz außerhalb des geregelten Lebens, beneidete, wusste ich, dass ich dafür auf meiner ersten Pilgerschaft noch nicht bereit war, dafür genoss ich meine wohlverdiente heiße Dusche am Ende des Tages zu sehr. Ich freute mich schon auf das Abendessen, das der Herbergsleiter für uns zubereiten würde. Allerdings war das Abendessen hier chaotisch, da die Köchin in der kleinen Herbergsküche immer nur für zwei Leute gleichzeitig kochen konnte und die sechs Pilger, die Abendessen gebucht hatten, somit nacheinander zum Essen gerufen wurden. Ich aß mit Florian und anschließend Rune mit Eric. Auch der erste positive Eindruck unseres Vierer-Zimmer wandelte sich, als Eric in sein Hochbett krabbeln wollte und dabei sein Lattenrost beinahe durchbrach. Fast hätte er Florian unter sich begraben. Gemeinsam zogen wir Erics Matratze von der oberen Etage und betteten ihn auf dem Fußboden.

Tag 63:

PÓO – RIBADESELLA (30.5 KM)

Das lang erwartete Doppelzimmer

Ich war schon gegen sieben Uhr aufbruchsbereit, während Eric und Florian mal wieder vor sich hin trödelten und Rune noch im Bett lag. Ich machte mich konsequent alleine auf den Weg und fühlte mich gut dabei. Die Sonne ging gerade auf und tauchte das kleine Örtchen in ein warmes rotes Licht. Ich genoss die Ruhe und die mystische Stimmung des beginnenden Tages.

Nach nur einem Kilometer stieß ich auf eine kleine Bar mit großer Terrasse direkt am Strand, auf der ich den Anbruch des Tages bei einem Kaffee und Maddalenas beobachten konnte. Ich sollte mich langsam wieder an das Alleinsein gewöhnen. Wie zu erwarten, holten meine Franzosen mich während meiner Pause ein, gemeinsam tranken wir noch einen Kaffee. Während Florian eine zweite Runde Colacao, den spanischen Kakao, bestellte, den er mit Churros und Schokoladensauce toppen wollte, entschied ich weiterzuziehen.

Mein Pilgerbuch empfahl für den weiteren Weg wiederum die Alternative über den Küstenweg, die zwar einige Steigungen zu bieten hatte, dafür aber grandiose Ausblicke bot und schlussendlich ruhig und einsam auf einem Hochplateau an Kühen und Pferden vorbei führte. Eines der Pferde hatte offenbar Gefallen an mir gefunden und galoppierte von Weitem auf mich zu, um nur wenige Meter vor dem niedrigen Zaun anzuhalten und mich aus neugierigen und wissenden Augen anzusehen. Dort oben, weit und breit der einzige Mensch in einer grünen, blühenden Landschaft, spürte ich es wieder: einen inneren Frieden, eine Art friedvolles Seelenheil, das ich entsprechend der Weisheit aus Aubrac, die nun auch in

Póo an der Wand zu lesen war, nur in Stille und Einsamkeit spüren würde.

Als ich am Kloster San Antolín de Beón von meiner Nebenroute wieder auf den Jakobsweg stieß, hatte ich keine Vorstellung davon, ob meine Pilgerfreunde vor oder hinter mir waren. Für den Abend war nicht klar, was aus uns werden würde. Die Jugendherberge in Ribadesella, die laut Pilgerbuch unbedingt zu reservieren war, nahm keine Reservierungen entgegen und die nächste Herberge, fünf Kilometer weiter, schien mir eine unbewältigbar lange Etappe.

An der Strandpromenade von Naves legte ich erneut eine meiner kurzen Pausen ein, in denen ich in selten mehr als einer Viertelstunde meine Schuhe auszog, einen Müsliriegel aß, etwas trank und versuchte, die Landschaft zu verinnerlichen. Als ich wieder startklar war, sah ich von Weitem Florian und Eric auf mich zukommen. Ich freute mich aus ganzem Herzen und gemeinsam gingen wir den restlichen Nachmittag weiter. Rune schrieb mir eine Textnachricht, dass er in Ribadesella angekommen sei, aber aus Budgetgründen entschieden hatte, zur nächsten Herberge weiterzulaufen. Er würde am nächsten Tag zum Abschied der Franzosen in La Isla auf uns warten.

Unsere bewährte Dreier-Gruppe zog durch das ehemals schönste Dorf Asturiens, Nueva, über Betonpisten und auf natürlichen Wegen, unter der Autobahn durch und über eine uralte Steinbrücke. Ich hatte mittlerweile wenigstens den Refrain und die erste Strophe von Ultreia gelernt und summte auch den Refrain der zwei, drei anderen, regelmäßig geträllerten französischen Seemannslieder fröhlich mit. Ich spürte eine wachsende Energie, eine Art intensiven Lebenswillen in mir, etwas, das mir von früher her bekannt, in meinem Alltag aber schon lange verschüttet war. Ich fühlte mich mit meinen beiden Pilgerfreunden zutiefst verbunden. Der bevorstehende Abschied zwang mich dazu, mich darauf zu besinnen, wie viel Spaß und wie viele unglaubliche Erfahrungen ich in nur einem Monat mit meiner kleinen Gruppe gemacht hatte.

Wir erreichten Ribadesella und verliefen uns prompt. Die Jugendherberge lag fast einen Kilometer hinter Ribadesella, wir hatten also ein Interesse daran, diese so bald wie möglich zu finden, um, falls sie ausgebucht wäre, den Rückweg antreten zu können und uns in Ribadesella eine andere Unterkunft zu suchen. Während wir auf der Suche nach unserer vertrauten gelben Muschel auf blauem Untergrund durch die Sträßchen irrten, sprach uns ein Mann an. Er wedelte mit einer Mappe vor uns herum und schaffte es mehr schlecht als recht, uns verständlich zu machen, dass er Privatzimmer für Pilger anbot. Mir schien das eine willkommene Alternative, denn der kleine touristische Küstenort mit den vielen Restaurants und Bars gefiel mir gut. Ich hatte wenig Motivation, den Kilometer von der Jugendherberge für ein Abendessen zum Ort und dann wieder zurück zur Jugendherberge zu laufen. Eric traf spontan die Entscheidung, nicht in Ribadesella zu bleiben, sondern Rune in die nächste Herberge zu folgen. Auch er schob Budgetgründe vor, aber es schien offensichtlich, dass er seine Pilgerschaft an seinem zweitletzten Tag bis zur letzten Minute auskosten wollte.

Florian und ich einigten uns, dem merkwürdigen Mann zu folgen, solange wir uns dabei wohl fühlten, und uns sein Angebot anzusehen. Der Mann war sich seines beunruhigenden ersten Eindrucks offensichtlich bewusst, und wohl um uns von seiner Bekanntheit und seiner Beliebtheit im Ort zu überzeugen, grüßte er alle Restaurant- und Barbesitzer, die er unterwegs erspähen konnte, überschwänglich. Es war tatsächlich beruhigend, dass diese wie alte Freunde zurück grüßten. Das Zimmer mit zwei Einzelbetten, das er uns für einen günstigeren Preis als in der Jugendherberge anbot, war zwar etwas dunkel und feucht, hatte aber ein eigenes Bad und sogar einen eigenen Eingang. Es schien reiner Luxus. Florian und ich nahmen uns also nach Wochen des gemeinsamen Pilgerns in unserer zweitletzten Nacht tatsächlich ein Doppelzimmer und die im Scherz immer wieder beschworene Vorahnung erfüllte sich.

Nach Dusche und Wäschewaschen zogen wir erst einmal Richtung Zentrum. Ich hatte auf dem Weg endlich ein Geschäft gesehen, das Sport- und Wanderschuhe in der Vitrine hatte und hoffte, meine wirklich ausgedienten Schuhe endlich ersetzen zu können. Erics provisorischer Flicken aus Colombres war bereits nach einer Stunde Laufzeit einfach abgefallen, und als er in Póo erneut sein Glück mit Reparieren versucht hatte, war die Tube mit der bereits halb getrockneten Paste beim Quetschen regelrecht explodiert. Die Schuhe in dem kleinen Laden waren zwar keine mir bekannten Marken und schienen mit der Qualität meiner Lowa-Schuhe nicht mithalten zu können, aber da diese wirklich durch waren, war die einzige Alternative das spanische Noname-Produkt.

Zum Aperitif entschieden wir, den regional berühmten Sidra auszuprobieren. Leider hatten wir nicht verstanden, dass wir für uns beide eine ganze Flasche bestellt hatten. Und obwohl das Getränk schmeckte wie vergorene Limonade, war der Alkoholgehalt enorm. Das Einschenken sollte traditionell durch den Kellner erfolgen, der die Flüssigkeit in einem hohen Bogen von oberhalb seines Kopfes ins Glas zielte. Florian und ich bekamen aber einen speziellen Apparat, in den wir die Flasche und ein Glas stecken mussten. Auf Knopfdruck blies der Plastikkellner den Sidra mit Sauerstoff versehen ins Glas. Nachdem wir die Flasche geleert hatten, waren wir beide ziemlich angetrunken und taumelten ins Restaurant zum Abendessen.

Zurück in unserem Doppelzimmer fragte ich mich nun ernsthaft, welche Erwartungen Florian mit diesem Arrangement wohl verband. Wir hatten in den letzten Wochen viel weniger als in Frankreich miteinander geflirtet und ein wenig von der Intimität verloren, die ich in Saint-Jean-Pied-de-Port gespürt hatte. Mir war auch bewusst, dass Florian meine Schäkerei mit Rune sicher falsch verstanden hatte. Außerdem war er viel zu jung für mich und ich entsprechend viel zu alt für ihn.

Und trotzdem hatte ich die unbestimmte Intuition, dass dieses Doppelzimmer schicksalhaft sein würde.

Vor dem Schlafengehen bot Florian mir eine Rückenmassage an. Ich war mir der Situation ausreichend bewusst, schlug aber dennoch vor, mein Pyjamaoberteil auszuziehen. Mir entging sein Blick nicht, als für einen Augenblick meine Brust zu sehen war, bevor ich mich bäuchlings aufs Bett legte und er über mir kniend seine Massage begann. In seine vorsichtigen, schüchternen Berührungen mischte sich spürbare Lust, die ich physisch erwiderte. Seine Hände wanderten von der sicheren Mitte meines Rückens zur Seite, berührten erst zaghaft und als kein Einhalt geboten wurde, in forscherem Herantasten meinen Busen. Ich drehte mich um, wir schauten uns vertraut und doch verwirrt in die Augen und küssten uns. Es war nicht mehr der überraschende Kuss, den Florian in Saint-Jean-Pied-de-Port nur schüchtern und zurückhaltend erwidert hatte, sondern ein liebevoller und lustvoller Kuss. Wir zogen uns aus, entdeckten uns, streichelten und berührten uns. Als ich mein klares Einverständnis gab, drang er vorsichtig, ganz auf mich und meine Bedürfnisse konzentriert, in mich ein. Wir liebten uns in dieser Nacht und am nächsten Morgen und Florians bemerkenswerte Charaktereigenschaften als Freund zeichneten ihn auch als Liebhaber aus.

Tag 64:

RIBADESELLA – LA ISLA (19 KM)

So langsam wie möglich

Ich wachte in meinem eigenen Bett auf mit dem Bedürfnis, mich an Florian zu kuscheln, auch wenn das in den schmalen Einzelbetten kaum möglich war. Er erwartete mich bereits. Entgegen meiner Befürchtung und entgegen meiner Erfahrung mit Sex zwischen Freunden verband uns noch immer dieses intensive Gefühl von Freundschaft und Vertrauen, von Verständnis und Akzeptanz. Es war einfach noch stärker geworden.

Langsam und behaglich machten wir uns für den Tag fertig. Rune hatte bereits die erste Textnachricht geschrieben, er werde mit Eric am Strand von La Vega auf uns warten und wollte wissen, wann wir dort ankommen würden. Florian und ich hatten erst einmal Lust auf ein ausgiebiges Frühstück, auf prickelnden Augenkontakt, auf vorsichtige Berührungen im Tageslicht. Es war uns klar, dass das, was zwischen uns passiert war, unter uns bleiben musste. Weder hätte Eric verstanden, wie sein bester Freund den Jakobsweg für ein Abenteuer mit einer wesentlich älteren Frau entweihen konnte, noch hätte Rune verstanden, wie ich mich als verheiratete Frau auf einen so jungen Liebhaber einlassen konnte. Es hätte die Atmosphäre in unserer kleinen Gruppe am letzten Tag unnötig beschwert. Ich hatte natürlich ein schlechtes Gewissen meinem Mann gegenüber, gleichzeitig redete ich mir ein, dass der Jakobsweg nicht mein Leben war, dass Florian morgen abreisen würde, dass ich in ein paar Wochen wieder daheim und alles vergessen sein würde.

Nach einem ausgedehnten Frühstück verließen wir Ribadesella langsam entlang der Strandpromenade und durch kleine Seitenstraßen. Rune hatte uns zwischenzeitlich getextet, dass er und Eric nun lange genug in La Vega gesessen hätten und nach La Isla weiterlaufen würden. Als Florian und ich La Vega erreichten, fanden wir es so schön dort, dass wir für ein zweites langes Frühstück in der Strandbar Platz nahmen. Wir versuchten, uns ein wenig außer Sichtweite des Jakobsweges zu setzen, um unser Bedürfnis nach Streicheleinheiten nicht weiter unterdrücken zu müssen.

Der Weg führte wieder wunderschön auf Naturpfaden durch hohes Gras und lockeren Baumbewuchs hoch über der Küste entlang, die weiten Ausblicke über den blauen Ozean verleiteten uns zum Träumen. Immer wieder hielten wir an und schauten uns verschämt um, bevor wir uns umarmten und küssten. Die Sonne stand endlich wieder mit voller Sommerkraft über uns und ermöglichte viele Pausen, die wir versteckt im hohen Gras kuschelnd verbrachten. Florian schien so gelöst und entspannt wie auf dem ganzen spanischen Weg noch nicht. Ich hatte Spaß an dieser Veränderung.

Rune und Eric wurden ungeduldig und begannen per Textnachricht Druck auf uns auszuüben. Vor allem die Aussage, dass die Herberge fast voll sei, bewegte Florian und mich dazu, unser bewusst gemächliches Tempo ein wenig anzuziehen. Wir erreichten den kleinen Ort La Isla und fanden das Privathaus der Herbergsleiterin, in dem Pilger sich anmelden mussten, bevor sie ihr Bett beziehen konnten. Die Herbergsleiterin teilte uns kurz angebunden mit, dass sie nur noch einen Platz habe, telefonierte aber mit einem Bekannten, der im nächsten Ort Privatzimmer hatte und uns am Abend abholen würde. Es schien die einzige Möglichkeit, aber ich hatte kein gutes Gefühl, eine weitere Nacht mit Florian im Doppelzimmer zu verbringen. Ich befürchtete, er würde sich zu sehr an mich binden. Ich wollte aber am nächsten Tag weiter pilgern, ohne Liebeskummer. Als das junge österreichische Paar, die in Güemes beim Abendessen an unserem Tisch gesessen hatten, uns wiedererkannten, boten sie uns an, ihre Betten an uns abzutreten, sie könnten ebenso ihr Zelt im Garten aufstellen. Es bedurfte zwar noch einer Diskussion mit der Herbergsleiterin, die ihrem Bekannten nun wieder absagen musste, aber Florian und ich durften in die Herberge einziehen, auch wenn Florian das Notbett in der Küche zugeteilt bekam.

Wir trafen Rune und Eric am Strand und obwohl wir uns alle Mühe gaben, unauffällig und natürlich zu wirken, müssen unsere strahlenden Augen und unser heimlicher Blickaustausch offensichtlich gewesen sein, auch wenn wir es geschafft haben sollten, unserem Bedürfnis nach zärtlichen Berührungen wirklich nur dann nachzugeben, wenn niemand in Sichtweite war. Aber niemand sprach uns darauf an.

In einer großen Gruppe mit Rune und Suzanne, den beiden Spanierinnen Andrea und Elena, dem Spanier Javier, der Deutschen Isi, der Kanadierin Sarah[12] und einer neuen deutschen Pilgerin, Hannah, verbrachten wir den letzten Abend der beiden Franzosen lustig und in Feierstimmung mit Sidra und Pilgermenüs im einzigen Restaurant am Ort. Angetrunken und melancholisch, aber doch ausgelassen und glücklich schlenderte ich Arm in Arm mit Rune und Eric zurück in die Herberge, wo Florian und ich uns von Dunkelheit geschützt ein letztes Mal küssten.

Tag 65:

LA ISLA – VILLAVICIOSA (22 KM)

Der Abschied

Ich wachte schon mit einem Kloß im Hals auf. Ich war seit einem Monat, also die Hälfte meiner Pilgerschaft, mit den beiden Franzosen unterwegs und es fiel mir schwer, mir vorzustellen, sie heute zurückzulassen, mich in der Pause nicht mehr von ihnen einholen zu lassen, keine lustigen Abende mehr mit ihnen zu verbringen.

Wir versuchten alle vier, Haltung zu bewahren. Wir drückten uns fest, machten Abschiedsbilder und versprachen uns, in Kontakt zu bleiben. Rune sah sich als Teil unserer Gruppe, obwohl er für mich bis zum Ende nicht wirklich die intensive Freundschaft teilte, die mich mit Eric und Florian verband. Auch von meinen guten treuen Lowa-Schuhen nahm ich Abschied. Florian hatte sie mir am Vortag hinterher getragen, für den Fall, dass die neuen Schuhe Probleme bereiten würden, aber erstens schienen die neuen Schuhe sich gut einzulaufen und zweitens war ein Paar Wanderschuhe einfach zu schwer, um es für den Notfall mit sich herumzutragen.

Eric überreichte mir sein Abschiedsgeschenk. Er hatte in Frankreich begonnen, einen Bambusstock zu einem kleinen Wanderstock zu bearbeiten. Er hatte in den letzten Wochen in stundenlanger Arbeit in den Pausen, an Abenden und manchmal sogar beim Gehen aus dem rohen Bambus ein kleines Kunstwerk geschaffen und sogar Muscheln und das Wort Ultreia kunstvoll in das Holz geschnitzt. Ich war nun endgültig reif, meine Tränen freien Lauf zu lassen. Schluchzend und kurz verabschiedete ich mich, ich musste los, ich hasste Abschiede und war emotional nicht stark genug. Unter den wachsamen

Augen unserer Mitpilger war ein liebevoller persönlicher Abschied von Florian nicht möglich.

Ich startete den Tag in Begleitung von Rune und Suzanne. Suzannes Begleiterin Claudia hatte sich vor einigen Tagen mit dem Engländer Jamie abgesetzt. Ich gönnte Rune seine weibliche Begleitung und war froh, mich ohne schlechtes Gewissen nach hinten absetzen zu können. Allerdings warteten Rune und Suzanne immer wieder rücksichtsvoll auf mich, versuchten mich zu trösten, verstanden aber in keinster Weise, worüber ich so aufgewühlt war. Ich hatte das Gefühl, jene Menschen hinter mir gelassen zu haben, die mir näher gestanden hatten als je ein anderer Mensch.

Nach wenigen Kilometern erreichten wir den Ort Colunga, wo wir uns für ein Frühstück in einer Bar entschieden. Auch in dieser Kombination war ich die erste, die das Bedürfnis hatte weiterzugehen. Ich ließ Rune und Suzanne hinter mir zurück, nicht ohne mich locker für den Abend in Villaviciosa zu verabreden.

Ich wanderte an Kuhweiden entlang und hörte Florian sagen, dass die Spanier die berühmten Aubrac-Kühe aus Frankreich kopiert oder sogar geklaut hätten. Den Spruch hatte er an jeder Weide angebracht und er war mir manches Mal auf die Nerven gegangen; jetzt hätte ich mich über ihn gefreut. Ich erreichte den Ort Priesca, in dem laut Pilgerbuch eine uralte Kirche aus dem Jahr 921 stand. Am Ortseingang grüßte mich ein alter Mann und wies mich an, am Haus vor der Kirche zu klopfen und nach dem Schlüssel für die Kirche zu fragen. Zwar hatte mein Buch das auch so beschrieben, aber ohne die Franzosen lag mir nicht mehr viel an Kirchenbesuchen. Nach dem ausdrücklichen Hinweis des Alten sah ich mich nun aber verpflichtet. Ich klopfte an der Tür und eine zittrige Dame machte mir auf. Sie hatte eindeutig Parkinson und erinnerte mich sofort an Dominique, den Pilger auf der Solex, eine Erinnerung die mir in meinem emotional instabilen Zustand wieder Tränen in die Augen trieb. Die alte Dame bestand darauf, mit mir zur Kirche zu gehen, um mir die Besonderheiten der Kirche zu erklären. Zwar verstand ich von den detaillierten spanischen Ausführungen nicht viel, aber ich spürte, dass dieser zunächst scheinbar erzwungene und dann so besondere Besuch dieser uralten Kirche etwas bedeutete. Ohne die Dame hätte ich pflichtbewusst einen Blick in die Kirche geworfen und wäre weiter gezogen, so war ich veranlasst, jedes Detail in mich aufzunehmen, auch wenn ich nicht verstand, worum es sich handelte. Ich wünschte, Eric und Florian wären bei mir, um diese Erfahrung mit mir zu teilen.

Kurze Zeit später kreuzte das dritte Reh auf meiner Pilgerschaft, und das erste in Spanien, unmittelbar vor mir den Jakobsweg, an einer Stelle nahe der Autobahn, wo ich am wenigsten mit Rehen gerechnet hätte. Alles schien besonders an diesem Tag, jedes Ereignis schien eine Bedeutung zu haben.

Relativ früh kam ich an der Herberge von Sebrayo vorbei und wäre zum ersten Mal auf meinem Weg die Erste in der Rucksackschlange gewesen. Aber ich entschied, weiterzugehen und mir ein Einzelzimmer in einer Pension in Villaviciosa zu gönnen. Ich hatte das Bedürfnis, mit mir und meinen Gefühlen, meinem inneren Schmerz und meinem Selbstmitleid alleine zu sein. Ich vermisste meine Franzosen, wir texteten hin und her und ich dachte unzählige Male, wie viel schöner ein Ausblick oder eine Pause gewesen wäre, wenn sie noch bei mir wären. Dabei dachte ich tatsächlich weiterhin an beide als „meine Franzosen". Die Liebesnacht mit Florian hatte mein Verhältnis zu ihm als Pilgerfreund nicht geändert.

Ich erreichte Villaviciosa und fand meine kleine sympathische Pension. Ich bekam ein schmales Einzelzimmer mit einem Bett und einem Waschbecken und würde zum ersten Mal seit Wochen alleine schlafen. Nach kurzem Rundgang für Proviantkäufe versteckte ich mich vor der Welt in meinem Zimmer und tröstete mich mit Milka Oreo Schokolade, die ich bisher immer mit Florian und Eric geteilt hatte. Mir war klar, dass es unmöglich war, in meiner restlichen Zeit auf dem

Jakobsweg keine neuen Freundschaften zu schließen und das war auch nicht wirklich mein Ziel. Aber ich nahm mir fest vor, „alleiniger" zu bleiben. Noch so einen Abschiedsschmerz würde ich nicht ertragen. Gleichzeitig spähte ich immer wieder auf die Terrasse des Restaurants unter mir, in der Hoffnung, das Schweizer Ehepaar zu sehen oder die Deutsche Hannah, Pilger, die ich bisher nur kurz gekreuzt hatte und denen ich nicht über Eric und Florian Bericht erstatten müsste.

Doch dann meldete sich Rune per Textnachricht bei mir und wir trafen uns zu dritt mit Suzanne zum Abendessen. Es war für mein inneres Gefühlschaos sicher besser in Gesellschaft zu sein. Trotzdem war ich am Ende des Abends froh, mich von den beiden zu verabschieden und mich alleine in mein Zimmer zurückziehen zu können. Suzanne und Rune hatten vor, in der Nacht draußen zu schlafen, ohne Zelt, nur auf Isomatten und mit Schlafsäcken, und würden den Jakobsweg ein wenig aus der Stadt hinaus weiterlaufen müssen. Allerdings, so erfuhr ich später, wurden sie dabei von Hannah entdeckt, die alleine in einem großen Doppelzimmer in einem Hotel schlief und die beiden in ihr Zimmer schmuggelte.

Ich verbrachte den restlichen Abend damit, meine Planung bis Santiago und Finisterre zu machen. Ich wollte wissen, wann ich ankommen würde und nahm mir dabei enorme Etappen mit bis zu 35 Kilometern am Tag vor. Ich textete meinem Mann, dass ich zwei Wochen bis Santiago und weitere drei Tage bis Finisterre benötigen würde. Er plante, mich in Finisterre abzuholen, er hatte sich zwischenzeitlich gegen meine Idee entschieden, die letzten drei Tage zusammen zurückzulegen.

Tag 66:

VILLAVICIOSA – GIJON (31 KM)

Doppelzimmer mit einem Unbekannten

Im rötlichen Morgenlicht der aufgehenden Sonne zog ich am Morgen bereits um kurz nach sieben Uhr los. Ich schien ganz alleine auf dem Weg zu sein.

Ich erreichte die Abzweigung zum Camino Primitivo, einer weiteren Alternative des Jakobswegs. Als einer der ältesten Wege war er noch immer wild und einsam und angeblich landschaftlich einer der schönsten Jakobswege. Ich träumte davon, mit der richtigen Ausrüstung, unter anderem einem ordentlichen, aber leichten Schlafsack und einem Zelt, einmal in meinem Leben diesen Weg zu gehen.

Doch für diesmal war ich auf dem Küstenweg Richtung Santiago unterwegs. Die Zeit wurde mir lang. Ich hatte mehrfach meine Etappenplanung überarbeitet, musste aber auch bei härtester Planung von weiteren zwei Wochen auf dem Jakobsweg ausgehen. Ich textete den ganzen Tag mit meinen Franzosen hin und her. Diese waren noch immer auf der Heimfahrt, der Aufbruch aus La Isla war später erfolgt, als geplant und die Autofahrt zog sich offensichtlich hin. Ich dachte mit einem guten, warmen und entspannten Gefühl an Florian und war froh, mich weder in der verzweifelten Gefühlslage von Liebeskummer noch von Reue wiederzufinden. Ich hatte das Gefühl, ihm etwas Besonderes von mir mit auf den Heimweg gegeben zu haben und wünschte mir, es würde seine Selbstachtung und sein Selbstbewusstsein stärken.

Auf einem langen Wegstück abwärts durch einen unendlich scheinenden Wald auf das abseits liegende Dörfchen Peón zu wurde ich von einem spanischen Pilger mit sportlichem Schritt überholt. Er tauchte aus dem Nichts hinter mir auf, stellte sich mit einem strahlenden „Buen Camino!" als Dani vor, fragte nach meinem Namen und war kurz darauf hinter der nächsten Kurve verschwunden. Sein sonniges Gemüt wurde bereits bei dieser kurzen Begegnung deutlich, allerdings auch die Tatsache, dass es aufgrund der Sprachbarriere fast unmöglich war, miteinander mehr als ein paar Basissätze zu wechseln. Einige Kilometer später überholte er mich wieder. Er hatte eine falsche Abzweigung genommen und umkehren müssen. Das war mir schon lange nicht mehr passiert.

Ich erreichte die in meinem Pilgerbuch angegebene kleine Bar, in der ich eine Pause geplant hatte. Leider schien auch diese Bar für immer geschlossen, immerhin waren die Toilettenhäuschen noch benutzbar. An der nächsten Bar traf ich ein englisches Paar, die als Fahrradpilger unterwegs waren. Wir plauderten ein wenig und ich stellte fest, dass auch Fahrradpilger nicht unbedingt längere Strecken als ich zu Fuß machten. Die Engländer fanden meine Pilgerleistung unfassbar. Meine nächste Pause war auf dem Campingplatz in Deva. Gijón erschien unterhalb greifbar nahe und doch waren laut Pilgerbuch noch acht Kilometer bis zur Altstadt zu überwinden. Ich hatte bisher außer Dani noch keinen anderen Pilger gesehen. Daran würde ich mich wohl wieder gewöhnen müssen. Woran ich mich allerdings nicht gewöhnen konnte, waren meine neuen spanischen Wanderschuhe, die an der linken Fuß-Außenseite anfingen zu drücken.

Als ich nach meiner Pause weiterzog, war ich sicher, den jungen österreichischen Pilger vor mir zu sehen, der bisher zu zweit unterwegs gewesen war und uns in La Isla sein Bett abgetreten hatte. Ich beeilte mich, ihn einzuholen, nur um dann festzustellen, dass es sich um einen mir noch unbekannten Pilger handelte. Wir kamen ins Gespräch, Martin war ein junger Pilger aus Deutschland, mit Zelt unterwegs und nur zufällig gerade auf dem Jakobsweg. Seine Idee war, Finisterre entlang der Atlantikküste zu erreichen, der Abstecher über Santiago interessierte ihn nicht. Während unseres Gesprächs trafen wir auf eine ältere Pilgerin, die Martin kannte und sich als Anna vorstellte. Auch sie war aus Deutschland, wie Martin dank Zelt unabhängig von der Herbergssituation, aber im Gegensatz zu Martin sehr bewusst mit dem Jakobsweg verbunden. Martin trennte sich an einem großen Supermarkt vor Gijón von uns, während Anna und ich gemeinsam Richtung Altstadt zogen. Schnell trennten sich aber auch unsere Wege, da Anna schnellstmöglich aus der Stadt heraus wollte, während mein Ziel die Touristeninformation am Strand mitten in der Stadt war.

Mein Pilgerbuch empfahl die Pension Gonzales in der Altstadt und ich hatte am Vorabend versucht, dort ein Einzelzimmer zu reservieren. Die Verständigung mit der scheinbar älteren Dame des Hauses war äußerst schwierig gewesen und ich konnte sie nicht zu mehr bewegen als der Aussage: „Kommen Sie halt vorbei, wir werden schon etwas finden". Ob das als Reservierung gewertet werden konnte, war mir unklar. So hatte ich entschieden, zuerst in die Touristeninformation zu gehen und nach möglichen Unterkünften zu fragen. Dort sah man auf den ersten Blick mein Pilgerbuch, das mich klar als Deutsche kennzeichnete und empfahl mir prompt die Pension Gonzales. Allerdings war die junge Frau in der Touristeninformation bereit, für mich dort anzurufen und klar und deutlich nach einem Einzelzimmer zu fragen. Als ich in dem schön renovierten, alten Gebäude im ersten Stock aus dem Fahrstuhl trat und die Tür der Pension sich öffnete, wurde ich von einer wirklich alten Dame begrüßt. Mir wurde erklärt, dass die Pension drei Doppelzimmer habe, die aber alle bereits reserviert seien, dass es aber im fünften Stock eine Art Einzelzimmer gäbe. Zusammen im fünften Stock angekommen, wurde mir eine größere Abstellkammer mit Bett gezeigt. Auf meine Frage, wo denn die Toilette sei, gab die alte Dame zu, dass ich dafür jeweils in den ersten Stock kommen müsste, zeigte mir dafür aber einen antiken Nachttopf, falls ich nachts aufwachen sollte. Mein Gesichtsausdruck sprach wohl Bände, denn die Dame wies mich darauf hin, dass ich auf dem

Weg nach unten im dritten Stock bei der Pension Argentina nach einem Zimmer fragen könnte und das Einzelzimmer für den Notfall bliebe.

Die Besitzerin der Pension Argentina machte ihre Tür nur einen Spalt weit auf, sah eine einzelne Pilgerin und blökte mich an, dass kein Einzelzimmer frei sei. Ich fuhr also wieder in den ersten Stock und war gerade dabei, die Abstellkammer zu reservieren, als Martin, der junge Pilger, den ich gerade vor Gijón kennengelernt hatte, die Treppen hinaufkam. Als die Dame der Pension Gonzalez sah, dass wir uns begrüßten, schlug sie vor, wir sollten uns doch ein Doppelzimmer teilen, das sei immer einfacher als ein Einzelzimmer. Nachdem ich Martin meine Erlebnisse geschildert und gesagt hatte, dass ich gerade dabei sei, das letzte Einzelzimmer, das auch nur eine Abstellkammer sei, zu reservieren und er dann wohl weiterziehen müsste, war er bereit, sich ein Doppelzimmer mit mir zu teilen. Wir wurden zurück in den dritten Stock geschickt, klingelten bei der Pension Argentina, die Tür wurde einen Spalt geöffnet, die Dame sah ein Paar vor sich stehen und öffnete die Tür weit und einladend. Ich würde mir also ein Doppelzimmer mit einem jungen, gut aussehenden Pilger teilen, den ich erst vor wenigen Stunden kennengelernt und mit dem ich nicht mehr als ein paar Sätze gewechselt hatte.

Vorerst zog es mich aber nach Dusche und Wäschewaschen in die Stadt zurück. Ich schlenderte durch die Altstadt, sah mir freiwillig und intensiv und dabei an meine Franzosen denkend die große Kirche San Pedro an und bestellte mein Feierabendbier in einer Bar, deren Stühle quer verteilt über einen großen Platz in der Altstadt herumstanden. Kaum war mein Bier serviert, stand Dani, der mich im Laufe des Tages zweimal überholt hatte, vor mir. Er war wieder aus dem Nichts erschienen. Er bot mir einen Sidra an und musste dafür natürlich eine ganze Flasche bestellen, die er fachmännisch servierte. Er brachte mir bei, dass man die Flüssigkeit nicht nur von weit oben nach weit unten in hohem Bogen eingoss, sondern auch nur schluckweise, dieser Schluck musste sofort getrunken werden, wobei der letzte Rest im Glas verblieb und über den Platz geschüttet wurde. Innerhalb weniger Minuten hatten wir so die Flasche geleert. Dani bezahlte mein Bier gleich mit und war erneut ebenso schnell verschwunden, wie er aufgetaucht war. Ich hingegen blieb ziemlich betrunken auf dem Platz zurück, fragte mich, ob ich das alles gerade taggeträumt hatte und ob es normal sei, bereits um 19 Uhr betrunken zu sein. Und ich stellte fest, dass ich wohl wieder nicht dazu kommen würde, meine Postkarten zu schreiben.

Nach einem ausgedehnten Rundgang durch die Stadt, bei dem ich auch den Hügel auf der Halbinsel vor der Altstadt erklommen hatte, fühlte ich mich wieder klarer und entschied, dass es Zeit für das Abendessen sei. Zurück in der Altstadt fand ich mich inmitten eines Musikfestivals vor einer großen Bühne mit Livemusik wieder. Ich lief dem englischen Fahrradpilger-Paar wieder über den Weg und entschied mich für ein Restaurant, von dessen Tresen aus man die Bühne im Blick hatte. Als ich meine Tapas fast professionell auf Spanisch bestellt hatte, hörte ich, wie neben mir eine Frau feststellte, dass ich mit diesem Akzent wohl Deutsche sein müsse. Wir kamen ins Gespräch und während ich Katja und ihren Mann Dominik mit Kleinkind Jakob, die in Gijón Urlaub machten, mit meiner Pilgerreise beeindruckte, stellte sich heraus, dass sie in Deutschland ganz in der Nähe von meiner Familie wohnten und sogar meinen Onkel kannten. Die Tatsache, dass die Welt so klein ist, erinnerte mich gerade in diesem Moment auf beruhigende Weise daran, dass im Leben außerhalb des Jakobswegs andere Proportionen gelten als im Leben der Fußpilger.

Als ich auf dem Weg zurück in die Pension war, rief Florian mich an. Er war endlich bei sich daheim angekommen. Allerdings war ich zu angetrunken und viel zu sehr in den Erfahrungen meines Pilgertages gefangen, um ein langes und tiefsinniges Gespräch mit Florian führen zu können oder zu wollen. Ich plauderte wild und ohne Zusammenhang drauf los und realisierte erst, dass er wohl etwas anderes von diesem Anruf erwartet hatte, als er das Gespräch abbrach.

In meinem Doppelzimmer schlief Martin schon. Er würde auch am nächsten Morgen kein Auge öffnen, bevor ich das Zimmer verlassen hatte.

Tag 67:

GIJÓN – SALINAS (31 KM)

Zurück zu den Wurzeln

Früh am Morgen zog ich entlang der Strandpromenade aus Gijón hinaus. Hinter der Stadt wartete ein langes Stück Aufstieg durch Industriegebiete auf mich, für das ich mich kaum motivieren konnte. Trotzdem hatte ich oft das Gefühl, meine ursprüngliche Einstellung zum Pilgern wiedergefunden zu haben. Alleine zu pilgern machte mir Spaß, es brachte ohne Mühe Rädchen in meinen Gedanken in Bewegung, die mich weiterbrachten. Auch die Begegnungen mit Menschen unterwegs erlebte ich wieder intensiver und grüßte jeden mit einem strahlenden Lächeln, das in der Regel erwidert wurde. Trotz Blasen von meinen neuen spanischen Wanderschuhen ging es mir gut.

Nachdem die Industriegebiete von Gijón unter und hinter mir lagen, wurde der Weg auch wieder bedeutend schöner und führte auf steinigen, manchmal sandigen Naturwegen lange und einsam auf einer Hochebene durch Wäldchen und an Feldern vorbei. Ich nahm die Farben der Umgebung, die blühenden Gräser und die Blüten an den Bäumen endlich wieder bewusst wahr. Allerdings auch das Gefühl des Verlorenseins in mir und in der Welt, die Traurigkeit, all dies niemals wirklich mit jemandem teilen zu können, weil ich es alleine erlebte. Kleine Aufmerksamkeiten der Anwohner des Jakobsweges, die auch hier Schälchen mit Nüssen am Wegrand aufgestellt hatten mit der klaren Beschilderung, dass diese ausschließlich für die Pilger gedacht seien, halfen mir aus meiner Melancholie.

Der nächste Wegabschnitt, der kilometerlang auf einer Landstraße durch das triste Ödland des Industriegebietes der kleinen Stadt Trabaza ging, war erneut eine echte Herausforderung für meine Stimmung. Es war eine so hässliche

Strecke, dass ich sogar in einer kleinen Bar am Wegrand anhielt um nachzufragen, ob das wirklich noch der Jakobsweg sei. Ich konnte kaum glauben, dass es keine schönere Wegführung als Alternative gegeben hatte. Einige Kilometer vor der Stadt Aviles traf ich Claudia, eine Pilgerin aus Meissen. Die freiberufliche Fotografin gönnte sich regelmäßig Auszeiten auf dem Jakobsweg und war der Überzeugung, mit fünf Euro am Tag überleben zu können. Ich war davon weit entfernt und nach der Erfahrung meiner ersten sechs Tage, die lange her schienen, auch nicht mehr versessen aufs Sparen, sondern konzentriert aufs Genießen jeden Tages. Zusammen gingen wir bis zur Pilgerherberge der Stadt Aviles, die laut Pilgerbuch feucht und renovierungsbedürftig sein sollte. Claudia beendete ihren Tag dort, während ich alleine dem Jakobsweg durch die Altstadt folgte und dort eine Pause machte. Ich textete immer wieder und viel zu viel mit Florian, der in Gedanken nicht bereit war, daheim anzukommen und mich um jeden Schritt weiter Richtung Santiago beneidete. Ich hatte bereits an diesem Tag die Intuition, dass auch für ihn der Weg noch nicht beendet war.

Nach Aviles wartete ein weiterer steiler Aufstieg auf mich, bevor ich mein Tagesziel Salinas erreicht hatte. Dort hatte ich in einem Hostal ein Einzelzimmer reserviert. Ich wurde herzlich empfangen und von ungläubigen Gästen über meine Pilgerschaft ausgefragt. Ich hatte sogar ein Badezimmer für mich, das erste Mal seit Wochen wieder.

Den Abend verbrachte ich an der Strandpromenade von Salinas alleine, fand eine kleine Pizzeria und aß alleine. In einiger Entfernung sah ich jemanden vorbeilaufen, der Dani hätte sein können, aber ich war zu sehr in meiner endlich wieder errungenen Einsamkeit gefangen, um ihm nachzurufen. Ich fühlte mich ein wenig wie am Anfang der Pilgerschaft, alleine unterwegs aber umgeben von Begegnungen und Erfahrungen. Rune hatte ich seit Villaviciosa nicht mehr gesehen und keiner von uns beiden hatte bisher den Kontakt gesucht.

Tag 68:

SALINAS – SOTO DE LUIÑA (36 KM)

Auf Irrwegen

Auch an diesem klaren Morgen war ich bereits um kurz nach sieben Uhr auf meinem Weg. Ich hatte mir für diesen Tag eine ziemlich lange Etappe mit rund 34 Kilometern vorgenommen. Ich machte Bekanntschaft mit einem Esel, der zutraulich an seine Umzäunung kam und sich von mir streicheln ließ. Der Weg führte immer wieder durch schöne Waldabschnitte, Abwechslung brachten die kleinen hübschen Dörfer. Im Ort El Castillo machte ich eine kurze Pause. Ich hatte bisher noch keinen Pilger getroffen, mir ging es gut dabei. Ich genoss das Gehen alleine, nach meinem Rhythmus und mit auf meine Bedürfnisse zugeschnittenen Pausen. Ich atmete wieder bewusst und sog den Geruch der Blumen und Wälder in mich ein. Trotz der vielen Kilometer, die vor mir lagen, stresste ich mich nicht.

An diesem Tag wurde mir eine besondere Erkenntnis auf dem Jakobsweg bewusst: Es geht gar nicht um die Fragen, die man sich bewusst oder unbewusst ständig oder regelmäßig stellt, sondern um die, die man sich plötzlich nicht mehr stellt. Ich hatte seit Tagen oder vielleicht sogar Wochen keine kreisenden Gedanken mehr an meinen Ex-Chef verschwendet und auch nicht über finanzielle Fragen nachgedacht. Ich hatte vielleicht noch nicht erfasst, was wirklich wichtig in meinem Leben war, aber ich ließ mir das Leben zumindest nicht länger durch Unwichtiges erschweren.

Mein Pilgerbuch schlug eine schöne Variante über den Küstenort Cudillero vor, der allerdings 2.5 Kilometer Umweg bedeutet hätte. Obwohl es mich ärgerte, dieses hübsche Örtchen nicht zu sehen, entschied ich, auf kürzester Strecke nach Soto de

Luiña zu pilgern. Ich hatte ein wenig die Hoffnung, Rune dort wiederzutreffen, er hatte mal erwähnt, dass dieser Ort eine seiner Tagesetappen sei. Ansonsten hätte ich in Cudillero übernachten müssen und wäre sicher wieder ganz alleine gewesen. Ein wenig dürstete es mich doch nach Gesellschaft am Abend.

Ab dem Dorf El Rellayo begann die schlimmste Odyssee meines bisherigen Pilgerwegs. Mein Pilgerbuch hatte mich mit einem Warnhinweis bereits darüber informiert, dass der Jakobsweg aufgrund bevorstehender Bauarbeiten der neuen Autobahn eventuell umgeleitet werden würde. In der Realität wurde er aber einfach unterbrochen. Den Weg, den ich laut Pilgerbuch und laut der letzten vorhandenen Wegmarkierung gehen sollte, war mit einem roten Bauarbeiter-Zaun versperrt, ich wagte nicht, einfach darüber zu steigen. Es war Samstag und niemand auf der Baustelle anzutreffen, den ich hätte fragen können. Überhaupt schien die ganze Küste mit Bauarbeiten übersät, vor allem Siedlungen mit immer gleichen Häusern, nur dass ich auf keiner dieser Baustellen je einen Arbeiter gesehen hatte.

Nachdem ich im Glauben, der Jakobsweg führe durch das Dorf El Rellayo, dort hinauf gestiegen war, teilten Anwohner mir mit, dass der Weg noch nie durchs Dorf gegangen sei. Wo er entlang ginge, wussten sie nicht. Ich entschied, zurück zur Hauptstraße zu gehen und ihr wenigstens bis zum nächsten Ort zu folgen. Mit ein wenig Glück würde der Ort in meinem Pilgerbuch verzeichnet und der Jakobsweg von dort wieder markiert sein. Tatsächlich war ab La Magdalena die Wegführung wieder klar, wenn auch extrem steil, erst abwärts und dann – ganz nach Jacques Pilgerweisheit – wieder aufwärts. Aber schon an der nächsten Kreuzung begann das Chaos erneut. Mein Pilgerbuch führte mich klar nach rechts, an der Hauswand allerdings war ein neuer Pfeil nach links gemalt. Erst folgte ich diesem, er führte entlang der Hauptstraße abwärts. Weitere Markierungen in dieser Richtung waren nicht zu erkennen. Nach wenigen Minuten bereits entschied ich, umzukehren.

Auch wenn ich entgegen der Markierung gehen würde, könnte ich mich wenigstens an der Beschreibung meines Pilgerbuchs orientieren. Tatsächlich stand an der nächsten Kreuzung, wie im Buch beschrieben, ein alter Wegweiser nach links. Dieser war allerdings mit einer schwarzen Plastikplane abgedeckt, die offensichtlich von einem anderen Pilger wieder aufgerissen worden war, so dass der Wegweiser wieder erkennbar war. Ich wagte es, diesem Weg zu folgen. Ich verpasste leider die nächste Abzweigung nach rechts und irrte orientierungslos zwischen Baustellenzäunen und abrupt endenden Wegen über die Wiese. Genau in diesem Moment klingelte mein spanisches Handy, das bisher so gut wie noch nie geklingelt hatte. Es war Florian, der mir mitteilte, dass er soeben sein Zugticket kaufe und in vier Tagen zurück auf dem Jakobsweg sei. Ich setzte mich mitten ins Gras. Ich versuchte ihm zu erklären, dass die Nacht zwischen uns eine einmalige Sache gewesen sei, dass er nicht wegen mir zurückkommen dürfe, dass ich nicht wüsste, ob ich diese Idee gut fände. Aber er hatte seine Entscheidung schon getroffen und beteuerte, dass er dies unabhängig von mir getan habe. Er habe das Glück, dass seine Verpflichtungen für das neue Semester an der Uni ihm noch zwei bis drei Wochen Zeit ließen und er müsse seinen Weg beenden. Nach dem Gespräch war ich aufgewühlt. Obwohl ich wirklich nicht einschätzen konnte, was ich von dieser Entwicklung hielt, spürte ich Vorfreude auf das Wiedersehen und auf den restlichen gemeinsamen Weg.

Erst einmal musste ich aber von dieser Wiese herunterkommen und den Jakobsweg wiederfinden. Nachdem ich unter einem Zaun hindurchgeklettert und einen Abhang hinunter gestiegen war, erreichte ich wieder einen begehbaren Weg, den ich intuitiv als den Jakobsweg identifizierte. Tatsächlich brachte er mich bald in das Dorf Lamuño, wo mein Abenteuer aber nur erneut begann. Es fehlten jegliche Markierungen. Ich schätzte nach der kleinen Karte im Pilgerbuch, dass ich auf die andere Seite der Autobahn musste. Der einzig mögliche Weg schien über einen großen Kreisel zu führen. Auf dem überraschend breiten und sicheren Fußgängerweg neben der Hauptstraße näherte ich mich dem Kreisel, als ein Auto neben mir hielt und der Fahrer mich in barschem Ton anfuhr, dass ich hier nicht gehen dürfe. Ich hatte aber genug vom Umkehren und war mir wenigstens der Richtung einigermaßen sicher. So winkte ich dem nächsten Auto anzuhalten und fragte sicherheitshalber nach, der Fahrer bestätigte mir, dass ich über den Kreisel und dann den Berg hoch musste. Bereits an der nächsten Kreuzung schickte mein Buch mich geradeaus leicht bergab, der Weg schien aber unbegehbar und seit langem unbenutzt. Der einzig mögliche Weg war links entlang der Asphaltstraße den Berg hoch. Als von hinten ein weiteres Auto sich näherte, hielt ich auch diesen Fahrer an und fragte nach dem Weg. Er bestätigte, dass ich den Berg hoch musste, aber nicht die Abzweigung nach rechts verpassen dürfe. Er würde mich gerne bis dahin mitnehmen. Obwohl ich zwischenzeitlich dem Verzweifeln nahe und ziemlich abgekämpft war, siegte mein Pilgerherz und ich entschied, nicht per Auto abzukürzen, sondern zu laufen. Nicht lange danach hatte ich die Befürchtung, die Abzweigung doch verpasst zu haben und bereute diesen falschen Stolz. Glücklicherweise traf ich eine Frau mit Hund, die mir entgegenkam und versicherte, dass die Abzweigung in der nächsten Kurve liege und es dann nur noch einige Minuten den Berg hinunter bis Soto de Luiña ginge.

Ich war körperlich am Ende wie selten, als ich endlich den kleinen Ort erreicht, mich in der Bar eingeschrieben und die Pilgerherberge gefunden hatte. Ein beeindruckendes Gebäude, die alte Dorfschule, die mit etwas Farbe einfach, aber herzlich für die Pilger hergerichtet war. Ich traf Anna wieder, die ältere Pilgerin, die mit mir durch Gijón gepilgert war und neben der ich auf der unteren Etage meines Etagenbettes schlafen würde, das so eng mit ihrem zusammengeschoben war, dass es praktisch als Doppelbett gelten konnte. Rune wartete regelrecht auf mich. Auch er hatte gehofft, dass wir uns hier wiedersehen würden. Den gemeinsamen Weg mit Suzanne hatte er beendet.

Der immer strahlende Spanier Dani umarmte mich herzlich und ich war froh, endlich wieder in Gesellschaft zu sein.

Zum Abendessen regnete es. Tapfer zog ich trotzdem mit Rune los. Wir fanden nach einem Pilgermenü sogar noch eine Dorffeier, wo wir uns von den Anwohnern mit Kuchen und anderen süßen Leckereien versorgen ließen. Wir kreuzten neue Pilger, Paolo aus Italien und Kevin aus Holland, aber Rune befand sich in der Phase, dass er keine neuen Freundschaften mehr schließen wollte. Ich verstand genau, was er meinte, auch wenn ich diese Phase überwunden hatte.

Die Nacht neben Anna wurde zu einem halbwachen Albtraum. Anna schnarchte erbarmungslos und trotz meiner Ohrstöpsel war es mir unmöglich, diesen Lärm direkt neben mir zu ignorieren. Außerdem waren die Matratzen nicht nur alt und total durchgelegen, sondern auch ziemlich dreckig und übersät mit Flecken aller Farbschattierungen und Größen. Ich war überzeugt, mir nun endlich Bettwanzen oder wenigstens Flöhe zuzuziehen. Kaum war ich trotzdem ein wenig weggedöst, schaukelte mein Bett. Ich hatte mitbekommen, dass zwei junge Männer über Anna und mir schliefen. Mein müdes Hirn ließ mich davon träumen, in einer Koje in einem schaukelnden Boot zu liegen und somit die Bewegungen meines Bettes als normal zu empfinden.

Tag 69:

SOTO DE LUIÑA – CANERO (33 KM)

Mit Rune im Doppelbett

Gegen sechs Uhr wurde ich aus meinem leichten und kurzen Schlaf von Dani geweckt, der mich an meiner Schulter schüttelte, um sich von mir mit einem herzlichen „Buen Camino" zu verabschieden. Man musste ihn einfach liebhaben. Also stand ich auch langsam auf und begann schlaftrunken, mich fertig zu machen. Rune war merkwürdigerweise bereits startklar, obwohl er während unserer gemeinsamen Zeit immer als Letzter aus dem Bett gekommen war. Ich erinnerte mich an das Schaukeln in der Nacht und warf einen Blick auf die obere Etage meines Bettes, wo ich mehrere ineinander verschlungene Arme sah. Das Extrapaar Flip-Flops in rosa neben meinem Bett bestätigte meinen Verdacht: die beiden Jungs hatten sich ein Mädchen ins „Doppelbett" geholt und somit waren auch die Bewegungen meines Bettes in der Nacht kein Traum gewesen.

Ich brach zum ersten Mal noch im Halbdunkel auf und fand es schwierig, mich zu orientieren. Da der Weg aber an diesem Tag größtenteils auf der Asphaltstraße verlief, konnte man sich kaum verlaufen. Angenehm war das Gehen über Stunden auf Asphalt aber nicht und bedenklich dazu, denn die repetitiven Bewegungen können zu einer Achillessehnenentzündung führen. Ich hatte am Ende des Tages die Füße voller Blasen. Trotzdem kam mir das schnelle Tempo auf Asphalt entgegen. Ich rannte nur noch, es ging mir wieder einmal nur noch ums Ankommen, am Abend, aber auch am Ende meiner Pilgerschaft. Ich hatte nur noch wenig Spaß am Pilgern. An den schönen Ausblicken auf das Meer, die ich hätte genießen sollen, denn in zwei Tagen würde ich die Küste verlassen, lief ich ebenso zügig vorbei, wie an den uralten Eisenbahnbrücken, die im krassen Kontrast zu den neuen Autobahnbrücken standen. Das Schöne an diesem Tag waren die Begegnungen in den Pausen. Schon in der ersten Bar, in der ich mich zum Frühstück niederließ, wurde ich von Paolo und Kevin und anschließend auch von Anna eingeholt. Wir tranken unseren Kaffee gemeinsam und tauschten uns aus. Mich erinnerten diese Gespräche an die Begegnungen mit Pilgern, bevor ich mit den Franzosen eine Gruppe wurde. Ich war froh, dieses Gefühl noch einmal so erleben zu können. Ich ging nach der Pause alleine los, traf meine Mitpilger bis zum Ort Cadavedo aber noch mehrmals an diesem Tag.

In Cadavedo gab es eine kleine Pilgerherberge, die bereits ausgebucht war, als ich den Ort erreichte. Ich hatte acht Kilometer weiter in einem Hostal reserviert und war froh, mich mit diesem Problem nicht auseinander setzen zu müssen. Ich begegnete Rune, der zu spät für ein Bett vor der Herberge gestanden hatte und nun fragte, wo ich unterkomme. Telefonisch änderte er meine Reservierung auf ein Doppelzimmer. Auch er hatte in der letzten Nacht schlecht geschlafen und hatte das Bedürfnis, Schlaf in einem ruhigen Zimmer nachholen zu können.

Zusammen gingen wir die letzte Wegstrecke. Ich erzählte Rune, dass Florian in drei Tagen zurückkomme und mich in Vilela treffen würde. Als Rune mir ins Gewissen reden wollte, dass Florian das nur mache, weil er sich falsche Hoffnungen auf mich gemacht habe, musste ich zugeben, dass diese Hoffnungen schlussendlich nicht so unbegründet waren. Rune nahm dies wortlos zur Kenntnis.

Im Hostal Canero angekommen, stand der Spanier Dani vor uns. Nach 33 zurückgelegten Kilometern strahlte er wie frisch aus dem Ei gepellt und behauptete überzeugend, noch alle Energie der Welt zu haben. Er brach auch prompt auf. Von der Hostal-Dame wurde uns mit vielen Diskussionen erklärt, dass wir entweder ein Doppelzimmer mit Doppelbett haben könnten zu dem Pilgerpreis wie telefonisch vereinbart oder ein Doppelzimmer mit zwei Einzelbetten, das sei aber teurer. Warum das so war und warum sie dies nicht am Telefon erklärt hatte, spielte keine Rolle, denn jedem der Beteiligten war klar, dass weder Rune noch ich zur nächsten acht Kilometer entfernten Herberge gehen würden. Wir entschieden uns also für das Doppelbett und stellten überrascht fest, dass man uns ein sehr schmales Zimmer mit noch schmalerem Bett von maximal 1.40 m Breite zugeteilt hatte und sich darauf auch nur ein Bettlaken befand. Rune bot an, seinen Schlafsack als Decke zu nutzen.

Nach Dusche und Wäschewaschen zog ich los um den Strand zu erkunden, der nicht weit entfernt sein sollte. Dabei kreuzte ich die ältere deutsche Pilgerin Anna, die auch in diesem Hostal untergekommen war. Ihr hatte man ein Einzelzimmer gegeben, das sich als größer herausstellte als unser Doppelzimmer. Anna lud mich zu einem Glas Wein auf ihren Balkon ein und erzählte mir ihre Geschichte. Vor zwei Jahren hatte sie einen leichten Schlaganfall erlitten, der sie linksseitig gelähmt hatte. Statt sich dem bereits bestellten Rollstuhl zu ergeben, begann sie laufen zu üben, erst daheim, von der Küche ins Bad, dann langsam auch draußen. Sie begann ihren Jakobsweg vor ihrer Haustür, schaffte anfangs nur einen oder zwei Kilometer, bevor ihr Mann sie abholen kommen musste. Am nächsten Tag brachte er sie wieder bis dorthin und sie lief wiederum so viel, wie sie eben schaffte. Über Wochen hatte sie es so von ihrem kleinen Eifeldorf nach Trier geschafft, wo sie sich den Pilgerausweis in der Kathedrale besorgte und endgültig auf ihren Jakobsweg aufbrach. Anfangs noch humpelnd und mit einem Rucksack voll Medikamenten, die sie Schachtel für Schachtel unterwegs wegwarf, lief sie 2´500 Kilometer von Trier nach Santiago. Es war ihr Bittweg und ihre Bitte nach physischer Gesundheit war erhört worden. Nun war sie auf dem Küstenweg von Irun bis Santiago unterwegs, es war ihr Dankweg.

Anna führte im normalen Leben mit ihrem Mann eine Baufirma und wie sie von ihrer Verantwortung als Arbeitgeberin sprach und von all dem, was sie für ihre Angestellten taten und als normal empfanden, führte mir vor Augen, dass es auch heutzutage noch Arbeitgeber gab, die es nicht nur auf ihren eigenen Profit abgesehen hatten. Anna hätte ausreichend finanzielle Mittel gehabt, um sich allabendlich ein Einzelzimmer und ein tolles Essen leisten zu können und musste dies bei täglichen Telefonaten ihrem Mann gegenüber auch entsprechend vorspielen. Tatsächlich hätte sie sich dabei aber nicht als demütige Pilgerin wahrgenommen und zog es deshalb meistens vor, in ihrem Zelt irgendwo im Wald oder am Strand zu übernachten, ohne Dusche und warmes Abendessen. Anna gehörte, zusammen mit Dominique, dem Solex-Pilger mit Parkinson, zu den Pilgern, die mich wirklich beeindruckten.

Zum Abendessen, das vom Hostal als Pilgermenü angeboten wurde, trafen wir uns zu dritt. Anna bestand darauf, Rune und mich nicht nur zum Essen, sondern auch zum Trinken einzuladen und zusammen leerten wir ein paar Gläser Wein zu viel. Es wurde spät und von Schlaf-Nachholen konnte keine Rede mehr sein. Nachdem Rune und ich uns endlich von Anna verabschiedet hatten, fielen wir nur noch in unser Doppelbett und verschwendeten keine kostbare Sekunde Schlaf mehr mit Überlegungen bezüglich der körperlichen Nähe, zur der uns das schmale Bett zwang.

Tag 70:

CANERO – PIÑERA (25.5 KM)

Polizeirazzia in der Herberge

Am Morgen standen Rune und ich mit einem Katergefühl auf. Der Aufbruch verzögerte sich entsprechend. Zusammen machten wir uns auf den Weg, wobei jeder bewusst auf seine Bedürfnisse achtete. Rune steckte sich seine Musik ins Ohr, während ich ein paar Meter vor ihm herlief und die Landschaft genoss.

Im Ort Barcia empfahl mein Pilgerbuch eine Abkürzung nach Luarca, die die Pilgerherberge in Almuña umging. Ich wollte dieser Abkürzung folgen, Rune dem offiziellen Weg, so trennten sich unsere Wege. Locker verabredeten wir uns für den Abend in Piñera.

Die Abkürzung war in keinster Weise markiert und ich hatte trotz der Beschreibung meines Pilgerbuchs schnell Orientierungs-Schwierigkeiten, so dass ich nach wenigen Minuten entschied, auf den offiziellen Weg zurückzukehren. Rune war mittlerweile außer Sichtweite. Ich empfand den Weg wieder sehr chaotisch markiert, es war fast unmöglich, zu folgen und ich verlief mich in Almuña und bis Luarca mehrmals. Glücklicherweise waren immer hilfsbereite Spanier zur Stelle, die mir die Richtung zeigten.

Unzählige Treppen führten mich zum gepflegten Küstenort Luarca. Ich entschied mich zu einer Frühstückspause im ersten Café und traf dort prompt Rune. Genau diese Art von zufälligen Treffen über den Tag hinweg machte für mich das Pilgern so reizvoll. Zusammen tranken wir Kaffee, probierten verschiedene süße Gebäcke und verglichen unsere Erlebnisse auf der bisherigen Strecke. Noch in Luarca trennten wir uns wieder, denn ich wollte nur in der Touristeninformation

meinen Pilgerausweis abstempeln lassen, während Rune noch
Provianteinkäufe zu erledigen hatte.

Ein paar Kilometer weiter, während ich beeindruckt und
mit einem Gefühl von déjà-vu vor der Ruine einer uralten
Kirche vor dem Ort Santiago stand, holte Rune mich wieder
ein und überholte mich. Der Weg an diesem Tag hatte wenig
mit der Beschreibung in meinem Pilgerbuch zu tun, aber ich
folgte entspannt den Pfeilen, die wesentlich hilfreicher als auf
dem Weg nach Soto de Luiña waren. Ich musste zweimal
auf markierten Pfaden die großangelegte Baustelle für die
neue Autobahn überqueren und kam mir zu Fuß mit meinem
Rucksack gegenüber den modernen und riesigen Maschinen
der Bauarbeiter vollkommen fehl am Platze vor. Die Landschaft
nur wenige Meter neben der Baustelle bestand aus wild
bewachsenen Hängen, mit in allen Farben blühenden Büschen
und Blumen und dünnen hohen Bäumen. Mir tat es in der
Seele weh, dass diese Schönheit wohl auch in absehbarer Zeit
der Autobahn zum Opfer fallen würde.

Im Ort Villapedre stieß der Jakobsweg steil auf die viel
befahrene Hauptstraße, die ich hier überqueren musste.
Ich empfand dies als ziemlich gefährliches Unterfangen.
Direkt gegenüber befand sich eine kleine Bar und obwohl
der Autoverkehr nicht einladend war, hatte ich Lust auf eine
Erfrischung. Während ich vor der Bar saß, kam Rune auf der
anderen Seite der Hauptstraße an. Ich musste ihn irgendwo,
ohne es gemerkt zu haben, überholt haben. Er versuchte
mehrfach, die Straße zu überqueren, aber der ständige Fluss der
Autos ließ es in diesem Moment nicht zu, so dass er entschied,
erst einmal entlang der Hauptstraße weiterzugehen. Er winkte
mir und war verschwunden.

Ich machte mich nicht lange danach auch wieder auf
den Weg, die Pilgerherberge war nur noch wenige Kilometer
entfernt. Ich erreichte das Dorf Piñera und musste mich bereits
am Dorfanfang in einer Bar für die Pilgerherberge einschreiben,
zu der ich anschließend aber noch rund einen Kilometer weiter

aus dem Ort heraus laufen musste. Als ich endlich die große Tür der ehemaligen Schule, in der die Pilgerherberge untergebracht war, erreicht hatte, fand ich diese verschlossen vor. Ich klopfte mehrmals, hörte Stimmen im Inneren, aber niemand schloss auf. Nach mehreren Klopf- und Rufversuchen öffnete sich ein Fenster und ein junger Punk rief mir zu, ich müsse um das Haus herumgehen, niemand habe den Schlüssel. Ein Punk als Pilger war mir auch noch nicht begegnet. In der Herberge waren noch zwei weitere Punks, ein junger Mann und eine junge Frau. Sonst war niemand anzutreffen, was ich für diese Uhrzeit am Nachmittag merkwürdig fand. Die Betten waren fast alle mit Schlafsäcken oder Handtüchern belegt, obwohl man mir in der Bar gesagt hatte, dass von den 20 Betten bisher nur neun belegt seien. Ich hatte ein ungutes Gefühl, irgendetwas passte hier nicht zusammen. Ich überlegte sogar, einfach weiterzugehen, aber ob und was ich im nächsten Ort in rund drei Kilometern oder sogar im danach folgenden Ort in über fünf Kilometern Entfernung an Unterkünften finden würde, ging aus meinem Pilgerbuch nicht klar genug hervor, um diese Alternative ernsthaft in Betracht ziehen zu können. Außerdem hatte ich bereits für diese Herberge meinen Pilger-Obolus von fünf Euro gezahlt und entschied, dass ich wenigstens hier duschen würde.

Nach der Dusche stand Anna im Schlafsaal und mich beruhigte das ein wenig. Aber auch Anna fühlte sich in der Herberge nicht wohl und war ebenfalls am Überlegen, weiterzuziehen. Gemeinsam entschieden wir aber, dass wir uns zu zweit wohl würden behaupten können. Anna hatte Rune kurz vor der Herberge getroffen und er hatte sie gebeten, mir auszurichten, dass er rund 15 Kilometer bis La Caridad weitergehen würde. Ich musste nochmals zurück ins Dorf, um mir im kleinen Tante-Emma-Laden mein kaltes Abendessen zusammenzustellen. Ich hatte nach über zwei Monaten von dieser Einfachheit mit wieder einmal dreckigen und sicher verflohten Matratzen, mit schimmeligen Duschen, Toiletten ohne Klopapier und Sandwiches zum Abendessen langsam aber sicher genug.

Die Herberge hatte sich mittlerweile bis auf den letzten Platz gefüllt, vor allem mit Fahrradpilgern. Ich kannte außer Anna niemanden, freundete mich aber schnell mit zwei jungen Spaniern von den Kanaren an. Obay überzeugte mich sogar davon, dass die große Blase unter meiner Ferse aufgestochen werden musste und kümmerte sich fast fachmännisch um die Wundversorgung.

Mein Mann meldete sich auf meinem Handy. Er würde mich nun definitiv in Finisterre abholen und wir verabredeten uns für den 19. August dort. Die Vorfreude auf ihn war nach wochenlanger Trennung groß. Ich überlegte sogar kurz, ihn bereits in Santiago zu treffen und mich von ihm einfach nach Finisterre fahren zu lassen. Gleichzeitig rückte Santiago als Ziel immer mehr in den Hintergrund, obwohl ich natürlich auf die Kathedrale und die Atmosphäre dort gespannt war. In erster Linie stand aber zu diesem Zeitpunkt die Vorfreude auf Florian, gepaart mit leichtem Bangen, was daraus werden könnte. Wir texteten viel miteinander und Florian zeigte für sein junges Alter eine sehr reife Einstellung und viel Verständnis. Er nehme zum ersten Mal in seinem Leben einfach das an, was das Leben ihm biete. Ich fühlte, dass ich an dieser Entwicklung seiner Einstellung ein wenig beteiligt war.

Der Abend in der Herberge wurde mir lang. Es waren sehr viele junge Menschen unter den Pilgern, die für mich irgendwie gar nicht nach Pilger aussahen, obwohl ich nicht über typisches oder untypisches Pilgern urteilen wollte. Die Horde junger Leute verschwand am frühen Abend zu einer Party. Wo in diesem Nirgendwo eine Party stattfinden könnte, hatten Anna und ich nicht verstanden. Die Punks und einige Pilger blieben in der Herberge zurück. Gegen 21 Uhr, als ich mich langsam Richtung Bett zurückziehen wollte, erschien die Herbergsleiterin aus der Bar mit zwei Polizisten. Alle Anwesenden mussten ihre Pilgerausweise und eine offizielle

Identifikation vorzeigen. Die Punks hatten ihren Pilgerausweis bereits am Vortag abstempeln lassen, und es war eine bekannte und klare Regel, dass man jeweils nur eine Nacht in einer Pilgerherberge bleiben durfte. Es begann eine lautstarke Diskussion zwischen der Herbergsleiterin, den Punks und den Polizisten, bis diese begannen, die Rucksäcke der Punks zu durchsuchen und offensichtlich etwas fanden. Die Punks wurden unter lauten Protesten von den Polizisten abgeführt. Ich fand dies ein wenig übertrieben.

Die Nacht wurde auch ohne die Punks nicht erholsam, denn wieder waren die Matratzen durchgelegen und mich juckte es überall. Dazu trugen sicher auch die unzähligen Moskitos bei, die trotz Mückenspray jeden freiliegenden Millimeter Haut attackierten. Unter mir schnarchte Anna und neben mir spielte David, ein junger italienischer Pilger, die ganze Zeit mit seinem Handy. Die Party-Pilger, die gegen drei Uhr in der Herberge einfielen, offenbar mit dem festen Vorsatz, alle anderen aufzuwecken, gaben dieser Nacht den krönenden Abschluss.

Tag 71:

PIÑERA – TAPIA DE CASARIEGO (27 KM)

Der letzte Abend am Meer

Bewusst laut machte ich mich am Morgen fertig. Die meisten normalen Pilger waren bereits wach, so dass ich absichtlich mit viel Lärm und lautem Reden mit Anna dafür sorgte, dass die Störenfriede von letzter Nacht wenigstens nicht in Ruhe ausschlafen konnten. Ich war ziemlich geladen. Obwohl ich seit Tagen nicht mehr wirklich gut oder lange genug geschlafen hatte, fühlte ich mich körperlich fit.

Ich ging alleine los. In den beiden folgenden Orten entdeckte ich schöne Zweisterne-Hotels und Pensionen und ärgerte mich ein wenig über meinen fehlenden Mut am Vorabend. Andererseits, wer kann schon von einer Polizeirazzia auf seinem Jakobsweg berichten!

Ich erreichte La Caridad und fragte mich, ob und wie Rune diese Strecke wirklich am Vortag noch geschafft hatte. Davon abgesehen fand ich die Herberge dort auf den ersten Eindruck auch nicht einladender als meine vom Vortag. Im Ort machte ich Pause auf der Terrasse eines Restaurants, wo ich von Anna eingeholt wurde. Ich versorgte die zahlreichen Blasen an meinen Füßen, die aussahen wie die Füße einer blutigen Pilger-Anfängerin. Meine spanischen Wanderschuhe hätte ich am liebsten stehengelassen, aber ich hatte keine Alternative. Wenn es gar nicht mehr ging, zog ich auch mal meine Sport-Sandalen an. Aber trittsicher fühlte ich mich in ihnen nicht und somit auch nicht wohl beim Gehen.

An diesem verhältnismäßig kurzen Tag war ich tatsächlich die erste Pilgerin an der Pilgerherberge in Tapia de Casariego. Die Herberge lag direkt am Meer und thronte hoch über der Steilküste. Auch ein Fünfsterne-Hotel hätte mit diesem Ausblick werben können. Ich rief die Telefonnummer der

Herbergsleitung an, die an der Tür angeschlagen war, und wenig später brachte ein Mann mir den Schlüssel. Später würden Anna, Obay und sein Pilgerfreund und David, der italienische Pilger vom Vortag, ebenfalls einchecken. Außerdem machte ich Bekanntschaft mit einem polnischen Vater, der mit seinem Sohn unterwegs war. Am Ende des Tages waren die 30 Betten der Herberge komplett vergeben.

Ich zog alleine durch das Küstenörtchen und sog bewusst die Meeresluft und die weiten Ausblicke auf das strahlende Meer in mich ein. Es würde mein letzter Abend am Meer sein. Am nächsten Tag würde der Küstenweg ins Landesinnere führen, dort nach ein paar Tagen in den bekannten Camino Francés übergehen und auf Santiago zusteuern. Das nächste Mal würde ich in Finisterre das Meer sehen, wo mein Mann auf mich warten würde. Tapia de Casariego schien der perfekte Ort um Abschied vom Meer zu nehmen. Die zerfurchte Felsküste mit schneeweißen Sandbuchten zwischen den dunklen, bizarren Felsformationen, zu denen oftmals in Stein gehauene Stufen führten, war wildromantisch. Der kleine Ortskern hatte trotz Pilgern und Touristen seinen ursprünglichen Charakter eines verschlafenen Fischerdorfes beibehalten.

Ich setzte mich auf eine Mauer hoch über der Steilküste und reflektierte meinen Küstenweg bis hierher. Dabei konnte ich mich gegen eine offensichtliche Erkenntnis nicht wehren: „Es ist alles kaputt". Meine Füße voller Blasen, meine Kamera öffnete sich nicht mehr automatisch, jedes Mal musste ich mit dem Finger nachhelfen, an meinem Rucksack ließ sich der Reißverschluss der Hüfttasche nicht mehr schließen, so dass Sicherheitsnadeln zum Einsatz kamen, und die Seitentasche meiner Hose war eingerissen und hielt ebenfalls nur noch mit Sicherheitsnadeln. Ich spürte, dass es Zeit war, nach Hause zu kommen, bevor noch mehr kaputt ging.

Zum Abendessen traf ich mich mit Anna, die erneut darauf bestand, die Rechnung zu übernehmen. Unsere Nacht in der Pilgerherberge verlief ohne erwähnenswerte Zwischenfälle und ausnahmsweise sehr ruhig.

Tag 72:

TAPIA DE CASARIEGO – VILELA (23 KM)

Die Rückkehr

Richtig ausgeschlafen und fast erholt begann ich den Tag entspannt. Ich hatte mir eine kurze Etappe vorgenommen und brach erst nach halb acht auf. Mein Pilgerbuch empfahl eine Alternativstrecke entlang der Küste auf dem markierten Küstenwanderweg, dem ich problemlos folgen konnte. Rune hatte mir am Vortag getextet, dass er es sehr verwirrend fand, aus Tapia de Casariego heraus zu kommen und viel Zeit dabei verloren hatte. Er war dem offiziellen Weg gefolgt. Offensichtlich war er mindestens eine halbe Tagesetappe vor mir und ich ging davon aus, ihm nicht mehr zu begegnen.

Der Küstenwanderweg war wunderschön und die Sonne gab schon am frühen Vormittag ihr Bestes. Auf einem Plateau über der Steilküste sah ich von Weitem etwas oder jemanden liegen. Ich rechnete spontan mit Claudia und Suzanne oder Jamie. Doch als ich mich näherte, stellte sich der kleine Haufen als eine ganze Familie mit Vater, Mutter und zwei Kindern zwischen sechs und zehn Jahren heraus, die hier in freier Natur fern der Touristenanlagen in ihre Schlafsäcke gerollt übernachtet hatten.

Ich erreichte die lange Brücke über die Mündung eines Flusses vor dem Städtchen Ribadeo, die mich von Asturien nach Galicien bringen würde. Ich hatte die letzte spanische Region auf meinem Jakobsweg erreicht. Die Überquerung der Brücke war beängstigend, da ich in schwindelnder Höhe auf einem kleinen, von der Fahrbahn getrennten Fußweg die Vibrationen des Autoverkehrs in der Brückenkonstruktion spürte und die Brücke vor allem bei LKWs regelrecht zu schwanken schien. Dafür waren die Ausblicke von der Brücke aus atemberaubend.

Trotzdem verabschiedete ich mich nur halbherzig vom Meer, das mich in den letzten Wochen in so vielen unvergesslichen Augenblicken begleitet hatte, und begrüßte ebenso halbherzig die Berge Galiciens. Ich wollte nur noch ankommen.

In Ribadeo machte ich eine längere Pause, ließ meinen Pilgerpass in der Touristeninformation abstempeln, aß in Erinnerung an Florian Churros mit Schokoladensauce und freute mich, als Anna mich einholte. Florian war am Vortag per Zug nach Bayonne gekommen und wurde heute per Mitfahrgelegenheit entlang der Küste bis Ribadeo mitgenommen, von wo er die letzten acht Kilometer nach Vilela zu Fuß laufen wollte. Gegen Mittag hatte es seine Mitfahrgelegenheit aber erst bis San Sebastian geschafft und ich begann daran zu zweifeln, dass er es noch am selben Tag bis Vilela schaffen würde.

Langsam verabschiedete ich mich von Ribadeo, meinem letzten Küstenort, und brach auf die letzten eineinhalb bis zwei Stunden Weg auf. Wieder passierte es mir, dass ich trotz der kurzen Etappe körperlich müde die Pilgerherberge erreichte. Wenn ich morgens mit der Idee, 21 Kilometer zu laufen, aufbrach und daraus dann 23 Kilometer wurden, fühlte es sich für mich an, als ob ich 30 gelaufen sei. Meine Füße waren noch immer und an immer neuen Stellen voller Blasen und jeder Schritt schien eine Qual. Mir bangte ein wenig vor den geplanten Hammer-Etappen der nächsten Tage.

In der Herberge, in der ich für meine Verhältnisse sehr früh eincheckte, schnarchte bereits ein junger Pilger. Ich suchte mir das abgelegenste Bett in einer Ecke, das mal wieder mit einem anderen Etagenbett als Doppelbett zusammengeschoben war. Bald checkte auch Anna ein und zwei junge deutsche Pilger aus Berlin, Daniel und Julian. Marvin, der schnarchende Pilger, gesellte sich zu uns an einen Picknicktisch vor der Herberge, auch er ein junger Deutscher. Die moderne, neue Herberge schien nur in deutschen Pilgerbüchern aufgelistet zu sein. Am Ende des Tages füllte sie sich allerdings bis auf den letzten der 34 Plätze mit Fahrradpilgern. Wir hatten die letzten 200 Kilometer vor Santiago erreicht, die Strecke, die Fahrradpilger nachweisen mussten um die Compostela, die offizielle kirchliche Bestätigung der Pilgerschaft, zu erhalten.

Obwohl ich an den Unterhaltungen mit Anna und den drei jungen Männern Spaß hatte, wartete ich insgeheim nur auf Florian. Ich wusste nicht, was mich erwartete und hatte ihm vorsorglich jegliche Hoffnung auf Fortsetzung unserer ersten gemeinsamen Nacht ausgeredet. Gleichzeitig spürte ich ein aufgeregtes Zittern in der Magengegend. Anna hatte meine Unruhe gespürt und ich erzählte ihr ansatzweise, warum ich ständig erwartungsvoll die Straße hinunterspähte. Es wurde später Nachmittag und ich befürchtete, dass Florian es wohl nicht mehr vor Einbruch der Dunkelheit schaffen würde. Doch dann hielt ein weißer Kastenwagen vor der Herberge und ich erkannte das Schweizer Kennzeichen. Ich spürte intuitiv, dass es sich hier nicht um verlorene Touristen handeln würde und tatsächlich kletterte Florian vom Hintersitz. Ich sah ihn und fühlte sofort ein Kribbeln im Bauch. Wir umarmten uns und hielten uns gegenseitig eine Weile einfach nur fest. Mir war in diesem Moment klar, dass ich alle meine guten Vorsätze bezüglich Treue vergessen konnte. Mein Gefühl für Florian war zu stark, um es während mehr als einer Woche gemeinsamen Pilgerns unterdrücken zu können.

Ich trennte mich von meiner sympathischen Gruppe deutscher Pilger und zog mit Florian erst zum Aperitif und dann zum Abendessen in das kleine Restaurant, das zur Herberge gehörte. Wir hatten uns so viel zu erzählen, so viel nachzuholen. In intensiven Augenblicken wurden wir uns unserer Gefühle füreinander immer bewusster. Dennoch mussten und wollten wir doch beide immer wieder auf Distanz gehen, emotional, weil egal was passieren würde, es zeitlich begrenzt war und physisch, da wir unser Verhältnis nicht mit der Öffentlichkeit teilen wollten.

Unsere erste Nacht auf unserem gemeinsamen Weg verbrachten wir, von der Dunkelheit geschützt und hinter unseren Handtüchern, die wir als Vorhang um das Bett gehängt hatten, eng umschlungen in unserem improvisierten Doppelbett in der Ecke der Pilgerherberge.

Tag 73:

VILELA – MONDOÑEDO (31.5 KM)

Eiswasser gegen Hitzschlag

E twas später als ich es mir während der letzten Tagen alleine angewöhnt hatte, brachen wir zu unserem gemeinsamen Pilgerweg auf. Der Tag versprach nicht nur kilometermäßig lang zu werden, sondern hielt auch einige steile und lange Auf- und Abstiege für uns bereit. Der Morgen war neblig, die Luft feucht und frisch. Doch Florian und ich hatten uns wiedergefunden und waren ausgelassen und sorgenlos.

Wir wanderten durch wunderschöne Eukalyptuswälder, vom Nebel mystisch verhangen, und auf einsamen Feldwegen. Den ganzen Tag über zwinkerten wir uns zu, strahlten uns an, fachten mit Worten und verstohlenen Umarmungen die Vorfreude auf den Abend an und küssten uns, wann immer wir uns sicher genug waren, unbeobachtet zu sein. Wir kamen durch abgelegene und teilweise verlassene Orte, die oft nur aus drei Häusern bestanden, dafür aber übermäßig große Kirchen hatten.

An der kleinen Kirche von Grove machten wir Pause. Zur Mittagszeit hatte die spanische Sonne die Temperaturen wieder gewaltig nach oben getrieben. Die Hitze war enorm. Vor einem kleinen Haus neben der Kirche sah ich einen Wasserhahn, aber Florian riet mir eindringlich davon ab, dieses Wasser zu trinken. Für mich war Wasser aus einem Wasserhahn gleichgesetzt mit Trinkwasser. Doch dann wurde ein kleines Fenster geöffnet und eine Bäuerin hielt mir eine Karaffe mit Eiswasser hin, aus der ich meine Trinkflasche auffüllen durfte. Zusammen mit Florian leerte ich die Karaffe und rieb mir mit dem Eiswürfel das Genick ab. Die Bäuerin lachte uns herzlich zu. Als Anna uns während dieser Pause einholte, bekam auch sie Eiswasser angeboten.

Florian verband Notwendiges mit Hilfreichem und trocknete seine Wäsche vom Vortag, indem er sie sich über den Kopf legte. Mit einem T-Shirt sah das ja noch recht alltäglich aus. Später scheute er sich aber auch nicht, seine Boxershorts auf seinem Kopf zu trocknen. Ich hatte ihn in all der gemeinsamen Zeit nicht so unbeschwert und glücklich erlebt und fragte mich, wie es ihm wohl gehen würde, wenn in spätestens zehn Tagen unser Abenteuer beendet sein würde.

Auf weiteren wunderbar weichen und natürlichen Waldwegen erreichten wir schließlich Mondoñedo, ein sehr schönes Städtchen, das vor allem durch seine riesige Kathedrale bestach. Die Situation für Pilger war allerdings nicht gut gelöst, denn um sich in der Pilgerherberge einzuschreiben, musste man die Polizeistation finden. Florian und ich kreuzten mehrere Pilger, die entnervt auf der Suche nach der Polizeistation durch den Ort irrten. Wir entzogen uns dieser Notwendigkeit und suchten uns über die Touristeninformation eine kleine Pension. Wir bekamen ein Doppelzimmer mit eigenem Bad und genossen unseren Luxus. Wir hatten entschieden, diese letzten gemeinsamen Tage zu genießen, koste es was es wolle.

Kaum hatte die Pensionsleiterin die Tür unseres Doppelzimmers von außen geschlossen, lösten wir unsere gegenseitigen Versprechen ein, die wir uns tagsüber immer wieder voller Vorfreude gegeben hatten. Trotzdem schafften wir es am Abend noch, uns das Städtchen anzusehen und in einer der kleinen Bars in den schmalen Gässchen zu Abend zu essen. Mit Blick auf die große Kathedrale schliefen wir eng umschlungen ein.

Tag 74:

MONDOÑEDO – GOIRIZ (34 KM)

Zwischen den Stühlen

Früh am Morgen, in der rot über den Bergen aufgehenden Sonne, pilgerten Florian und ich steil ansteigend aus Mondoñedo heraus. Mein Pilgerbuch hatte mich gewarnt, dass es auf fast 20 Kilometern hinter Mondoñedo keine Möglichkeit geben würde, die Wasservorräte aufzufüllen und ich hatte mich entsprechend gerüstet. Allerdings hatte ich diese Information nicht für Florian übersetzt, da es mir selbstverständlich schien, in Spanien Mitte August für einen Tag mit 33 Kilometern Wanderung genug Wasser mitzunehmen. Florian hatte allerdings ausgerechnet an diesem Morgen vergessen, seine Flasche aufzufüllen und so war meine Wasserration bald verbraucht.

Wir versuchten trotzdem, den Weg zu genießen, der zwar steil, aber wunderschön durch die blühende Landschaft Galiciens verlief. Links und rechts von uns erstreckten sich grüne Berge und Hügelketten, so weit das Auge reichte, der Weg war grasbewachsen, friedvoll und einsam. Wir gingen auf Hohlwegen durch die alten, dunklen galicischen Wälder und auf sonnendurchfluteten Wanderwegen durch die Eukalyptushaine. Meist waren wir die einzigen Menschen weit und breit.

Auf dem letzten Stück des Anstiegs, kurz bevor wir wieder einmal auf eine Baustelle für eine neue Autobahn trafen, überholten wir Anna. Sie stampfte trotz ihrer gut 60 Jahre tapfer und unbeirrt den Berg hoch. Plötzlich standen wir vor einem Schild, das nach links eine Bar ankündigte. Diese Bar war in meinem Pilgerbuch nicht angegeben. Da das Schild aber alt und ungepflegt war, mein Buch hingegen die neueste Ausgabe, war ich sicher, dass es die Bar nicht mehr gab. Florian hingegen wollte sein Glück nicht unversucht lassen und ging los, um sein Wasser aufzufüllen. Stolz kam er mit prall gefüllten Wasserflaschen zurück. Die Bar war tatsächlich halb verfallen, aber er hatte solange am Haus nebenan Radau gemacht, bis ihm jemand öffnete und Wasser abfüllte, mit dem wir hocherfreut anstießen und unsere Müsliriegel herunterspülten.

Den Pilgerort Gontán nach 17 Kilometern ließen wir entschieden hinter uns, auch wenn wir von Pilgern darauf angesprochen wurden, dass es auf den folgenden 20 Kilometern bis Vilalba keine Herberge mehr geben würde. Ich wusste von einer Pension einige Kilometer vor Vilalba, falls wir es wirklich nicht bis dorthin schaffen würden. Mir war schon bevor Florian zu mir zurückgekommen war bewusst gewesen, dass meine Streckenplanung mörderisch war, und das führte zu manch hitziger Diskussion, die unser zartes Glück belasteten. Ich hatte meine Planung gemacht und meinem Mann mitgeteilt, bevor Florian seine Rückkehr auf den Camino angekündigt hatte. Mein Mann würde nun ab dem 17. oder 18. August in Finisterre auf mich warten und spätestens am 19. fest mit mir rechnen. Ich konnte ihm wohl schlecht erklären, dass ich aufgrund exzessiver Liebesnächte nun doch nicht in der Lage sei, mein Tagespensum einzuhalten.

Ich fühlte mich hin und her gerissen und wie zwischen zwei Stühlen. Ich war seit zweieinhalb Monaten unterwegs und so kurz vor dem großen Pilgerziel wusste ich nicht mehr weiter. Ich konnte meine Pilgerschaft unmöglich aufs Spiel setzen, indem ich es locker anging und einige Etappen per Bus übersprang. Dafür war ich zu Fuß zu weit gekommen. Ich konnte unmöglich meinen Mann, den ich seit Wochen vermisste und der sich Urlaub genommen hatte, um mich so schnell wie möglich nach Hause zu holen, vertrösten. Und es tat mir in der Seele weh, die wenigen gezählten Tage mit Florian gestresst, übermüdet und körperlich ausgelaugt zu verbringen. Doch Florians besonnene Art auf mich einzugehen, mit mir umzugehen, entspannte und entschleunigte mich immer wieder. Ich lernte bald, dass man tatsächlich auch erst um 19 Uhr statt um 16 Uhr in Herbergen eintreffen kann und trotzdem noch Zeit zum Abendessen hat. Er zwang mich regelrecht zu langen Pausen, die wir auf Wiesen liegend oder in Ruhe an Picknicktischen essend verbrachten. Ich musste zugeben, dass es für meine Füße und sogar für meine Gemütslage Wunder wirkte und es mir schon früher gut getan hätte, mich seinem Rhythmus anzupassen. Ich war am Nachmittag sogar wieder so entspannt, dass ich an einer Wiese mit Pferden anhielt und nicht eher weiterging, bis ich das junge Fohlen zu mir gelockt und es gestreichelt hatte. Solche Erfahrungen hatte ich unter dem mir selbst auferlegten Zeitdruck nicht mehr zugelassen.

Als wir am typisch galicischen und für Florian und mich beeindruckend ungewöhnlichen Friedhof von Goiritz ankamen und nur wenige Meter rechts von ihm das Hostal Helvetia sahen, entschieden wir, unseren Tagesmarsch zu beenden. Wir wurden herzlich begrüßt, mussten bei unserem Feierabend-Bier den Gästen der Bar von unserer Pilgerschaft erzählen und bezogen erneut ein schönes, ruhiges Doppelzimmer mit eigenem Bad und aller Privatsphäre, die wir uns wünschen konnten. Das Hostal bot auch ein Pilgermenü an, so dass unsere müden Füße uns nur wenige Meter bis zum Abendessen tragen mussten. Meine Füße hatten sich noch immer nicht mit den spanischen Wanderschuhen angefreundet und für die Blasen und Druckstellen war es ein Segen, aus den Schuhen herauszukommen.

In der kurzen Nacht redeten Florian und ich auch viel miteinander. Im Halbdunkel tauschten wir Wahrheiten aus, die wir im Tageslicht nicht zugegeben hätten. Wir verglichen unsere Wahrnehmung gemeinsamer Erlebnisse auf dem Weg bisher und riefen uns gegenseitig Erinnerungen ins Gedächtnis, die wir niemals vergessen wollten. Florian hielt sich bewusst vor Augen, dass er mich nur diese eine gemeinsame Woche lieben dürfe und hatte sich bereits einen Plan für das Ende unserer gemeinsamen Zeit zurechtgelegt. In Santiago angekommen würde er mir einen Tag Vorsprung auf dem Weg nach Finisterre geben, so dass ich die letzten drei Tage und Nächte gedanklich von ihm Abschied nehmen und mich innerlich auf das Wiedersehen mit meinem Mann einstimmen könnte. Ich war von seiner verständnisvollen Reife überwältigt und zu Tränen gerührt. Glücklicherweise war es zu dunkel als dass er meine Tränen hätte sehen können. Es hätte ihn in seiner Überzeugung bestätigt, dass ich für ihn auch mehr empfand, als ich einem Liebhaber zugestand. Dennoch würde das in neun Tage vollkommen irrelevant sein müssen.

Tag 75:

GOIRIZ – EIREXE (33 KM)

In Luxus schwelgend die Zeit vergessen

Für mich trat die Tatsache, dass ich auf dem Jakobsweg unterwegs war, langsam in den Hintergrund. Ich genoss es einfach, mit Florian an meiner Seite durch den Sonnenschein zu wandern, uralte Pilgerbrücken zu überqueren, violett blühende Heidelandschaften zu durchstreifen und immer wieder lange Pausen einzulegen. Ich plante meine Pausen, meine Etappen und meine Ankunft endlich nicht mehr nach Uhrzeit und abgelaufenen Kilometern, sondern nach Lust und Laune.

Wir kamen an einem Hinweisschild vorbei, das bis Santiago noch 111,11 Kilometer angab. Plötzlich schienen die Kilometer unter unseren Füßen zu schmelzen. Gleichzeitig machte sich meine Anspannung, verursacht durch die bizarre Gefühlslage, in der ich mich befand, regelmäßig in Stressausbrüchen Luft. Ich versuchte hin und wieder immer noch, Florian meinen Rhythmus aufzuzwingen und wurde zwischendurch nervös und kindisch, wenn er auf einer längeren oder erneuten Pause bestand.

Die kleinen Bars in Galicien waren eine erwähnenswerte Überraschung. Oftmals schien es, wie bei der Bar, in der Florian und ich uns für unsere Mittagspause niederließen, einer tüchtigen Bauersfrau in den Sinn gekommen zu sein, einen unbenutzten Raum in ihrem Bauernhaus als kleinen Laden einzurichten und dort dann auch noch einen Tisch mit Stühlen hinzustellen, um das ganze Bar oder Restaurant nennen zu können. Der Empfang war meist rustikal, aber herzlich, auch wenn aufgrund der Sprachbarriere selten mehr als „Hola" und „Buen Camino" gesprochen wurde.

Nach einem langen Tag erreichten wir unsere private, in indischem Stil romantisch eingerichtete Herberge, in der wir trotz überzogener Preise ein Doppelzimmer reserviert hatten. Die Wände waren hellhörig wie in einem Schuhkarton. Da Florian und ich jedes Geräusch und jeden Fußtritt des jungen deutschen Pilgerpaares im Schlafsaal über uns hörten, mussten wir davon ausgehen, dass die beiden anders herum auch alles von uns mitbekamen. Zum Abendessen sah man sich dann von Angesicht zu Angesicht. Jascha und Carla waren aber ganz ungezwungen, vielleicht hatten sie doch weniger gehört als Florian und ich von ihnen. Während Florian und ich uns jeder das volle Pilgermenü zur Belohnung für den anstrengenden Tag gönnten, teilten sich Jascha und Carla ihr Menü. Die Preise in der Herberge waren für normale Pilger nicht tragbar und ich fühlte mich fast beschämt darüber, dass wir nicht nur das Doppelte aßen, sondern auch im Doppelzimmer, statt im Schlafsaal, unterkamen. Mit demütigem Pilgern, wie Anna es durchzog, hatte das zumindest nichts mehr zu tun.

Das Schlimmste für mich war aber, dass ich mich in meinem Umgang mit Florian von dem jungen Paar beobachtet fühlte und mir einredete, dass sie sich über den Altersunterschied sicher amüsierten.

Tag 76:

EIREXE – SOBRADO DOS MONXES (36 KM)

Wiedersehen mit Rune

O bwohl wir vor acht Uhr unterwegs waren, empfand ich schon am frühen Morgen den Druck der ausgesprochen langen Tagesetappe. Dank Florian ließen wir uns aber Zeit für die kleinen Dinge entlang des Weges und warfen so auch einen Blick in einen Garten, in dem ein Bildhauer seine Skulpturen für die Pilger ausstellte. Uns fiel auf, dass die Form der Horreos, der altertümlichen Kornspeicher, die zum Schutz vor Ratten auf Steinsäulen errichtet wurden, sich in den letzten Tagen geändert hatte. Hier waren sie nicht mehr aus Holz, sondern aus Stein gebaut, schmaler in der Form, aber mit mehr Liebe zum Detail und meist mit einem Kreuz verziert.

Kurz nach Miraz führte der Jakobsweg uns auf großen und durch das feuchte Wetter etwas rutschigen Steinplatten durch eine Art Heidelandschaft. Wir kämpften bei manchen Anstiegen ein wenig mit den Konditionen, waren aber von der wieder einmal völlig veränderten und für uns ganz neuen Landschaft beeindruckt. Florian erspähte einen Vogel, den er aus seiner Kindheit kannte, und folgte ihm fasziniert mit seiner Kamera. Ich wurde nervös und musste mich zurückhalten, Florian nicht mit meinem Zeitdruck zu drängen.

Wir hatten ein Hinweisschild passiert, das verkündete, nach Santiago seien es nun weniger als 100 Kilometer - die lächerliche Strecke, die ein Fußpilger nachweisen muss, um die kirchliche Bestätigung seines Pilgerwegs, die Compostela, zu erhalten. Wir erreichten auf 714 Meter den höchsten Punkt des Küstenwegs. Nach all den Steilküsten, die wir entlang der Atlantikküste erklommen hatten, waren die galicischen Berge keine Herausforderung mehr. Als der Camino Primitivo, die Alternativroute des Jakobswegs, auf unseren Weg stieß, erinnerten wir uns einmal mehr an den kleinen alten Jacques, mit dem ich bis Figeac gelaufen war. Wir hatten die leise Hoffnung, ihm noch einmal über den Weg zu laufen, obwohl wir davon ausgehen mussten, dass er weit vor uns war. Als wir in einer Bar Pause machten, trafen wir Jascha und Carla, die jungen deutschen Pilger vom Vorabend, und ich wechselte ein paar Worte mit ihnen.

Das trübe Wetter den ganzen langen Tag hatte mir ein wenig auf die angespannte Stimmung geschlagen. Endlich in Sobrado dos Monxes angekommen, mussten Florian und ich eine weitere Diskussion führen. Das Zisterzienserkloster war eines der größten, das wir auf unserem Weg gesehen hatten. Ich wollte gerne in den Schlafsälen der Klosterherberge übernachten, auch in der Hoffnung, einige meiner Pilgerfreunde wiederzusehen. Obwohl ich die Tage in ruhiger verliebter Zweisamkeit mit Florian genoss, fand ich es schade, dass mir die eigentliche Idee des Pilgerwegs immer mehr abhanden kam. Andererseits würde ich laut meiner straff organisierten Planung in zwei Tagen in Santiago eintreffen - unsere gemeinsamen Nächte waren somit gezählt. Wir einigten uns also auf ein Hotelzimmer, besuchten aber vorher das Kloster. Wir gingen an den engen, überfüllten Schlafsälen vorbei, die in den ehemaligen Stallungen eingerichtet waren und offenbar noch nicht einmal Fenster besaßen, was uns in unserer Entscheidung für ein Hotelzimmer bestätigte. Plötzlich stand Rune vor uns. Die Wiedersehensfreude war bei uns allen dreien groß. Ich war überrascht, dass die Freundschaft zwischen Rune und Florian viel intensiver war, als ich bisher gedacht hatte. Zu dritt erkundeten wir die große Kirche des Klosters, in der trotz der unzähligen Pilger und Besucher eine ruhige, besinnliche Atmosphäre herrschte. Mir tat es gut, ein wenig herunterzukommen. Eine junge spanische Pilgerin kam auf Rune zu und aus der Art und Weise, wie er sie begrüßte und lange im Arm hielt, schlossen Florian und ich, dass auch Rune in der letzten Woche nicht nur gepilgert war. Er stellte uns das hübsche Mädchen aber nicht vor. Wir verabredeten uns zum Abendessen.

Nachdem Florian und ich ein Hotel gefunden und eingecheckt hatten, geduscht waren und unsere Wäsche gewaschen hatten, war es bereits Zeit für das Treffen mit Rune. Im Ort fand ein Dorffest statt, direkt vor dem Fenster unseres Hotelzimmers. Rune hatte sich dort mit seinen spanischen Pilgerfreunden verabredet. Florian und ich wollten erst einmal in Ruhe und ordentlich essen, bevor wir mit dem Feiern begannen und so trennten sich unsere Wege schnell wieder. Auch nach dem Essen war uns nicht mehr nach Feiern. Die kurzen Nächte mit zu wenig Schlaf und die langen Tage mit zu vielen Kilometern machten sich bemerkbar.

Selbst wenn wir uns zurück in unserem Hotelzimmer sofort zum Schlafen entschieden hätten, wäre daran bis spät in die Nacht aufgrund des Dorffestes mit anschließender Aufräumaktion nicht zu denken gewesen.

Tag 77:

SOBRADO DOS MONXES – SALCEDA (33.5 KM)

Auf dem Camino Francés

Mein Pilgerbuch hatte mich gewarnt, dass Galicien deshalb so grün und wild bewachsen sei, weil es dort oft regnete und ständig feucht war. So brachen wir auch an diesem Tag in trübem Nieselregen in einen kühlen Morgen auf. Wir würden in Arzúa auf den bekanntesten der Jakobswege, den Camino Francés, stoßen und mir graute es ein wenig bei der Vorstellung, mit Pilgermassen unterwegs zu sein und in Herbergen mit 500 Betten zu übernachten. Für den Abend hatten wir uns locker mit Rune in einer privaten Herberge verabredet, die in meinem Pilgerbuch als „Pilgerhotel" bezeichnet wurde. Ich hoffte, dort ein wenig mehr Ruhe als in einer offiziellen Pilgerherberge zu haben.

In Corredoiras machten Florian und ich eine ausgedehnte Frühstückspause. Die Sonne war herausgekommen und unsere Stimmung entsprechend gestiegen. Ich ließ mich sogar endlich dazu überreden, auf französische Weise das Marmeladentoast in den Kaffee zu tunken – aber nur einmal! Mit dieser Gewohnheit musste man wohl geboren worden und aufgewachsen sein, um sie appetitlich zu finden. Wieder einmal kreuzten wir das junge deutsche Pilgerpaar Jascha und Carla aus der Luxusherberge in Eirexe, kamen aber nicht wirklich ins Gespräch mit ihnen.

In Sendelle kamen wir an einem kleinen Imbiss-Stand vorbei und entschieden uns spontan für ein Eis. Die Dame am Imbiss bot uns aber noch etwas ganz anderes an: Sie hatte die Schlüssel für die Kirche in Sendelle und erklärte sich bereit, eine persönliche Kirchenführung mit uns zu machen. Mich erinnerte das stark an meine Erfahrung in Priesca, kurz nachdem ich mich von meinen Jungs hatte trennen müssen. Für Florian war ein solches Angebot unausschlagbar. Die Kirche war tatsächlich ein besonderes Erlebnis für uns beide. Die uralten Wandmalereien waren einstmals durch einen Holzaltar zugebaut worden und nur zufällig bei der Restaurierung dieses Altars vor ein paar Jahren wieder entdeckt worden. Wir standen beeindruckt vor dem bunt abgebildeten Abendmahl unter einem fast kindlich dargestellten Sternenhimmel.

Gut gelaunt zogen wir weiter. Wann immer ich den Zeitdruck und die schwierige Gefühlslage vergessen konnte, ließ ich mich von Florian zum Singen seiner französischen Seemannslieder ermuntern. Mittlerweile hatte er mir einen Kanon über einen Ritter beigebracht, der ein wenig zu sehr dem Wein zugetan war. Uns gegenseitig die Zeilen zu singend und immer wieder unseren Einsatz verpassend pilgerten wir lachend und ausgelassen über die Waldwege und Asphaltsträßchen.

Wir erreichten Arzúa und damit den Camino Francés. Das Städtchen selbst entsprach in etwa unserer Vorstellung des viel begangenen Weges. Es bot außer einer Menge Pilgerherbergen und Restaurants jeder Geschmacksrichtung nicht viel und schon gar nichts Spanisches oder Galicisches. Wir waren froh, einfach durch den Ort durchlaufen zu können. Da es schon gegen 15 Uhr war, hatten die meisten Pilger ihren Tag bereits beendet, so dass hinter dem Ort Florian und ich scheinbar die einzigen Pilger auf dem angeblich so überfüllten Camino Francés waren. Der Weg gefiel uns besser als erwartet, denn auch auf der offiziellen Route führte er auf weichen Waldwegen durch dicht bewachsene Wälder und auf natürlichen Feldwegen entlang landwirtschaftlicher Flächen und schöner Wiesen.

Rune hatte uns zwischenzeitlich eine Textnachricht geschickt. Er hatte die Herberge in Salceda nicht gefunden und war noch sechs Kilometer weiter nach Santa Irene gelaufen. Wir würden versuchen, uns am nächsten Tag in Santiago wiederzufinden.

Kurz vor unserem Tagesziel packte mich die Wut auf meine spanischen Schuhe. Mehrmals am Tag wechselte ich auf meine Sandalen und wieder zurück in meine Wanderschuhe, und mit jedem Schritt in den Wanderschuhen taten mir die Füße mehr weh. Als wir mitten im Wald an einem überdimensional großen Mülleimer vorbeikamen, nahm ich dies als Zeichen. Ich schnürte die Wanderschuhe ab, die ich mal wieder als Extragewicht an meinen Rucksack gebunden hatte, statt sie an den Füßen zu tragen, und entsorgte sie feierlich in der grünen Tonne. Von nun an würde ich in Sandalen gehen müssen. Alles war besser als die Vorstellung, meine wunden Füße noch einmal in diese Schuhe zwingen zu müssen.

Dank der detaillierten Beschreibung in meinem Pilgerbuch fanden wir unsere luxuriöse Herberge und bezogen ein Doppelzimmer, das durchaus mit den Annehmlichkeiten eines guten Hotels mithalten konnte. Wir hatten atmosphärische Bodenlampen, die Zimmerwände waren dekorativ mit Holz und Stein verkleidet, wir hatten unser eigenes helles und modernes Bad mit großer Dusche hinter einer Glaswand. Wir fühlten uns fast wie Touristen und nicht mehr wirklich wie Pilger. Auch im Außenbereich des Pilgerhotels hatte der Architekt seine Zeichen mit kleinen Seen und Brunnen, einem Restaurant in einem Glashaus und viel natürlichem dunklen Stein gesetzt. Zum Abendessen im Restaurant verwöhnten wir uns mit einer zweiten Runde Dessert. Das hatten wir verdient.

Auf dem Rückweg in unser Doppelzimmer fand ich zu meinem Glück auch noch eine Maschine, die mir eine entspannende Fußmassage versprach. Bei all den wunden Stellen an meinen Füßen war die Massage mit Holzperlen und maschinellen Bewegungsabläufen aber leider eher schmerzhaft. Glücklicherweise kümmerte sich Florian später auch um meine Füße.

Tag 78:

SALCEDA – SANTIAGO DE COMPOSTELA (30 KM)

Ankunft an der Kathedrale

Wir würden an diesem Tag das große Ziel der Pilgerreise erreichen. Ich konnte es kaum erwarten, loszuziehen und fieberte unterwegs nur aufs Ankommen. Meine übersteigerte Stimmung führte zu einigen gereizten Momenten, vor allem als Florian in einer kleinen Bar eine zweite Runde Frühstück bestellte, während alles in mir nach Weiterlaufen drängte. Doch auch diese Unstimmigkeit überwanden wir nach Minuten, wir kannten uns mittlerweile so gut, dass wir genau wussten, wie wir einen Fehler wieder ausbügeln und bald darüber lachen konnten. Ich brachte meine Erfahrung in Beziehungen mit, Florian steuerte sein intuitives Verständnis bei und wir fühlten uns bereits als alt vertrautes Pärchen.

Wir pilgerten am Flughafen von Santiago de Compostela vorbei. Der Kontrast zwischen unserer aus dem Mittelalter stammenden Tradition der Pilgerschaft und der heutigen Art der Fortbewegung hätte, so kurz vor unserem Ziel, stärker nicht sein können. Ich fand es weiterhin unglaublich und phantastisch, dass ich diesen Weg zu Fuß zurückgelegt hatte.

Wir erreichten Monte do Gozo, von wo die Pilger normalerweise den ersten Ausblick auf Santiago de Compostela haben. Aber wie häufig beim Erreichen eines großen Zieles regnete es auch an diesem Tag. Die tiefhängenden Wolken waren alles, was sich uns, in unsere Regenponchos gehüllt, an Aussicht bot. Von dort oben waren es nur noch rund fünf Kilometer abwärts bis zur Kathedrale, dem so innig herbeigesehnten Pilgerziel. Wir erreichten die Stadtgrenze von Santiago de Compostela im Regen, liefen kilometerlang an Hauptverkehrsstraßen entlang, durch Pfützen und durch

Vororte, die uns grau und trostlos erschienen. Ich ging mit hängendem Kopf und ohne Freude.

Als wir die Altstadt von Santiago erreichten, wurden die Gebäude schöner, die Pilger zahlreicher und in die Regen-Stimmung mischte sich Vorfreude. Noch einmal links um die Ecke und wir standen auf dem großen Platz vor der sagenhaften Kathedrale. Wir hatten es geschafft. Für mich waren es rund 2'000 Kilometer, für Florian rund 1'350 Kilometer. Wir umarmten uns und blieben lange eng umschlungen vor der Kathedrale stehen. Bis hierher hatten wir es zu einem großen Teil zusammen geschafft, ab hier würden wir wieder getrennte Wege gehen. Einen Tag Ruhe und Gemeinsamkeit würden wir uns aber in dieser Stadt noch gönnen. Wir machten die obligatorischen Fotos, behielten uns den Besuch der Kathedrale aber für den nächsten Tag vor, wenn wir in die Pilgermesse gehen würden.

Ich versuchte, meine Gefühle zu verstehen. Laut meinem Pilgerbuch würden ankommende Pilger sich vor die Kathedrale auf den Platz setzen oder legen und ihren Pilgerweg Revue passieren lassen. Bei diesem Wetter war das nicht möglich und ich hatte das Gefühl, etwas Wichtiges zu verpassen. Seit Wochen hatte ich mich dort sitzen gesehen und nun war alles ganz anders. Ich hatte Tränen in den Augen, als ich vor der Kathedrale stand. Aber es waren Tränen, die ich um mich selbst weinte, da ich einfach nicht viel fühlte, jedenfalls nicht so viel, wie ich erwartet hatte.

Wir machten den obligatorischen Besuch im Pilgerbüro, wo wir in einer Art Pilgerabfertigung unsere Pilgerpässe und unsere Ausweise vorzeigen mussten und wo uns die Compostela ausgehändigt wurde. Ob man von Lausanne oder von Le Puy-en-Velay oder nur die letzten Hundert Kilometer gelaufen war, interessierte hier nicht. Ich empfand noch immer nicht viel, noch nicht einmal die Leere des Endes des Weges, eher die Leere der Gleichgültigkeit. Gleichzeitig war mir bewusst, dass Santiago de Compostela nie mein persönliches großes Pilgerziel gewesen war. Dafür freute ich mich umso mehr, dass auch Finisterre, das Ende der Welt, nur noch wenige Tagesmärsche entfernt war.

Die Pension, die uns im Pilgerhotel am Vorabend empfohlen worden war und in der wir für zwei Nächte reserviert hatten, lag nur wenige Gehminuten von der Kathedrale entfernt. Wir wurden von einer älteren Dame empfangen, die uns in ein kleines Zimmer unter dem Dach führte, in dem lediglich ein Doppelbett stand. Sie fragte uns auf Spanisch: „¿No se pasa nada, eh?" und Florian und ich waren uns nicht sicher, ob die Frage war, ob das Zimmer trotz des Doppelbettes in Ordnung für uns sei oder ob es eine Warnung war, dass wir trotz Doppelbett nicht auf dumme Gedanken kommen sollten. Auf jeden Fall nahmen wir das Zimmer. Die Warnung der Dame ließen wir unbeachtet.

Am Abend hatten wir uns mit Rune verabredet. Ausgerechnet Rune, der in unserer gemeinsamen Zeit ständig auf sein Budget bedacht war, hatte sich hier ein Dreisterne-Hotel geleistet. Er würde drei Nächte in Santiago bleiben und dann mit dem Flieger ab Madrid den Rückweg antreten. Er hatte sich dagegen entschieden, Etappen mit dem Zug oder Bus zu überspringen und musste dafür auf die Fortsetzung des Weges nach Finisterre verzichten. Wir verbrachten einen lustigen Abend zusammen, nach all den Tagen getrennt voneinander hatten wir uns viel zu erzählen und nach ein paar unangenehmen Momenten schien Rune auch mit unseren versteckten Zärtlichkeiten umgehen zu können. Wir fühlten uns noch immer nicht wohl, uns trotz des Altersunterschieds in der Öffentlichkeit als Paar zu zeigen, aber wer uns beide so gut kannte wie Rune, dem entgingen bestimmte Berührungen und Blickkontakte natürlich nicht.

Tag 79:

SANTIAGO DE COMPOSTELA

In der Stadt der Pilger

Unser einziger Programmpunkt des Tages war die Kathedrale, die wir nach der Pilgermesse am Mittag besichtigen wollten. So schliefen Florian und ich zum ersten Mal seit Wochen richtig aus. Für mich war es der erste richtige Ruhetag seit Moissac und obwohl es meinen harten Wadenmuskeln gut tat, einmal nicht den ganzen Tag zu gehen, spürte ich schnell, wie mein ganzer Biorhythmus nach Bewegung verlangte.

Wir frühstückten spät und zogen anschließend direkt zur Kathedrale, wo wir Rune wiedertrafen. Plötzlich stand auch der strahlende Spanier Dani vor mir, den ich seit Canero vor zehn Tagen nicht mehr gesehen hatte. Die Wiedersehensfreude war groß, obwohl wir nicht in der Lage waren, miteinander zu kommunizieren. So blieb es bei ein paar gegenseitigen Erinnerungs-Schnappschüssen und einer festen, pilgerfreundschaftlichen Umarmung.

Die riesige Kathedrale war voll, was abgesehen von den Pilgermassen wohl auch dadurch zu erklären war, dass wir ausgerechnet zu Maria Himmelfahrt in Santiago angekommen waren. Die Suche nach Sitzplätzen war aussichtslos und so standen wir im Seitenschiff. Umrundet von strahlendem Gold und uralter Pracht warteten wir auf den Beginn der Messe, den wir dank der Bildschirme, die in jeder noch so abgelegenen Ecke der Kathedrale den Blick auf den Priester ermöglichten, nicht verpassen würden. Ich hoffte auf den Einsatz des „Botafumeiro". In dem großen, über 50 Kilo schweren goldenen Kessel befindet sich Weihrauch. An manchen Tagen, die angeblich keiner Regel folgen, wird dieser Kessel mit einer komplizierten

Konstruktion aus Seilen durch den langen Mittelgang der Kathedrale geschwenkt. Man behauptet, dieser Brauch sei im Mittelalter eingeführt worden, um den intensiven Geruch der eingetroffenen Pilger mit Weihrauch zu neutralisieren. In meinem Pilgerbuch war vermerkt, dass der Botafumeiro, wenn überhaupt, nach der Pilgermesse geschwenkt werden würde. So war ich umso überraschter, als die Mönche vor der Messe begannen, den Kessel zu füllen, die Seile abzuwickeln und zwei von ihnen sich abwechselnd in die Seile hängten, in einer genau abgesprochenen Choreografie, so dass der Botafumeiro begann, zischend und mit immer größerem Radius durch den Mittelgang zu fliegen. Allein durch den Geruch des Weihrauchs begann sich ein Knoten in meinem Hals zu schnüren.

Rune hatten wir mittlerweile einige Meter hinter uns gelassen, sein großer blonder Schopf überragte die anderen Menschen allerdings und verriet seinen Standort. Florian stand hinter mir und als er meinen inneren Aufruhr bemerkte, legte er seine Arme um mich. Ein Priester begann mit der Messe. Ich hörte nicht wirklich zu, sondern überließ mich einfach der andächtigen und trotz der Menschenmassen so friedlichen und berührenden Atmosphäre. Eine mir bis zu diesem Zeitpunkt nicht bewusste innere Anspannung löste sich in einem heftigen Tränenausbruch auf. Während Florian mich einfach festhielt, ließ ich meinen Tränen freien Lauf. Ich war aber nicht die Einzige, die der Messe durch einen Tränenvorhang folgte. Ich hätte gerne alle Menschen um mich herum umarmt, mein Gefühle von Glück und Verbundenheit, von Liebe und Freundschaft mit der ganzen Welt geteilt. Am Ende seiner Predigt nannte der Priester alle Länder, aus denen am Vortag Pilger in Santiago eingetroffen waren. Natürlich waren Dänemark, Frankreich und die Schweiz dabei.

Nach diesem berührenden Moment wollte ich erst einmal die Kathedrale verlassen. Sie war sowieso zu überfüllt, um uns für die Umarmung der Santiago-Statue oder den Besuch der Krypta anzustellen. So gingen wir zu dritt zu einem zweiten

Frühstück, verabschiedeten uns danach aber bis zum Abend von Rune. Am frühen Nachmittag zogen Florian und ich zurück in die Kathedrale, um die Pilgertradition zu Ende zu bringen. Wir stiegen die Treppen zur Santiago-Statue hinauf und legten von hinten die Arme um die enormen Schultern der goldenen Figur. Sogar ich dankte ihm unausgesprochen, aber wieder mit Kloß im Hals, für die Erfahrung der letzten elf Wochen. Anschließend stiegen wir die Treppen hinunter in die Krypta, um uns die Gebeine des Apostels anzusehen. Hier empfand ich wieder einmal ein großes Nichts. Es war auch umstritten, ob diese Gebeine tatsächlich vom Heiligen Jakobus stammten. Ich hätte gerne eine Kerze angezündet, aber in der Kathedrale in Santiago gab es nur elektrische Lichter und das war einfach nicht dasselbe. So nahm ich stattdessen in einer Kirchenbank Platz, dachte aufgewühlt und mit Tränen in den Augen an meine Familie und erinnerte mich dankend an meine Wegbegleiter, allen voran Eric und Dominique, ohne die mein Weg ein ganz anderer geworden wäre.

Am Nachmittag schlenderten Florian und ich durch das Städtchen Santiago, kauften Postkarten, tranken Kaffee und ColaCao, entspannten und versuchten vor allem nicht daran zu denken, dass es unser letzter Tag sein würde. Als plötzlich das deutsche Pilgerpaar Jascha und Carla vor uns standen, wurde uns bewusst, dass wir bedenkenlos Hand in Hand gegangen waren. Jascha strahlte uns an: „Dann seid ihr also unterwegs zum Paar geworden?" und ich spürte keinen Hohn und keinen Vorwurf in dieser feststellenden Frage, sondern einfach Freude an unserem Glück. Ich konnte noch immer nicht in Worte fassen, was das genau zwischen Florian und mir war, nur dass es intensiv war, war mir klar. Florian hatte sich in der letzten Woche, in unserer zweisamen Pilgerzeit, als viel tiefgründiger entpuppt, als ich angenommen hatte. Auch als viel komplizierter und gleichzeitig einfühlsam. Ich dachte zwar nicht jedes Mal, wenn ich ihn ansah, an unseren Altersunterschied, aber ich wusste auch, dass ich ihn niemals vergessen können würde.

Zum Abendessen mit Rune kamen wir viel zu spät. Es war uns schwer gefallen, die letzten gemeinsamen Stunden zu zweit zu unterbrechen. Rune nahm dies kommentarlos hin, machte weder einen Vorwurf noch einen anstößigen Witz. Unser letzter gemeinsamer Abend war fast übertrieben lustig, als ob wir versuchten, den Spaß der letzten Wochen in diesen letzten Stunden wieder aufleben zu lassen und für immer in unsere Erinnerung einzubrennen. Trotzdem entschieden Florian und ich, uns nach dem Pilgermenü und einem gemeinsamen Bier von Rune zu trennen, obwohl er gerne die ganze Nacht mit uns gefeiert hätte.

Tag 80 bis 82

DER WEG ZUM ENDE DER WELT

Santiago de Compostela –
Kap Finisterre

Tag 80:

SANTIAGO DE COMPOSTELA – NEGREIRA (23 KM)

Der erste Tag auf dem Weg zurück ins Leben

Florians Vorschlag wurde in die Tat umgesetzt: Ich würde an diesem Tag alleine vorlaufen, Florian würde einen weiteren Tag in Santiago verbringen und mir mit einem Tag Abstand folgen. Er brachte mich am Morgen aus Santiago heraus bis zu einem kleinen Park, wo wir endgültig Abschied nehmen mussten. Dabei war Florian wesentlich gefasster als ich. Er hatte sich immer wieder vor Augen gehalten, dass seine Zeit mit einer verheirateten Frau eben an diesem Tag zu Ende gehen würde. Für mich war es ein Gefühl, als ob mir das Herz herausgerissen wurde. Doch irgendwann löste ich mich und machte mich alleine auf den dreitägigen Weg zum Ende der Welt, wo mein Mann auf mich warten würde.

Der Weg war wunderschön, einsam und wild, führte durch einen Eukalyptuswald und bot nach einer Weile weite Blicke zurück auf das beeindruckende Stadtbild von Santiago de Compostela. Ich versuchte, mich in Gedanken von Florian zu verabschieden und bewusst auf meinen Mann zuzugehen. An diesem Tag blieb ich aber immer wieder in der Erinnerung an Florians Augen und an seine Komplimente, an die gemeinsame Zeit befangen. Ich fragte mich, wie er wohl in Santiago den Tag herumbringen würde und sandte Rune Textnachrichten, um herauszufinden, ob Florian mit ihm unterwegs war.

Ich nahm meinen alten Rhythmus wieder auf, mit fest eingeplanten Pausen, regelmäßig, aber nicht zu lange. Im Dorf Ponte Maceira ging ich über eine wunderschöne Steinbrücke und stellte mir vor, wie Florian diese am folgenden Tag überqueren würde. Kurz nach der Brücke kam ich an einer Bar mit schöner Terrasse vorbei und entschied, Pause zu machen.

Während ich mit meinem Erfrischungsgetränk alleine an einem Tisch saß, hörte ich, wie ein älterer Mann am Nachbartisch mit einer jungen Pilgerin auf Deutsch über mich sprach und sich über meine Sandalen amüsierte. Demonstrativ legte ich mein Pilgerbuch auf den Tisch, das mich eindeutig als Deutsche identifizierte, in der Hoffnung, dass das Gespräch über mich aufhören würde, wenn dem Mann klar war, dass ich ihn verstand. Aber im Gegenteil, es ermutigte ihn, seinen Stuhl an meinen Tisch zu ziehen und mich direkt darauf anzusprechen, wie unvernünftig es sei, mit einer solchen Ausrüstung auf den Pilgerweg zu gehen und dass er nicht verstehen könne, wie die Menschen sich so schlecht vorbereiten könnten. Ich schaute ihm besonnen ins Gesicht und erwiderte ungerührt, dass ich tatsächlich nicht 2´000 Kilometer in Sandalen gelaufen sei, aber meine Wanderschuhe meine Pilgerschaft leider nicht überlebt hatten. Horst war zum fünften Mal Teile des Camino Francés gelaufen, zum dritten Mal seit dem Tod seiner Frau alleine, und wusste alles, was man über das Pilgern nur wissen konnte – auch, dass man Wanderschuhe neu besohlen lassen konnte, so dass es überhaupt keine Ausrede gab, in Sandalen zu laufen. Ich fand ihn schwierig und aufdringlich.

In Negreira, meinem kurzen Tagesziel, angekommen, konnte ich mich nicht für eine Herberge entscheiden. Ursprünglich wollte ich in die Herberge San Jose, eine moderne private Herberge, die mir aber zu weit außerhalb des Ortszentrums lag. Auf dem Rückweg kam ich an einem Hotel vorbei und fragte spontan nach einem Einzelzimmer, fand es aber unbezahlbar. Ich hatte auch eher das Bedürfnis, unter Menschen zu sein. Das Gehen in strahlendem Sonnenschein nach nur vier Stunden Schlaf hatte Kraft gekostet, was sich in Schwindelanfällen bemerkbar machte. Ich atmete immer wieder tief durch, hatte aber das Gefühl, dass Menschen um mich herum mich eher vor einer bevorstehenden Panikattacke bewahren würden, als das Alleinsein mit meinen Gedanken in einem Einzelzimmer. So betrat ich spontan eine einfache private Herberge direkt am Jakobsweg, kurz vorm Ortszentrum und bekam ein Bett in einem großen Schlafsaal für 40 Pilger.

Auch nach Dusche und Wäschewaschen beruhigte sich mein Innenleben nicht. Rune hatte mir eine merkwürdige Nachricht geschrieben, die sich anhörte, als ob Florian doch noch am selben Tag losgelaufen sei. Wir hatten nie über die Etappenplanung auf meinem Weg nach Finisterre gesprochen, so dass Florian nicht wissen konnte, ob ich in Negreira Halt machen oder die 13 Kilometer bis zum nächsten Ort gehen würde. Vor Negreira gab es aber nicht viel, so dass, wenn Florian mir tatsächlich noch am selben Tag nachgelaufen wäre, er mit einiger Sicherheit in Negreira eintreffen würde. Ich saß lange auf einer Bank vor meiner Herberge und wartete auf ihn, spürte dass er nahe war. Ich hatte keine Lust, mich auf die Menschen um mich herum einzulassen und fühlte mich gleichzeitig alleine. Ich wollte Florian kontaktieren und bekam dafür eine Nachricht von meinem Mann, dass er auf dem Weg zum Kap Finisterre in Höhe Bilbao übernachten würde. Es wurde Zeit, dass ich ankam, und gleichzeitig wusste ich nicht, wo. Ich hatte Herzrasen, fühlte meinen Brustkorb zu eng und spürte, wie die Panik sich unaufhörlich näherte.

Endlich gab ich meinen Wachposten auf und suchte mir im Ortszentrum ein Restaurant. Dort lief mir ausgerechnet Horst, der ältere Besserwisser von der Bar am Nachmittag, über den Weg und überredete mich, in sein Lieblingsrestaurant vor Ort mitzukommen. Es war mir egal, dass ich einen Abend mit einem mir nicht sehr sympathischen Menschen verbringen würde. Hauptsache, ich war nicht alleine und musste nicht über Florian nachdenken oder gar reden.

Tag 81:

NEGREIRA – OLVEIROA (35 KM)

Der zweite Tag auf dem Weg zurück ins Leben

Viele meiner Mitpilger waren bereits ab fünf Uhr mit Rucksackpacken beschäftigt und in Aufbruchstimmung. Ich hatte schon wieder verlernt, trotz dieser Unruhe im Schlafsaal weiterzuschlafen. So stand ich mit dem ersten Tross auf und saß bereits um kurz nach sieben in einer Bar zum Frühstücken. Draußen war es noch dunkel. Ich hatte mitten in der Nacht eine Nachricht von Florian bekommen. Er war tatsächlich bereits am Vortag aus Santiago losgegangen und war folgerichtig am frühen Abend in Negreira eingetroffen. Meine Intuition hatte mich also nicht getäuscht. Dann hatte er allerdings entschieden, dass das Risiko, dass wir uns entgegen seines Plans doch wieder über den Weg laufen könnten, zu hoch sei. Er war rund einen Kilometer zurückgelaufen und hatte dort eine kleine private Herberge gefunden. Er war also nur ein paar Gehminuten von mir entfernt und die Möglichkeit, dass wir uns doch wiedersahen, war allgegenwärtig.

An diesem zweiten Tag alleine unterwegs, auf dem Weg zurück in mein normales Leben, ging es mir wesentlich besser als am Vortag. Ich genoss den Weg durch den Wald, der stetig leicht anstieg und teilweise uraltes Kopfsteinpflaster durchscheinen ließ. In meiner ersten Pause hoffte ich ein wenig, Florian würde mich einholen.

Diese kleine Hoffnung hatte sich bis zu meiner Pause hinter Santa Mariña zu einer Obsession gesteigert. Ich saß vor einer kleinen Bar an einer Hauptstraße und wartete auf Florian. Ich war einigermaßen überzeugt, dass er hinter mir ging und war den ganzen Tag relativ langsam gelaufen, in der Hoffnung, er würde mich einholen. Natürlich war aber auch nicht ganz auszuschließen, dass er am Morgen noch vor mir losgegangen war und somit den ganzen Tag Vorsprung gewonnen hatte. Ich ging zwar alleine, aber in Gedanken war ich jede Sekunde bei ihm. Er war präsenter als an manchem Tag, den er neben mir hergelaufen war. Gleichzeitig beobachtete ich die Hauptstraße, an der ich saß, und hoffte, das Auto meines Mannes zu erspähen. Ich wäre wohl eingestiegen und hätte meine Pilgerschaft als beendet erklärt. Als Horst mich einholte und sich ungefragt an meinen Tisch setzte, nahm ich es als Zeichen, dass ich weiterlaufen sollte.

Ich machte in einem Waldstück eine weitere Pause, mit den Augen auf dem zurückliegenden Weg, in der Hoffnung, Florian würde um die Wegbiegung kommen. Schlussendlich traf ich aber alleine in meinem Etappenziel Olveiroa ein. Die Pilgerherberge schien bereits belegt, zumindest sagte mir das ein junger Pilger, der in der Sonne vor der Herberge saß. So musste ich ein paar Minuten zurückgehen und bekam ein Bett im Schlafsaal in einer neuen Herberge am Ortsrand, direkt am Jakobsweg. Ich duschte mich und wusch meine Wäsche, setzte mich dann auf die Terrasse der Herberge und wartete. Ich spazierte ein wenig den Jakobsweg zurück, fand eine ruhige Bank und wartete. Ich ging zu meiner Herberge zurück, in der viele junge Pilger sich versammelt hatten, die mich nicht weiter interessierten, und wartete.

Mein Mann war mittlerweile in Finisterre angekommen. Er fragte, ob er mich zum Abendessen treffen könne. Ich verstand, dass er mich wiedersehen wollte, nach fast drei Monaten, aber ich konnte ihn noch nicht treffen. Ich hatte meinen Weg noch nicht beendet. Es hätte sich falsch angefühlt, mein normales Leben mit einem Abendessen zu beginnen und dann in die Herberge zurückzukehren. Ich würde ihn am nächsten Tag am Kap Finisterre, dem Ende der Welt, treffen.

Am frühen Abend hielt ich es nicht mehr aus. Ich konnte mir nicht erklären, wo Florian abgeblieben war. Natürlich war es wahrscheinlich, dass er in einer der Herbergen vor Olveiroa angehalten hatte und ich vollkommen sinnlos mit den Augen auf den Jakobsweg geheftet wartete. Ich rief ihn schlussendlich an. Ich musste wissen, ob ich warten sollte oder nicht. Er hatte sich am späten Nachmittag durch Olveiroa geschlängelt, unbemerkt und unerkannt von mir. Wahrscheinlich als ich gerade unter der Dusche war. Er hatte entschieden, in der Nacht nach Finisterre zu laufen und befand sich bereits einige Kilometer hinter Olveiroa. Als er meine verzweifelte Stimme hörte, bot er an umzukehren, unter der festen Bedingung, dass wir lediglich wie Pilgerfreunde miteinander umgehen würden. Ich ging ihm entgegen und Florians Bedingung wurde haltlos missachtet. Zusammen pilgerten wir zurück in die Herberge, in der wir aber im Schlafsaal übernachten würden. Bei unserem letzten gemeinsamen Abendessen wurden wir von Horst am Nebentisch beobachtet. Wir versuchten, eine angemessene Distanz zu halten, uns nicht zu nahe zu kommen, um den erneut bevorstehenden Abschiedsschmerz nicht zu verstärken. Ich hatte das Gefühl, zwei Tage alleine auf dem Jakobsweg verschwendet zu haben, die ich in seiner Begleitung hätte verbringen können, vielleicht die letzten Tage, die wir jemals zusammen haben würden.

Auch im Schlafsaal konnte mich nichts davon abhalten, die Nacht eng an Florian gekuschelt in seinem schmalen Etagenbett zu verbringen. Ich hatte in meiner langen Zeit unterwegs genug andere Pilger gesehen, die dasselbe taten.

Tag 82:

OLVEIROA – KAP FINISTERRE (36.5 KM)

Am Ende

Wir begannen unseren letzten gemeinsamen Tag gemütlich, obwohl wir wussten, dass er lange werden würde und obwohl ich mich bereits unter Zeitdruck fühlte, da ich wusste, dass mein Mann mich sehnlichst erwartete. Wir pilgerten auf dem Weg, auf dem ich Florian am Vortag entgegen gegangen war. Ich war ihm dankbar, dass er ein zweites Mal zu mir zurückgekommen war. Ich genoss den Tag mit ihm. Wir fanden langsam zurück zu unserer Pilgerfreundschaft, mit dem Wissen, dass unsere kurze Zeit als Paar in ein paar Stunden unwiderruflich vorbei sein würde. Wir sangen und gingen gemütlich im Sonnenschein. Es hätte schöner nicht sein können.

Wir erreichten die Abzweigung nach Muxía, ein weiteres Heiligtum am Jakobsweg, für das ich mir keine Zeit genommen haben würde. Ich bereute fast ein wenig, meinen Weg schlussendlich doch sehr gradlinig gegangen zu sein. Ich hätte für meinen Weg – wie für mein Leben - mehr Abweichung von eingetretenen Pfaden zulassen können.

Wir wanderten durch blühende Heidelandschaften, an alten Steinmauern entlang. Auf einer Mauer machten wir eine Pause und teilten unsere restlichen Müsliriegel auf. Wir würden sie bald nicht mehr brauchen. Ein Fahrradpilger hielt vor uns an und stieg von seinem Rad, um uns anzubieten, ein Foto von uns dort auf der Mauer zu machen. Wir müssen so auf ihn gewirkt haben, dass er uns spontan mit einem Foto verewigen wollte.

Das Meer tauchte, noch in weiter Ferne, wieder vor uns auf. Für die Pilger, die seit einem Monat auf dem Camino Francés im Landesinneren unterwegs waren, dürfte der Anblick aufregender sein. Steil stiegen wir in die Stadt Cée hinunter, an der ich keinen großen Gefallen finden konnte. Der Himmel hatte sich mittlerweile ziemlich bewölkt, was den Eindruck von dieser industriell geprägten Stadt nicht verbesserte. Weiter ging es ins Örtchen Concubión, dahinter stiegen wir steil an und betraten endlich wieder einen natürlichen Weg durch ein Wäldchen. An der Pilgerherberge von Corcubión, noch rund zehn Kilometer von Finisterre entfernt, entschied Florian, dass es nun höchste Zeit sei, sich zu trennen. Während ein Bus neben uns hielt und ein Haufen junger spanischer Buspilger ausstieg, die nur noch die letzten zwei Stunden bis Finisterre laufen mussten, umarmten wir uns ein letztes Mal. Wir hatten jetzt oft genug Abschied genommen und es war bereits im Park in Santiago alles gesagt worden. Nun allerdings würde es wirklich ein endgültiger Abschied sein, Florian würde kein drittes Mal zu mir zurückkehren.

Tränenüberströmt und doch wesentlich gefasster als noch in Santiago brach ich wieder einmal alleine auf. Florian würde mir so viel Vorsprung geben, dass er in Finisterre noch eine Herberge finden könnte, während auf mich ein Hotelzimmer wartete. Bis ich endlich den Strand von Fisterra und danach die Pilgerherberge erreichte, wurde mir der Weg am Meer entlang und durch Badebuchten lang. Es ging nur noch darum anzukommen, und das mit ausreichend Vorsprung, um Florian nicht mehr über den Weg zu laufen.

In der Pilgerherberge ließ ich mir meine Pilgerurkunde für den Weg nach Finisterre, die Finisterrana, ausstellen. Sie bedeutete mir persönlich mehr als die Compostela und war dazu viel schöner anzusehen.

Nun hatte ich noch etwas mehr als drei Kilometer an der Hauptstraße den Berg hinaufzusteigen, zum Leuchtturm am ersehnten Ziel meines Weges, dem Kap Finisterre, dem einstmaligen Ende der Welt. Während der guten halben Stunde Wanderschaft ließ ich meinen ganzen Weg Revue passieren und stellte mir so manche Frage. Ich hatte ganz alleine laufen wollen und war doch schlussendlich fast nie alleine gewesen. Mein Weg ohne die Jungs, Florian und Eric, aber auch Rune, wäre ein anderer gewesen. Ich war nicht sicher, ob ich es ohne Florian und Eric zum Ende geschafft hätte, ob ich ohne sie den schwierigen Anfang in Spanien überwunden hätte. Ich war aber auch nicht sicher, ob ich durch die ständige Begleitung nicht den Sinn meines Weges, die Antworten auf meine ungestellten Fragen, vernachlässigt hatte. Ich hatte die intensivsten Freundschaften meines Lebens gefunden und befürchtete doch, dass sich keiner dieser Pilgerkontakte im Leben nach dem Jakobsweg halten würde. Ich hatte Liebe zugelassen, die es außerhalb des Jakobsweges nicht mehr geben konnte. Ich bereute keine Sekunde meines Weges und hätte doch so viel anders machen können. Ich hatte diese großartige Erfahrung auf meine Weise gemacht, es war mein Weg, mit allem und jedem, der daran teilgenommen hatte.

Ich hatte vorerst genug vom Gehen, aber konnte nicht einschätzen, ob ich bereit für meinen Alltag war. Ich wusste, dass in wenigen Metern mein Mann auf mich warten würde, nach dem ich fast drei Monate lang Sehnsucht gehabt hatte. Er schien mir aber in diesem Moment weiter entfernt als je zuvor.

Ich war bis ans Ende der Welt gelaufen und fühlte, dass ich noch einen langen Weg vor mir hatte.

WIE ES WEITERGING

Selbst Pilger, die „nur" drei bis vier Wochen unterwegs sind, berichten von der Schwierigkeit, sich wieder an den unnatürlichen und aufgezwungenen Rhythmus unseres Lebens zu gewöhnen. Nach drei Monaten unterwegs war für mich selbst der dreitägige Aufenthalt mit meinem Mann in einem Hotel in Finisterre eine Herausforderung.

Mein Mann und ich brauchten ein wenig Zeit, uns wieder aneinander zu gewöhnen. Trotz allem, was unterwegs passiert war, sahen wir beide eine klare Trennung zwischen den Erlebnissen auf dem Jakobsweg und unserem gemeinsamen Leben. Meine Ehe war ja nie Anlass zum Aufbruch gewesen und trotz Florian hatte ich sie auch unterwegs nicht in Frage gestellt. Ich war glücklich, wieder mit meinem Mann nach Hause zu kommen und dankbar, dass er dies zuließ.

Doch was hieß für mich „nach Hause kommen"? Ich ging zurück in die Arbeitslosigkeit. Darüber hinaus zogen sich die Probleme mit meinem Ex-Arbeitgeber noch über mehrere Monate hin und erst zur letzten Frist vor einer Klage gab die Direktion endlich nach und regelte auch die letzten Punkte zu meinen Gunsten.

Schon vor dem Jakobsweg hatte ich versucht, von der Konsum- und Leistungsgesellschaft Abstand zu nehmen. Nach diesen drei Monaten Leben in der Natur, mit minimalen Ressourcen und wenig Luxus, wusste ich, dass ich mich nicht mehr mit einer kommerziellen Stelle würde identifizieren können. Ich habe einige Monate und ein Bittgebet gebraucht, um eine 70%-Stelle in einer subventionierten Stiftung zu finden, die sich mit der Förderung des Lesens beschäftigt. Ich bin dort sehr zufrieden und rundherum gut aufgehoben.

Meinen Dank für das erhörte Bittgebet (was mir als weiterhin überzeugte Agnostikerin schwer gefallen ist) habe ich in einer Pilgerschaft von Lausanne nach Rom, binnen 45 Tagen in 2013, ausgedrückt. Bericht folgt. In 2014 möchte ich den Camino Primitivo in Angriff nehmen.

Auch vom Langzeitpilgern abgesehen hat mich die Wanderlust nun endgültig gepackt. An Wochenenden bin ich oft in den Bergen unterwegs, je abgelegener desto besser. Und noch immer ist Wandern für mich eine Aktivität, bei der ich am liebsten alleine bin, auch wenn ich nette Begleitung selten ablehnen werde.

Florian und ich haben uns noch zweimal wiedergesehen und konnten unsere merkwürdige Beziehung in eine vertrauensvolle Freundschaft zurückverwandeln.

DIE MENSCHEN VON UNTERWEGS:

1   Ich blieb während meiner gesamten Pilgerschaft und auch danach mit Jeannette in Kontakt. Wir treffen uns gelegentlich noch zum Wandern.

2   Fast ein Jahr später fand ich heraus, dass es sich wohl um Olivier Pieczonka handelt, den man googeln kann, wenn man sich für außergewöhnliche Pilgergeschichten interessiert.

3   Jacques lief den Küstenweg und erreichte Santiago am 10. August und das Kap Finisterre am 13. August 2012. Aus familiären Gründen konnte er seine Pilgerschaft nicht wie geplant bis Fátima in Portugal fortsetzen.

4   Teo folgte mir auf dem Küstenweg, musste aber Ende September 250 Kilometer vor Santiago aus gesundheitlichen Gründen seine Pilgerschaft abbrechen.

5   Die Normannen pilgerten in einer Gruppe aus sieben Pilgern Ende September 2012 auf dem Küstenweg von Irun nach San Vicente de la Barquera.

6   Antoine hat über den Camino Francés gegen den 9. August 2012 Santiago erreicht. Er lief den grössten Teil des spanischen Jakobswegs in Begleitung eines spanischen Pilgers.

7   Stéphane hat bereits Ende August 2012 eine weitere Woche auf dem Jakobsweg Richtung Santiago verbracht und ist im Juni 2013 in Saint-Jean-Pied-de-Port angekommen. Er ist entschlossen, in Santiago de Compostela irgendwann – auf seine Weise – anzukommen.

8   Christian lief schlussendlich bis Saint-Jean-Pied-de-Port, wo er gegen den 16. Juli 2012 ankam.

9   Peter erreichte Saint-Jean-Pied-de-Port planmässig am 13. Juli 2012. Am 30. Juli begann seine Pilgerschaft über den Camino Francés und am 4. September 2012 erreichte er wieder einmal Santiago de Compostela.

10   Dominique erreichte Santiago auf seiner Solex Mitte
      September 2012.

11   Lala erreichte Santiago de Compostela am 21. August
      2012.

12   Sarah musste am nächsten Tag wegen Fußproblemen
      aufgeben. Sie verbrachte einen Tag mit Eric und
      Florian in La Isla und ließ sich von Erics Mutter bis
      Hendaye mitnehmen.

Camino Portugués

ISBN 978-3906189055

CAMINHO PORTUGUÉS | DER PORTUGIESISCHE WEG

Von Lissabon nach Santiago de Compostela
Kathrin Hützen

CAMINHO:
JAKOBSWEG
CAMINHO PORTUGUÉS
WALLFAHRTSORT
FÁTIMA

2. KOMPLETT NEU BEARBEITETE AUFLAGE
INKLUSIVE FÁTIMA MIT WEGBESCHREIBUNGEN UND KARTEN

PERO NEGRO EDITIONS
KOMPAKT AUSGABE

Camino Inglés

ISBN 978-3952363362

Neuerscheinung Herbst 2014

Mallorca für Radfahrer

Neuerscheinung Frühjahr 2015

Mallorca für Wanderer

Liebe Leserin, lieber Leser,

wir freuen uns darüber, daß Sie sich für ein Buch des Hützen & Partner Verlages
entschieden haben. Wenn Sie mehr über unser Programm erfahren möchten, besuchen
Sie uns doch im Internet unter www.huetzen.com. Nützliche Informationen über die
Jakobswege erhalten Sie auf unserer Themenseite www.peronegro.com.

Viel Spaß beim Lesen und Schauen!

Ihr

Hützen & Partner Verlag